地方治理研究报告 第3辑

全力推进新时代
县域治理能力建设

李宗楼　王义德 ◎主编

安徽师范大学出版社
ANHUI NORMAL UNIVERSITY PRESS
·芜湖·

图书在版编目(CIP)数据

全力推进新时代县域治理能力建设 / 李宗楼,王义德主编.
—芜湖:安徽师范大学出版社, 2018.3(2021.7重印)
ISBN 978-7-5676-3295-0

Ⅰ.①全… Ⅱ.①李… ②王… Ⅲ.①县—地方政府—行政管理—中国—文集 Ⅳ.①D625-53

中国版本图书馆CIP数据核字(2017)第274944号

全力推进新时代县域治理能力建设　　李宗楼　王义德◎主编

责任编辑:胡志立　何章艳
装帧设计:张德宝
出版发行:安徽师范大学出版社
芜湖市北京东路1号安徽师范大学赭山校区
网　　址:http://www.ahnupress.com/
发 行 部:0553-3883578　5910327　5910310(传真)
印　　刷:江苏凤凰数码印务有限公司
版　　次:2018年3月第1版
印　　次:2021年7月第2次印刷
规　　格:700 mm ×1000 mm　1/16
印　　张:20
字　　数:328千字
书　　号:ISBN 978-7-5676-3295-0
定　　价:59.00元

前言

经过四十年的改革开放，中国社会已经发生了翻天覆地的变化。党的十八届三中全会在总结我国改革开放和现代化建设基本经验的基础上，提出全面深化改革的总目标是完善和发展中国特色社会主义制度、推进国家治理体系和治理能力现代化。党的十九大将全面深化改革总目标，并将由“坚持和完善中国特色社会主义制度，不断推进国家治理体系和治理能力现代化”等内容构成的“坚持全面深化改革”列为新时代中国特色社会主义基本方略之一。这是以习近平同志为核心的党中央对全面深化改革所面临的目标和任务作出的新的科学判断，也为新时代坚持和发展中国特色社会主义指明了发展方向和目标导向。

习近平总书记指出，国家治理体系和治理能力是一个国家制度和制度执行能力的集中体现。我们要把完善和发展中国特色社会主义制度、推进国家治理体系和治理能力现代化作为全面深化改革的总目标。这个总目标，既规定了根本方向是中国特色社会主义道路而不是其他什么道路，又规定了在根本方向指引下完善和发展中国特色社会主义制度的鲜明指向。推进国家治理体系和治理能力现代化，就是要使各方面制度更加科学、更加完善，实现党、国家、社会各项事务治理制度化、规范化、程序化，善于运用制度和法律治理国家，提高党科学执政、民主执政、依法执政水平[①]。我们要勇于推进理论创新、实践创新、制度创新以及其他各方面创新，让制

① 习近平谈治国理政(第二卷)[M].北京:外文出版社,2018:91-92.

度更加成熟定型，让发展更有质量，让治理更有水平，让人民更有获得感。

推进国家治理体系和治理能力现代化既是新时代全面深化改革的总目标和战略任务，也是当前和今后长期需要深入研究的重大课题。县域治理作为国家治理重要组成部分，在整个国家治理中占有举足轻重的地位。按照我国现行体制，县是国家行政的重要基础、国家政权的重要层级。县级政府作为县级权力机关的执行机关，是直接面向社会公众的基层政权，它承上启下，连接城乡，构成国家政权与社会民众之间的实质性纽带。同时，县是党和国家方针政策部署的实施者，是推进县域经济社会发展的组织者。县域经济社会稳定发展是整个国家发展经济、保障民生、维护稳定的重要基础，起着基础性、全局性、根本性的作用，具有十分重要的战略地位，构成国家治理基层体系。正因如此，我们认为，县域治理就是在党的领导下的政府和社会治理主体为适应环境变化而通过经济、政治、文化、社会、生态文明等体制机制、法律法规各项制度安排，使县域的政府治理、社会治理等治理主体都得到最大发挥的过程，从而实现并提升县域治理主体的执行力与治理能力，包括县域的经济发展能力、结构改革能力、创新引领能力、依法治县能力、公共服务能力、维护社会稳定能力等。开展县域治理理论与实践研究，全力推进县域治理能力建设，成为探讨国家治理体系和治理能力现代化的重要环节，是贯彻落实十九大精神和提升县域治理能力的必然要求。

改革开放以来，特别是党的十八大以来，在习近平新时代中国特色社会主义思想的指导下，各地积极落实中央部署的各项改革措施，不断推进地方政府创新，尤其在县级政府层面，随着“五位一体”总体布局和“四个全面”战略布局逐渐成型，县域治理在政治维稳、经济增长、结构改革、创新引领、公共服务等方面的治理能力建设取得了重大进展，县域治理理论和实践的研究受到学界和社会各方的高度重视。如以谢庆奎为首的关于地方政府制度改革的研究，较早关注县域治理问题的探讨；以徐勇为首的“华中学派”关于乡村治理的研究，推进并影响了中国县域治理的理论与实践发展；以俞可平为首的关于县域治理与县域政治的研究，深度阐发了治理与善治理论的重要性；以于建嵘为首的关于县政自治的研究，以周庆智、吴理财为首的关于县政治理的研究，以及以折晓叶、周雪光为首的关于县域治理“行政—政治—公司”三位一体的新统合模式研究，在我国县域治理研究领域产生了积极影响；以迟福林为首的中国（海南）改革发展研究院研究团队关于县域治理“第二次改革”、释放地方政府“改革红利”“公共服务均等化”“结构性改革”等政策改革建议在实践中被广泛采纳。华中师范大学的中国县域发展研究中心、《人民论坛》杂志社的中国县域科学发展网、湖北县域治理研究院等专门研究学术机构，以及北京大学政府创新研究中心、中央编译局比较政治与研究中心、中央党校世界政党研究中心2000年联合发起的“中国地方政府创新奖”，专门搜集整理中国县域政府创新的案例和报告，对县域治理能力的研究和实践起到了重要的促进作用。可以说，理论工作者和实践工作者对县域治理的研究及其理论成果，为新时代开辟县域治理新征程，提供了许多借鉴与理论支持。

为深入学习贯彻习近平新时代中国特色社会主义思想和十九大精神，推进县域治理问题研究和县域治理能力建设，我们在已有研究成果的基础上开展县域治理的实证探讨，先后到合肥、芜湖、宣城、滁州、蚌埠、马鞍山、六安等地进行实证调研，拓展研究视野，增强对理论研究与实践结合并为社会服务的认识，为县域治理能力建设问题的探讨打下基础。

本书以习近平新时代中国特色社会主义思想为指导，以十多个县域治理个案为分析框架，着重探讨新思想引领县域治理实践，增强治理创新活力，推进依法治县进程，提升公共服务能力和社会治理能力的积极成效，对相关治理事务方面存在的问题作出一定的分析并提出相应对策建议。全书的主要内容大体分为四个部分：

一是用新思想指导治理实践，增强县域治理创新活力研究。主要依据党的十九大报告，论述习近平新时代中国特色社会主义思想及其对县域治理实践的指引，研究用“四个全面”治国理政总方略增强县域治理创新活力等问题。习近平新时代中国特色社会主义思想和坚持中国共产党对中国特色社会主义的领导，已载入党章和宪法，这是全党全国人民为实现中华民族伟大复兴而奋斗的行动指南，也是推进和实现国家治理体系和治理能力现代化的根本保证，是加强县域治理能力建设的根本依据。其中，《落实

“四个全面”治国理政总方略增强县域治理创新活力》和《论党对县域治理的有效领导——基于党内视角的分析》，以习近平新时代中国特色社会主义思想为指导，着重从理论上阐述“四个全面”战略布局对县域治理起着引领、规划、指导作用，强调党对县域治理有效领导是推动县域经济社会发展、提升县域治理能力与水平的根本保证。《县域治理能力建设的新进展与新成效——十八大以来县域治理能力的理论研究与改革探索》，主要从治理能力的“学术关注”和“政府关注”两个视角，总结十八大以来我国县域治理取得的系列理论研究成果，重点分析县域治理在政治维稳、经济增长、结构改革、创新引领、公共服务等方面取得的重大进展与成效。《用“四个全面”引领县域治理创新发展——基于芜湖县的实证分析》和《用新思想指导处理县域治理中的五大关系——以宣城市所辖县区为例》，在阐述“四个全面”是引领县域治理创新发展重要引擎的基础上，侧重分析案例县以全面从严治党为突破口，以村级管理中的“小微权力”清单为抓手，探索了县域治理的新模式；强调用习近平新时代中国特色社会主义思想是处理和解决好县域治理实践中各种关系的重要保障。《县域治理的发展路径新探索——无为县网络治政透析》，主要分析案例县积极利用自媒体等新兴手段，搭建网络治政平台，创新治理新模式，提升治理水平，在互联网时代有着积极的意义。

二是推进法治建设进程，提升依法治县能力研究。主要结合个案材料，着力开展县域在推进依法治县、增强法治能力等方面的研究。党的十九大报告强调坚持依法治国、依法执政、依法行政共同推进，坚持法治国家、法治政府、法治社会一体建设，这是新时代坚持和发展中国特色社会主义基本方略的重要内容，必须贯彻落实。《充分发挥县级人大在法治建设中的作用——基于全椒县人大法治建设实证分析》，着力探讨县级人大在县域法治建设中担负着重要职责及其法治能力建设问题，分析个案县人大将依法履行职权与法治建设有机结合，促进法律有效实施，规范权力运行，依法行政，公正司法，服务发展大局等方面的重要作用和有益经验。《论县域治理现代化的法治路径——基于长丰县个例分析》，重点总结该县依法治县工作所采取的主要措施，使广大干部群众的法律意识和法律素质明显提高，县域法治化管理水平进一步增强，为经济社会发展营造良好的法治环境，强调在推进依法治县进程中，必须重视维护宪法权威，培育法治精神，抓住关键环节，健全制度机制，加强党的领导，确保正确方向。《权力法治化与县域治理——怀远县行政机关法律顾问实施情况调查》，主要针对调查的个案，认为律师作为行政体制外的社会权利和社会力量的代表者，参与县域政府行政权力运行的法律服务过程，使得社会群体对政府行政合法性产生高度认同，提升政府行政权力的社会号召力。可以说，这些调研文章，强调在深化依法治国实践和决胜全面建成小康社会新的实践中，以十九大精神为指导，以宪法为准绳，科学把握和精准分析新时代县域法治建设中出现的新变化，积极作为，将法治建设引向深入，提高法治满足人民需要的能力。

三是以人民为中心，提升县域公共服务能力研究。主要围绕个案县市以人民为中心，努力提升公共服务能力，为满足人民需要服务展开实证研究。党的十九大报告将“坚持以人民为中心”确立为新时代坚持和发展中国特色社会主义的基本方略之一，这意味着不仅在各个方面要坚持以人民为中心的发展思想，而且在中国特色社会主义事业诸领域、各方面与全过程都必须坚持以人民为中心。《以人民为中心全面提升政务服务效能——以明光、天长、定远等县市为例》，着重分析个案县市在加强县域政务服务中心建设中，不断推进审批制度改革，开展审批流程再造，落实“放管服”改革措施，努力打造“一门式办理”“一站式服务”综合服务平台，为提升城乡基本公共服务均等化水平和服务能力作出的积极探索。《新时代基层政府完善公共文化服务财政保障机制研究——以芜湖县为对象》《县域治理视域下的政府购买公共服务——基于广德、郎溪两县的实证分析》《加强县域信息化建设提升信息服务能力——南陵县信息化建设调查与思考》等，主要探索案例中的县级政府在公共文化服务财政保障机制、购买公共服务机制建设以及信息化建设提升信息服务能力等方面的成功做法和有益经验，有力推动县域治理能力整体提升。《乡村振兴中的乡镇政府服务能力建设——基于长丰县杜集等三乡镇实证分析》，重点分析乡镇强化政府公共服务功能，建立服务供给有效机制，为提升服务能力所采取的措施和取得的成效。这些方面的探索，对坚持以人民为中心的思想，切实提升县域公共服务能力以及推动这方面问题的深入研究，有积极作用。

四是推动社会治理创新，提升县域基层治理能力研究。主要围绕三县十八大以来社会治理创新和精准扶贫实践，就决胜全面建成小康社会中进一步提升社会治理能力和精准扶贫效能展开的针对性研究。党的十九大报告将加强和创新社会治理，维护社会和谐稳定，确保国家长治久安、人民安居乐业作为新时代坚持和发展中国特色社会主义的又一基本方略，因此必须高度重视社会治理创新，提升精准扶贫成效。《县域社会治理创新的当涂样本》《新时代提升县域社会治理能力的思考——舒城县社会治理的探索与实践》，着重总结两县社会治理创新方面有价值的实践，强调提高社会治理水平是维护最广大人民根本利益、增强社会发展活力的目标要求，并针对目前社会治理方面存在困境和不足提出可行性的建设建议。《用精准思维提升县域扶贫能力——以金寨县为例》，重点分析个案县在精准思维的指导下，以人民为中心，采取精准措施形成扶贫合力，推进精准扶贫脱贫进程，为打赢脱贫攻坚战提供了有益经验。

县域治理能力是国家制度和制度执行能力的重要体现。中国特色社会主义进入新时代，我们的党、我们的国家、我们的社会已经并将继续发生深刻变化，治国理政的任务更加艰巨，需要我们努力扎实地开展研究，包括县域治理理论与实践问题的探讨。本书是继《地方行政改革发展与基层治理》《践行五大发展理念与县域治理》之后的第三本地方治理研究报告集，主要侧重县域治理能力建设问题的实证分析与探讨，而不是对县域治理所有问题的研究。即便如此，我们认为，这对加强县域治理能力建设与推进县域治理现代化进程，以及这一重要命题的深入研究，有着积极意义。2018年是我国改革开放四十周年，开展全面深化改革总目标重大问题的探讨，是对中国改革开放四十周年伟大实践的纪念。

地方治理研究报告系列及本书《全力推进新时代县域治理能力建设》，由主编负责研究主题与框架内容设计，安徽师范大学法学院公共管理系组织调研，参与其中的我校和其他高校老师等分别撰稿，最后由主编统稿、修改与定稿，安徽师范大学法治中国建设研究院资助出版。开展地方治理专题研究及本书的出版，得到安徽师范大学法学院的大力支持，得到安徽师范大学副校长、博士生导师彭凤莲教授，法学院党委书记马广见博士，副院长、博士生导师周俊强教授，副院长严宏副教授，公共管理系主任周仁标教授，法律系吴俊明教授等同志的鼓励与支持，还得到安徽师范大学科研处、安徽师范大学出版社领导的关心与支持。在此向他们一并表示诚挚的感谢！

由于受我们的水平和时间所限，深入基层调研不够，本书难免有不足之处，欢迎学界同仁及读者批评指正。

李宗楼

2018年3月于安徽师范大学花津校区

目　录

县域治理创新发展

依法治县能力建设

公共服务能力建设

基层治理能力建设

县域治理创新发展

XIANYU ZHILI CHUANGXIN FAZHAN

落实“四个全面”治国理政总方略 增强县域治理创新活力①

徐步华②

摘　要：　“四个全面”是党在“新的发展阶段”治国理政的总方略，为新时期党和国家各项工作确立了行动纲领。当前的关键是将其落到实处，贯彻到基层的实践和行动中去。县域治理在整个国家治理体系中居于特殊地位，是“四个全面”战略部署落到实处的关键环节，而作为新时期推进改革开放和现代化建设的顶层设计，“四个全面”战略布局对县域治理起着极为重要的引领、规划、指导作用，为推进县域治理创新明确了目标、指明了方向、规划了路径、提供了保障。

① 本文获安徽省社科联2017年度“三项课题”研究成果二等奖。

② 徐步华：安徽庐江人，博士，安徽师范大学法学院政治学副教授，硕士生导师，安徽师范大学法治中国建设研究院研究员。

关键词： “四个全面” 治国理政总方略 县域治理

习近平新时代中国特色社会主义思想明确中国特色社会主义事业的战略布局是“四个全面”。全面建成小康社会、全面深化改革、全面依法治国、全面从严治党的战略布局，是从坚持和发展中国特色社会主义全局出发，在顺应我国发展现实需求、呼应人民群众热切期盼、直面新情况新挑战、坚持问题导向的背景下提出来的，是党的十八大以来，以习近平同志为核心的党中央提出并形成的新时期治国理政总方略。“四个全面”廓清了治国理政的全貌，抓住了治国理政的关键，拎起了治国理政的总纲，集中体现了党治国理政的新思路、新方略①。“四个全面”为党和国家确立了长远发展的总战略，为新时期党和国家各项工作确立了行动纲领。当前的关键是，将这一立足统领治国理政全局的顶层设计落到实处，将其贯彻到经济社会发展全过程，落实到基层的实践和行动中去。

一 审视“四个全面”战略布局中的县域治理

在我国行政体系中，县是最完备的微观单位，是连接城乡的纽带和城乡统筹发展的重要“节点”。一方面，县域治理在整个国家治理体系中居于特殊地位，是“四个全面”战略部署落到实处的关键环节；另一方面，“四个全面”战略布局立足实际、高屋建瓴，其贯彻落实和向基层延伸，将引领县域治理开创新的篇章。

（一）县域治理的地位与特点

自秦以降，县作为我们国家结构的基本单元延续至今。县域，通常是指以广大农村为治理对象的具有城乡结合性的单元。县域政府在中国以县政权为分野的治官权与治民权上下分治的治理机制中，承担着社会治理的

① 李升泉.“四个全面”：新时期治国理政总方略[N].人民日报，2015-01-28.

主要责任[①]。习近平同志指出：“郡县治，天下安。在我们党的组织结构和国家政权结构中，县一级处在承上启下的关键环节，是发展经济、保障民生、维护稳定、促进国家长治久安的重要基础。”[②]他还高度强调县域治理的重要性，把县域治理最大的特点形象地概括为既“接天线”又“接地气”，强调县一级工作做好了，党和国家全局工作就有了坚实基础。正如徐勇教授指出的，县一级处于国家上层与地方基层、中央领导与地方治理、城市与乡村、传统与现代的“接点”部位[③]。县作为连接城乡、承上启下的枢纽环节的特殊地位，也赋予县域治理以特殊性。按照笪素林的总结，县域治理具有国家治理层面的基础性、转型发展层面的根本性、社会系统层面的独立性和结构功能层面的繁复性四个基本特点[④]。

（二）“四个全面”是推进县域治理的总纲

中国有2800多个县级行政单位，县域面积占全国总面积的90%，当前县域经济占国家经济总量的50%左右，生活着超过70%的人口。县是一个长期历史整合的有机社会，也是一个完整的复杂系统。在中国现代国家建构的框架中，县级政府是社会最基本的行政治理单元，也是整个国家政治运作的枢纽。当前中国正处于经济转型、社会转轨的巨大变革中，改革攻坚期、发展关键期和矛盾凸显期的“三期叠加”效应，给县域治理带来严峻挑战：一方面，囿于资源、体制和理念等方面的制约，县域改革与发展面临一些难以突破的瓶颈和困境；另一方面，社会矛盾和社会冲突加剧，县域已经成为社会冲突与社会不稳定的主要地带，社会的多元化和利益群体的分化，以及人民群众的利益诉求和权利声张，都对基层政府的治理构成巨大压力。因此，县域治理亟需我们党从战略层面提出治国理政的大韬略加以推进。“四个全面”战略布局可谓恰逢其时，作为新时期推进改革开放和现代化建设的顶层设计，它是党在新的历史条件下治国理政的总方略，

---

① 樊红敏.转型中的县域治理：结构、行为与变革[M].北京：中国社会科学出版社，2013：15-16.

② 习近平.在会见全国优秀县委书记时的讲话[J].求是，2015(17)：3-4.

③ 徐勇.“接点政治”：农村群体性事件的县域分析——一个分析框架及以若干个案为例[J].华中师范大学学报（人文社会科学版），2009(6)：2-7.

④ 笪素林.转型时期县域治理的困境与出路[J].群众，2017(12)：27-28.

是推进国家治理体系和治理能力现代化的行动指南，对县域治理起着极为重要的引领、规划、指导作用。

（三）县域治理是落实“四个全面”的关键

县域治理是否卓有成效，关系“四个全面”战略布局和新发展理念的贯彻落实①。“四个全面”战略部署落地生根，关键在基层。当前正值全面建成小康社会的决胜阶段和中华民族走向伟大复兴的关键时期，习近平同志特别强调：“现在，县级政权所承担的责任越来越大，需要办的事情越来越多，尤其是在全面建成小康社会、全面深化改革、全面依法治国、全面从严治党进程中起着重要作用。”中央政策能不能“一竿子插到底”，基层的活力释放至关重要。因此，处于中国治理底端的县级政权，在如何激发创新活力，开创改革开放和现代化建设的新格局方面，责任重大，尤其是在全面深化改革的攻坚期和关键期，伴随着政府职能的转变、国家行政管理重心的下沉和新型城镇化的推进，县域治理作为国家治理体系和治理能力现代化的重要基础性环节，已成为社会转型和改革深化的关键点。此外，县域治理还是培育“四个全面”战略内生动力的重要来源，基层探索与顶层设计应当是一种良性互动的关系模式，县域治理的改革创新和试点探索不仅要关照全局，还要发挥好基层改革创新实践对全局性改革的示范、突破和带动作用。

二、“四个全面”与创新县域治理的路径

“四个全面”立足于中国发展实际，抓住改革发展稳定的关键，明确“新的历史阶段”党和政府治国理政的战略方向、重点领域、主攻目标，是推进国家治理的行动纲领，也是引领、规划和指导县域治理创新，推进县域治理实践的总纲。

---

① 汤传信.县域治理关键在于抓好“三力”[J].人民日报，2016－02－01.

（一）谋小康之业，推动县域治理的理念创新

全面建成小康社会为县域治理确立了宏伟蓝图和理念导向。“小康”明确了县域发展的战略目标，而“全面”则要求县域发展理念由粗放型、总量扩张型的发展转变为平衡性、协调性和可持续性的发展。全面建成小康社会为县域治理破解当前面临的发展不平衡、不协调和不可持续的难题指明了目标和方向。

首先，县域治理要增强发展的平衡性。县域是城乡结合的交汇处，县域治理的重心要以“城乡发展的平衡性、区域发展的平衡性”为目标，着力推进城乡发展一体化，统筹城乡发展和区域发展。由于“短板效应”的作用，县域治理实现平衡性发展的关键取决于发展中是否存在“短板”，其基本路径是“转方式、补短板”，着力通过“转方式”解决县域发展的质量和效益问题，着力通过“补短板”解决县域发展的不平衡问题，缩小城乡区域发展差距。更为重要的是，发展的平衡性要求县域发展的成果更加公平地惠及全体人民，缩小居民收入水平、基础设施通达水平、基本公共服务均等化水平和人民生活水平等方面的差距，实现全体人民共同迈入全面小康社会。

其次，县域治理要增强发展的协调性。协调发展的理念要求县域发展在坚持经济建设为中心的同时，全面推进经济建设、政治建设、文化建设、社会建设、生态文明建设五位一体协调发展；推进新型城镇化建设，构建以城带乡、城乡互动、一体化发展的城镇化发展新格局；强调区域协调发展，优化发展空间布局，形成先进带后进、先富帮后富的区域协调发展新态势；深入实施创新驱动发展战略，加速构建现代产业体系，促进三大产业之间均衡协调发展，培育与发展新产业、新业态，促进实体经济与虚拟经济的良性互动和协调发展。

最后，县域治理要增强发展的可持续性。可持续性发展理念要求县域治理保持经济发展的可持续性、社会发展的可持续性和生态发展的可持续性。经济发展的可持续性，即全面把握、主动适应经济发展新常态，转方式调结构促创新，提高经济发展的质量和效益，推动经济持续健康发展；

社会发展的可持续性，即践行以人民为中心的发展思想，解决群众急难，推进民生工程，均衡公共服务，加强和创新社会管理，推动社会主义和谐社会建设，让人民群众共享改革发展成果，构建全民共建共享的社会治理格局；生态发展的可持续性，即树立绿色、低碳、循环、可持续的发展理念，加快“两型社会”建设，推动形成绿色发展方式和生活方式，协同推进“宜居城市”和“美丽乡村”建设，形成人和自然和谐发展的新格局。

总之，理念是行动的先导。县域治理不仅要“壮大县域经济”，还要创新发展理念、坚持统筹兼顾，紧紧围绕全面建成小康社会这一战略目标，摒弃GDP主义，将经济发展、民生建设、社会秩序、民主法治、生态文明等整合进县域治理的进程中，进而实现平衡、协调、包容和可持续的发展，如期全面建成高质量的小康社会。

（二）扬改革之帆，推进县域治理的实践创新

当前，我国改革进入攻坚期和深水区，全面深化改革不仅是决定中国命运的关键一招，也是推进县域治理创新的关键一招。

首先，全面深化改革要求有足够的政治勇气和政治智慧推进县域治理创新。在县域治理改革实践中，县域主要领导既要对我们的制度模式选择有坚定的制度自信，又要有不断革除体制机制弊端的改革魄力；既要勇于进取、大胆试验，发挥改革的突破性和先导性作用，创新举措推进局部的阶段性改革，又要稳扎稳打，尤其是要注重顶层设计和总体规划，提高改革决策的科学性、增强改革措施的协调性。

其次，全面深化改革要求县域治理和县域改革谋划要有全局观念和系统思维。县域治理改革是一项涉及经济社会发展各领域的复杂系统工程，既要坚持整体推进，统筹谋划深化县域改革的各个方面、各个层次、各个要素，注重推动县域各项改革相互促进、良性互动、协同配合，注重改革措施整体效果，又要注重破解县域推进现代化进程中遇到的各种深层次矛盾问题，注重突破县域改革的重点领域和关键环节。与此同时，要深刻把握全面深化改革的根本目的，呼应人民对社会公平和生活福祉的诉求，善于以人民为中心谋划改革思路、制定改革措施，统筹平衡改革引起的利益

关系调整，让改革发展成果更多更公平地惠及全体人民，增强人民群众的获得感。

再次，全面深化改革要求将提升政府发展力作为推进县域治理的关键。发展是县域政府最主要的职能和重心所在，贯彻落实“四个全面”战略和“五大发展理念”的成效如何，考验县域党委和政府的发展力。对于县域治理而言，提升发展力的关键在于增强战略洞察力、机遇把握力、资源整合力和改革行动力①。当前，“一带一路”、新型城镇化、“互联网+”、“中国制造2025”、“智慧城市”、“美丽乡村”等战略和发展理念给县域发展带来新的机遇，领导县域治理尤其要有宏观的时代视野和战略眼光，将县域置于整体社会发展和国家治理体系中，把县域发展置于全市、全省乃至全国的大格局中来审视，在准确研判县域治理定位、特点及其薄弱环节的基础上，把握机遇，找准与国家和区域发展战略对接的着力点和突破口，不断把改革引向深入。

最后，全面深化改革要求县域治理突破制度创新这一难点。改革创新的内在动力与制度“天花板”的刚性束缚之间的张力与冲突，是影响基层治理顺利发展的重要因素②。政府治理是加强县域社会治理的主导力量。为此，党和政府作出推进国家治理体系和治理能力现代化的战略决策。这就要求我们在推进县域治理的实践中，要坚持问题导向，把改革创新作为活力源泉，改进治理方式，加快政府治理职能转变，着力破除制约发展的体制机制障碍，推进政府治理“制度化”；善于运用制度和法律治理社会，提高科学、民主、依法执政水平，实现县域治理的制度化、规范化和程序化。

（三）行法治之道，完善县域治理的法治保障

全面依法治国战略部署为县域治理提供了根本性、全局性、长期性的制度保障。法治的核心是规范公权，保障私权。习近平同志指出，必须把权力关进制度的笼子里。这实际上高度概括了法治的核心要义和精髓。法

① 汤传信.县域治理关键在于抓好“三力”[N].人民日报，2016－02－01.

② 陈家刚在《基层治理》一书中将“基层治理”界定为乡镇、村和城市街道一级的治理，笔者这里采纳其他学者的观点，扩大“基层治理”的内涵，将其大致等同于县域治理。

治是国家治理体系和治理能力的重要依托[①]。当前县域治理在某种程度上还带有人治的特点，甚至存在以权代法、用权压法的现象。其消极后果是增加了县域治理的不确定性和政策的不可预期性。从短期来说，权力的随心所欲和政策的朝令夕改不利于经济发展和社会的和谐稳定；从长期而言，人治模式的任性会侵蚀群众对政府的信任，损害政府的合法性。因此，县域治理必须是一种法治的治理，实现由人治向法治的转变，把县域治理纳入法治化轨道，正是全面依法治国的题中应有之义。

法治建设的难点、着力点在基层。对于县域治理来说，关键是运用法治体系全面推进依法治县。首先，要强化依法行政、建设法治政府。从渊源上讲，政府的一切权力均来源于人民，并通过宪法和法律授予。因此，权力的取得、行使应根据人民的意志和利益，依法加以规范，这正是法治的核心要义。换言之，公共权力依法被授予是法治政府的首要要求，也是依法行政的基本前提。此外，建设法治政府还要求依法在不同部门之间对公共权力进行划分并确定其界限，依法规范公共权力的运行，依法对公共权力进行约束和监督。对于县域政府而言，强化依法行政，建设法治政府，必须重点构建权力阳光运行机制，全面推行政务公开和政府信息公开；完善决策程序，推进决策的科学化、民主化和法制化；加快行政管理体制改革，深入推行和完善行政执法责任制。

其次，要推进依法治理、维护司法公正。法治是最有效的社会治理模式。县域法治建设应以民众利益和社会问题为导向，聚焦群众期盼，提升群众安全感，把政治、经济、文化和社会管理事务纳入法治轨道，坚持在法治轨道上统筹社会力量、平衡社会利益、调节社会关系、规范社会行为，逐步实现社会治理的制度化、法制化。坚持司法为民，推进公正司法，强化法律在化解矛盾中的权威地位，畅通群众利益诉求表达渠道，切实尊重和保障人民群众的合法权益，维护社会公平正义。打击违法犯罪，构建立体化的公共安全治理体系、多元化的社会矛盾调处体系和动态化的社会治安防控体系，增强人民群众的社会治安满意度。

---

① 中共中央宣传部.习近平总书记系列重要讲话读本[M].北京：学习出版社，人民出版社，2014：85.

最后，要营造法治氛围，培育法治自觉。县级政权处在全面依法治国的第一线，让县域治理在法治轨道上运行，关键在于县域领导干部不仅要成为尊法学法守法用法的模范，而且要提升自身的依法执政能力和水平以及运用法治思维与法治方式解决问题的能力。推动县域法治，不仅要切实加强和改进党对全面依法治国的领导，破解县域法治建设难题，还要弘扬社会主义法治精神，营造崇尚法治的社会氛围，增强以法治思维与法治方式推进社会治理的思想自觉，增强全民法治观念，培育遵法守法的行动自觉，加快培育办事依法、遇事找法、解决问题用法、化解矛盾靠法的法治环境，让法治在县域治理中落地生根。

（四）筑执政之基，加强和改善党领导县域治理的能力

全面从严治党是县域治理的根本保证。推动全面从严治党向县域延伸，要着眼于保持县级党组织的先进性和纯洁性，锻造县域治理创新的坚强领导核心。

首先，县域治理要强化执政为民的理念，营造良好政治生态。人民群众是我们党的生存之本和力量之源，也是党和政府领导力的根本来源。推动全面从严治党向基层延伸，渗透到县域治理进程中去，最终目的是把全面从严治党的要求落实到基层党建和县域治理各项工作中，将党的执政根基筑牢在基层一线，增强党同最广大人民群众的血肉联系。要把全面从严治党传导到每个基层“细胞”，对人民群众反映强烈的基层贪腐以及执法不公等问题，要敢于执纪问责，有效解决“最后一公里”的腐败，维护群众切身利益，让群众更多感受到反腐倡廉的实际成果，营造风清气正的政治生态。要坚持以人民为中心的发展思想，增强县级党组织对人民群众的感情，努力把群众的诉求和期盼融入县域治理的决策部署，把群众的智慧力量纳入县域治理的发展实践，形成同心同德、上下同欲的良好局面。

其次，县域治理要以党风廉政建设作为突破口，切实加强县级党组织自身建设。习近平同志明确指出，要把加强基层党的建设、巩固党的执政基础作为贯穿社会治理和基层建设的一条红线，增强基层组织在群众中的

影响力和号召力，发挥基层党支部的战斗堡垒作用[①]。县级党组织是县域治理最重要、最直接的责任主体。因此，落实全面从严治党的关键在于确保县级党组织在县域治理中的领导核心作用，加强和改善党的领导，落实管党治党的主体责任和监督责任，“用制度治党、管党、治吏”，保持党的先进性和纯洁性，增强党的凝聚力、创造力、战斗力，健全改进作风的长效机制，把权力关进制度的笼子里，坚持以零容忍的态度惩治腐败，强化政治意识、纪律意识、规矩意识、廉洁意识。

最后，落实全面从严治党的根本目的是加强和改善党领导县域治理的能力。县级党组织推进县域治理的工作能力和工作业绩，关乎百姓期待和人民福祉。推动县域治理创新，必须把握县域政府兼具执行性和事务性的特征，发挥县委总揽全局、协调各方的领导核心作用。为此，要扎实推进全面从严治党，牢牢把握加强党的执政能力建设、先进性和纯洁性建设这条主线，牢记“两个务必”，保持警觉，防止懈怠，拒腐防变，塑造良好形象，赢得群众信任，为推动县域治理凝聚磅礴力量；着力解决好县级党组织自身在统筹改革发展稳定中存在的突出问题，不断提高党把握方向、谋划全局、制定政策、推进改革的能力，以真实和杰出的工作业绩回报人民。

三、协调推进“四个全面”与开创县域治理新局面

“四个全面”是党对治国理政实践的新总结，开辟了党对治国理政认识的新境界，提出了党对新形势下治国理政的新要求[②]。在以“四个全面”战略布局为引领推进县域治理创新的过程中，需要注意以下几个方面：

首先，要增强自觉性和主动性。“四个全面”战略布局紧扣当前中国特色社会主义建设过程中根本性、全局性和紧迫性的重大问题，对新形势下改革开放和现代化建设进行顶层设计，确立了党和国家事业长远发展的战略目标和战略举措。落实好这一战略布局，是一个艰巨复杂的任务。“四

① 习近平强调县域治理 告诉你县委书记如何当[EB/OL].[2015-08-28].http://cpc.people.com.cn/xuexi/n/2015/0828/c385474-27527624.html.

② 曲青山.“四个全面”新形势下党治国理政的总方略[J].党建,2015(2):27-29.

个全面”战略部署落地生根，关键在基层。在推进县域治理过程中，要在深刻领会“四个全面”战略布局的理论渊源、科学内涵、精神实质、内在联系和实践要求的基础上，不断增强学习贯彻的主动性、自觉性和坚定性，积极承担起促进“四个全面”落实的责任，形成内在的思想自觉和行动自觉，坚定不移地借此武装头脑、指导实践、推动工作。

其次，要统筹兼顾，协调推进。“四个全面”战略布局博大精深、蕴含哲理，既全面系统又辩证平衡，既统揽全局又突出重点，这就决定了县域治理在推进“四个全面”战略布局过程中，必须统筹把握、协调推进，既要通盘考虑、注重总体规划，又要找准突破口、注重牵住“牛鼻子”；既要在奋力实现、扎实推进每一个“全面”上勇于着力，又要在科学统筹、协调推进“四个全面”整体上把握平衡，使之共融共通、相互促进，共同推进新形势下我们党治国理政的伟大实践在县域治理中落地生根、开花结果、枝繁叶茂。

最后，要形成理论和实践联动。“四个全面”战略布局是一个有机联系、逻辑紧密、相互贯通、具有内在理论和实践逻辑关系的统一体，它既是我们党治国理政实践经验的最新理论总结，又是我们党续写治国理政新篇章的实践指南，因而兼具理论和实践的双重意蕴。这就决定了县域治理在推进“四个全面”战略布局过程中，必须把握且兼顾理论和实践这两个维度，在明确县域治理的定位、特点及其薄弱环节的前提下，从理论与实践两个层面贯彻落实并加以融汇整合，进而产生理论与实践、顶层设计与基层探索之间的良性互动和联动效应。

综上所述，作为新时代我们党治国理政的总方略和顶层设计，“四个全面”战略布局对于县域治理有着极为重要的引领、规划、指导作用，为推进县域治理创新明确了目标、指明了方向、规划了路径、提供了保障。协调推进“四个全面”战略布局，县域治理必将催生新动力、焕发新活力、斩获新硕果、开创新局面。

论党对县域治理的有效领导

——基于党内视角的分析

严　宏①

摘　要： 中国共产党的领导是中国特色社会主义的最本质特征，是实现国家治理现代化的根本保障。作为国家治理体系和治理能力现代化重要基础和重要环节的县域治理，必须坚持党的领导。当前在一些地方县域治理中党的领导存在弱化倾向，从党内视角来看，可从主体性、关系性以及环境性三个方面对这一问题加以认识。实现党对县域治理的有效领导可以从三个方面开展：加强党内教育，增强干部的领导意识；强化党内关键少数的实践，实现党内关系再生产；净化县域党组织内部政治生态。

关键词： 中国共产党　县域治理　有效领导

习近平总书记在党的十九大报告中明确指出："中国特色社会主义最本质的特征是中国共产党领导，中国特色社会主义制度的最大优势是中国共产党领导，党是最高政治领导力量"，"党政军民学，东西南北中，党是领导一切的"。这是中国特色社会主义进入新时代，现代化建设进入全面建成小康社会决胜期，坚持和加强党的全面领导的最新内涵。"在我们党的组织结构和国家政权结构中，县一级处在承上启下的关键环节"②，"县一级

① 严宏：博士，安徽师范大学法学院副院长，硕士生导师，安徽师范大学法治中国建设研究院研究员。

② 习近平．做焦裕禄式的县委书记[M]．北京：中央文献出版社，2015：36.

工作做好了，党和国家全局工作就有了坚实基础”。因此，县域治理是推进国家治理体系和治理能力现代化的重要一环。必须坚持党的领导，从主体间视角出发，党内、党政以及党社是影响党的领导能否实现的重要因素。其中以党内最为关键，正如毛泽东曾说的那样，“党内的关系如何，关系极大”。作为一个长期执政的政党，中国共产党党内关系如何直接关系到能否更好地坚持和加强党的领导。基于此，笔者从党内视角出发，对中国共产党在县域治理中的领导问题进行探讨。

一　坚持党的领导：县域治理的根本政治保证

党的十八届三中全会提出全面深化改革的总目标，是坚持和完善中国特色社会主义制度，不断推进国家治理体系和治理能力现代化。这是中国国家治理的基本内涵和内在逻辑，决定了国家治理的前提、方向、目标和最终目的。这样的国家治理目标，必须按照中国特色社会主义制度的完善逻辑来展开，按照中国深化改革发展的逻辑进行思考，而不是着眼于西方的治理现代化的概念。这是中国实现国家治理现代化的本质内涵和原则。

同样，作为国家治理体系中的重要基础也是重要组成部分的县域治理，必须按照中国特色社会主义制度的完善来推进治理进程。首先要保证县域在全面深化改革中沿着中国特色社会主义道路的正确方向不走样、不变形，保证政治上人民当家，经济和社会生活上不断改善、幸福安康，生活方式文明、便捷，以及低成本、高效率等人民对社会生活的需要，使广大人民的根本利益最大化最优化，这些主要目标和深层次的治理目标都离不开中国共产党的领导。特别是现阶段，我国社会主要矛盾已经转化为人民日益增长的美好生活需要和不平衡不充分的发展之间的矛盾。发展不平衡不充分问题在县域农村表现最为突出，既包括城乡之间的经济差距，也包括不同地区农村之间的经济差距；既包括城乡之间文化教育、医疗保障、交通设施等方面的发展差距，也包含农民群众对政治民主的新要求、新期待，而这些新要求、新期待有的已经超出经济领域，更多指向政治、社会、文化、生态文明等领域。面对新起点、新矛盾、新任务，迫切要求在坚持党的领导中发挥党把控县域宏观方向的定位功能，在决胜全面建成小康社会、开启全面建设社会主义现代化国家新征程中，更好地满足人民对美好生活的向往；复杂严峻的风险和挑战迫切要求在党的坚强领导中实现党团结各方面力量，确保中国特色社会主义道路不为一切困难所动摇，坚持以人民为中心，全面深化县域改革，稳步推进利益机制调整，逐步构建系统完备、科学规范、运行有效的制度体系和县域治理体系，使我国社会主义制度的优越性在县域内得到充分发挥和展现。

实施乡村振兴战略，是党的十九大作出的重大决策部署，是决胜全面建成小康社会、全面建设社会主义现代化国家的重大历史任务，也是新时代县域治理的重要目标任务。正如习近平总书记强调的，农业强不强、农村美不美、农民富不富，决定着亿万农民的获得感和幸福感，决定着我国全面小康社会的成色和社会主义现代化的质量。如期实现第一个百年奋斗目标并向第二个百年奋斗目标迈进，最艰巨最繁重的任务在农村，最广泛最深厚的基础在农村，最大的潜力和后劲也在农村。党的十九大提出实施乡村振兴战略，并作为七大战略之一写入党章。《中共中央 国务院关于实施乡村振兴战略的意见》明确指出，到2020年，乡村振兴取得重要进展，制度框架和政策体系基本形成；到2035年，乡村振兴取得决定性进展，农业农村现代化基本实现；到2050年，乡村全面振兴，农业强、农村美、农民富全面实现。作为县级党委和政府，真正把实施这一战略目标任务摆在优先位置和落到实处，必须“毫不动摇地坚持和加强党对农村工作的领导，健全党管农村工作领导体制机制和党内法规，确保党在农村工作中始终总揽全局、协调各方，为乡村振兴提供坚强有力的政治保障”。也就是说，加强党对乡村振兴工作的领导，把坚持农业农村优先发展作为现代化建设的一个重大原则，精心做好顶层设计，统筹协调、整体推进、督促落实，才能凝聚起实施乡村振兴的磅礴力量，推动农业全面升级、农村全面进步、农民全面发展，推进乡村治理体系和治理能力现代化，才能实现县域治理的目标任务，保证始终沿着中国特色社会主义乡村振兴道路阔步前进。

当前，摆在县党委和政府面前的重要治理工作，就是坚持打好精准脱贫这场对全面建成小康社会具有决定性意义的攻坚战，这是乡村振兴的前提，也是县域内最重要的工作任务。党的十八大以来，习近平总书记向全世界庄严承诺，到2020年，我国将全面消除绝对贫困，全国人民一道同步够格步入小康社会。强调消除贫困、改善民生、实现共同富裕，是社会主义的本质要求，是我们党的重要使命。“要实现这一目标，必须加强党对脱贫攻坚工作的领导。越是进行脱贫攻坚战，越是要加强和改善党的领导。各级党委和政府必须坚定信心、勇于担当，把脱贫职责扛在肩上，把脱贫任务抓在手上。……脱贫攻坚任务重的地区党委和政府要把脱贫攻坚作为‘十三五’期间头等大事和第一民生工程来抓，坚持以脱贫攻坚统揽经济社会发展全局。……在扶贫攻坚上要进一步理清思路、强化责任，采取力度更大、针对性更强、作用更直接、效果更可持续的措施，特别要在精准扶贫、精准脱贫上下更大功夫。”[①]可见，习近平总书记这些论述既是对全党精准脱贫工作提出的总体要求，是对县域基层打赢脱贫攻坚战役的重要保证，也是县域治理工作的重中之重。作为县党委和政府，在直面精准脱贫艰巨与繁重的任务中，如何保证在贯彻与执行中央关于精准脱贫攻坚战的整体部署的同时，结合本区域具体脱贫情况，采取更加有力的举措、更加集中的支持、更加精细的工作，提高精准脱贫的实效；如何瞄准贫困人口精准帮扶，实施保障性扶贫政策，把扶贫同扶志、扶智结合起来，全面改善贫困地区生产生活条件，实现可持续稳固脱贫；又如何强化基层组织脱贫攻坚责任和监督机制，开展扶贫领域腐败和作风问题治理，发挥好县党委作为全县脱贫攻坚总指挥的关键作用，等等。这些系统而复杂的重要工作和治理任务，关键在于加强党对脱贫攻坚任务的领导，充分发挥党把方向、谋大局、定政策、促改革的主心骨作用，不断探索，总结经验，从而提高党在县域内全面领导乡村振兴、决胜全面建成小康社会各项工作的能力和水平。

总之，县域治理的状况与治理水平，直接影响着决胜全面建成小康社会这一重大目标的实现，也直接反映国家治理的面貌与状态。因此，县域在决胜全面建成小康社会、全面建设社会主义现代化国家的重大历史任务

① 习近平：谋划好“十三五”时期扶贫开发工作 确保农村贫困人口到2020年如期脱贫[EB/OL].[2015-06-29]. http://www.gov.cn/xinwen/2015-06/19/content_2882043.htm.

中，应毫不动摇地坚持和加强党对县域治理的领导，确保党在县域治理工作中始终总揽全局、协调各方，为决胜全面建成小康社会提供坚强有力的政治保障。

二　党的领导在县域治理中弱化的主要表现与内在原因

改革开放四十年来的实践充分证明，坚持党的领导是中国特色社会主义事业取得不断发展和重大成就的根本保证，也是推动县域经济社会发展和提升县域治理能力与水平的根本保证。在面对决胜全面建成小康社会、开启全面建设社会主义现代化国家新征程中，如何进一步加强党对县域治理的领导，克服和解决治理中存在的弱化现象，是当前必须重视和需要解决的问题。

从部分省份对一些县的巡视反馈来看，县域治理中党的领导的弱化成为一种普遍现象。这也印证了习近平同志对党的领导的认识，他把党的领导弱化视为当前中国共产党面临的主要挑战之一，那么党的领导在县域治理中弱化的表现有哪些？这首先得弄清楚党领导县域治理的哪些方面。十九大报告中明确指出："党政军民学，东西南北中，党是领导一切的。"因此，县域治理中党的领导可以分为三个方面，一是领导县域范围的重大事务。2016年颁布的《中国共产党地方委员会工作条例》（以下简称《条例》）规定，"讨论和决定本地区经济社会发展战略、重大改革事项、重大民生保障等经济社会发展重大问题"是包括县委在内的党的地方委员会的重要职责。二是党对其他治理主体如政府、群团以及社会组织的领导。三是上级党组织对县级党组织的领导，县级党组织对下级党组织的领导。而党的领导在县域治理中的弱化表现在三个方面：一是领导本地事务不力，主要是在推进县域的经济建设、政治建设、文化建设、社会建设、生态文明建设中，或者在处置县域范围内发生的重大问题中领导不力；二是对县域的其他治理主体领导不力，主要是县级党组织无法发挥总揽全局、协调各方的领导核心作用，在这些治理主体中建立的党组也无法发挥领导核心作用；三是以县级党组织为中心的上级组织对下级党组织领导不力，主要表现在“党的理论和路线方针政策、党中央的决策部署没有得到有效贯彻落实”①，在贯彻中央与上级党组织的“决策部署上打折扣、做选择、搞变通”，“搞上有政策，下有对策”。同时，下级党组织对于县级党组织的决策部署根据本级党组织需要以打擦边球等方式进行选择性或者变通性执行，严重扭曲了县级党组织的决策意图。

那么，上述弱化问题是怎么出现的？这里有多种原因。笔者在此主要从党内寻找原因，概括起来主要有以下三个方面：

一是主体性原因。县域治理党的领导主体可以分为组织主体（即县级及以下党组织），以及个体主体（即各级及以下党员干部）。从领导主体（包括组织和党员领导个体）来看，主要是领导意识不足，领导方式不够合理，领导力不强。领导意识不足主要表现在重视组织领导和政治领导，忽视思想领导，即忽视“向人民群众宣传党的路线、方针、政策，把党的主张变成人民群众的自觉行为”②。有学者运用吉登斯的结构化理论，通过对某县的个案研究发现，县域治理中的政治行政化现象也印证了这一点③。领导方式不够合理主要表现在以党代政、以党代社以及党政分开、党社分开同时存在。以党代政主要是县委与县政府的工作内容高度重合，这表现在县党委常委会议和政府常务会议在内容方面的重合度上④；党政分开主要是县委领导干部认为政府分管的工作，县委不要去干涉，政府也没有必要向党委报告，不然就是党政不分了。县级党组织对县域社会的领导亦是如此，领导力不强。

二是关系性原因。关系性原因主要体现在以县级党组织为中心构成的几对关系中，以县级党组织为坐标，党内关系主要有四对。第一对关系是县级党组织与上级党组织关系。按照《中国共产党章程》（以下简称《党章》）规定，党的上下级组织之间的关系是这样的：其一，上级党组织可以决定下级党组织及其负责人的产生。《党章》第二章第十三条规定：“凡

① 中国共产党问责条例[N].人民日报，2016-07-18.

② 张文正.党的领导概论[M].北京：中共中央党校出版社，1999：30.

③ 樊红敏.政治行政化：县域治理的结构化逻辑——一把手日常行为的视角[J].经济社会体制比较，2013(1)：107-117.

④ 黄红华.县级党政关系的耦合模式——基于D县“四套班子”运行过程的实证研究[J].中共浙江省委党校学报，2015(1)：74-80.

是成立党的新组织，或是撤销党的原有组织，必须由上级党组织决定。在党的地方各级代表大会和基层代表大会闭会期间，上级党的组织认为有必要时，可以调动或者指派下级党组织的负责人。”其二，下级组织服从上级组织是党的民主集中制基本原则的构成性要素。《党章》第二章第十六条和第十条规定，党的下级组织必须坚决执行上级组织的决定，党的下级组织要向上级组织请示和报告工作。其三，作为一级党组织，下级党组织具有一定的职责与权力，上级党组织不能随意干涉下级党组织职责内的事务，同时下级党组织对相关工作对上级党组织具有建议权。《党章》第二章第十五条就规定：“党的各级领导机关，对同下级组织有关的重要问题作出决定时，在通常情况下，要征求下级组织的意见。要保证下级组织能够正常行使他们的职权。凡属应由下级组织处理的问题，如无特殊情况，上级领导机关不要干预。”如果上述关系处理得好，县级党组织与上级党组织关系就是正常的。现在出现两种现象导致二者关系的不正常，甚至是扭曲。一种现象是县级党组织脱离或不接受上级党组织领导，变相执行或根本不执行上级党组织的决定，俨然成为一个“独立王国”；另一种现象恰恰相反，上级党组织任意干涉县级党组织的工作，导致县级党组织工作无法正常进行。

第二对关系恰好与第一对关系相反，是作为上级组织的县级组织与下级党组织的关系，与第一对关系中的一对一不同，第二对关系是一对多，即一个县级党组织对多个下级党组织。这么多下级党组织可以分为两类，一类是乡镇一级党组织，另一类是县级人大、“一府两院”以及群团等组织中的党组织。县级党组织与乡镇一级党组织的关系与第一对关系类似，就是县级组织从下级组织转变为上级组织。县级党组织与第二类组织的关系是近年来的重要问题。一些地方上述组织出现了弱化党的领导的趋势，县级党组织无法对其进行有效领导。

第三对关系是县级党组织的内部关系。这一对关系又可以分为两对子关系，一个是党代会、全委会与常委会的关系，另一个是常委会与县委书记的关系。根据《党章》和《条例》的规定，有学者对第一对关系中的三方从权力层面进行梳理，认为存在递进式的权力授予关系①。另一对关系是常委会将权力授予县委书记。这就形成了县级党代会—全委会—常委会—县委书记的权力授予关系。县级党组织实行的是集体领导和个人分工负责相结合的制度。县委书记主持全委会工作和常委会活动，协调常委会委员的工作，对县委工作负主要责任。但同时《条例》也要求县委书记“应当带头执行民主集中制，充分发扬党内民主，善于集中正确意见，自觉接受常委会其他委员监督，不得凌驾于组织之上、班子之上，不得搞独断专行”。但在实际过程中，“常委会掌握了县级党委工作的主要权力”②，而“常委会会议通常由书记召集并主持，且会议议题、表决方式等都由书记确定，书记实际成了常委会中的权力核心，也就成了常委会工作的组织者、推动者和最终决策者”③。其结果是权力大小关系与授予关系恰好相反，县委书记权力最大，对县委书记的权力监督与制约成为真空，县委书记的腐败成为重灾区④，严重影响了党对县域治理的领导。

第四对关系是县域内基层党组织与党员的关系。与前三对关系不同，这对关系中的一方不是县级党组织，但是这对关系是否正常同样会影响党对县域治理的有效领导。在日常生活和工作中，群众接触最多的就是普通党员，他们的一言一行直接影响群众对党的感知，进而影响对党的认同。基层党组织与党员的关系可以从两个方面加以认识：一方面，党员是党内主体，在党内的生活、工作、事业中，党员应充分发挥主体作用⑤。但这种主体作用的发挥离不开党内基层民主，发展党内基层民主遇到观念、利益、制度等瓶颈问题，就会影响党员主体作用的实现⑥。另一方面，党组织对党员负有服务、教育、管理的职责。党组织职责的履行通过其整体功能（政治与服务）的发挥来实现，但当前一些党组织还存在服务意识与能力不强等问题⑦。一些基

---

① 邹庆国.中国共产党地方委员会领导制度科学化问题研究[M].北京：中国社会科学出版社，2015：141.

② 孙蔚.县级党委决策机制分析与改进策略研究[J].求实，2010(6)：19-24.

③ 何旗，郭文亮.切实把县委书记的权力“关进笼子里”[J].理论探索，2017(3)：75-83.

④ 杜治洲，刘树彪.从县委书记腐败案看反腐制度建设[J].安徽师范大学学报(人文社科版)，2010(2)：125-128.

⑤ 刘勇.尊重党员主体地位研究的主要观点综述[J].理论与改革，2009(6)：50-53.

⑥ 程晋富.论新时期党内基层民主的现实障碍与发展趋势[J].求实，2011(5)：21-23.

⑦ 蒯正明，胡珺.在全面小康社会建设中强化基层党组织整体功能的四大路径[J].探索，2016(1)：32-33.

层党组织政治功能弱化、退化、异化，出现不适应、不作为、不能为等问题[1]。

三是环境性原因。就党内视角而言，环境性因素主要是县域党内政治生态，也就是说县域党内政治生态如何直接影响党对县域治理的领导。那么什么是政治生态？学界对此认识不一致，分别有主体、关系和环境三类构成要素说[2]，也有主体与环境两类构成要素说[3]，还有政治生活和环境（党风、政风和社会风气）一类构成要素[4]。有学者从“一要素说”出发，认为指党内政治生活现状、政治生态综合反映党内各方面状况[5]。笔者也主要从“一要素说”出发来论述党内政治生态，认为其主要是党内政治环境。从纵向上看，县域党内政治生态是党内政治生态的一个组成部分；从横向上看，用系统论来认识县域党内政治生态是县域政治生态的子系统。目前，无论党内政治生态状况还是县域政治生态状况，都不容乐观，有学者总结出党内政治生态存在“圈子文化”“山头主义”“劣币驱除良币”的逆淘汰现象和形形色色的潜规则等问题[6]，县域政治生态也存在官场生态恶化、县域政治黑色化或灰色化、县域政治中官民争利普遍化等问题[7]。由此可以看出，作为党内政治生态和县域政治生态的重叠，县域党内政治生态状况同样令人担忧。

上述三个方面原因是密切联系、相互渗透、互为提前的，党内主体离不开相互关系，并对环境产生影响，同样党内环境对主体及其关系也产生影响。

---

① 董励华. 强化基层党组织政治功能[J]. 中国党政干部论坛，2016(9)：62-66.

② 刘先春，敖小茂. 党内政治生态的生成逻辑与系统治理[J]. 理论探讨，2017(4)：121-125.

③ 郝宇青. 塑造中国政治新生态——“政治生态”的内涵解读[J]. 探索与争鸣，2015(11)：22-24.

④ 包心鉴. 营造良好政治生态[N]. 人民日报，2015-01-26.

⑤ 姚桓. 从严治党规律探析[J]. 中共杭州市委党校学报，2015(12)：11-16.

⑥ 刘先春，单豪杰，柳宝军. 新时期优化党内政治生态若干问题研究——学习习近平总书记关于净化政治生态的重要论述[J]. 思想理论教育导刊，2016(12)：20-24.

⑦ 刘义强. 从基层民主到地方民主：县域政治生态重构[J]. 探索，2008(5)：73-78.

三　进一步加强党对县域治理有效领导的内在构成性路径

既然党内主体、关系和环境三个因素影响党对县域治理的领导，笔者也试图从这三个方面有针对性地提出以下三条意见改善党的领导的内在构成性路径。

一是加强党内教育，增强县域干部的领导意识。加强党内教育的目的主要是增强县域范围内领导干部的领导意识。应该说，中国共产党具有长期进行党内教育的传统，特别是对领导干部的教育。为什么中国共产党如此不间断地开展党内教育，笔者认为主要是由党的不同时期、面临的不同任务决定的。县域领导干部虽然一直接受党内教育，知识体系也不断在丰富和发展，在领导工作过程中，也积累了许多经验性知识，但是在不同时期，领导干部面对的是不同的环境，承担了不同的任务，面对这些新的环境与任务，光靠过去书本和实践经验是不够的。进入新时代，坚持党对一切工作的领导是新时代中国特色社会主义的重要战略，在这种背景下，县域领导干部要增强党的领导意识，从过去过度重视县域经济发展这种“行政”，转变到重视对县域一切工作领导的这种“政治”上来。正如习近平同志强调的，“我们说要推进国家治理体系和治理能力现代化，国家治理体系是由众多子系统构成的复杂系统，这个系统的核心是中国共产党，人大、政府、政协、法院、检察院、军队、各民主党派和无党派人士，各企事业单位，工会、共青团、妇联等群团组织，都要坚持中国共产党领导”①。国家治理如此，县域治理也是如此，习近平在全国党校工作会议上的讲话中指出：“在坚持党的领导这个重要原则问题上，我们脑子要特别清醒、眼睛要特别明亮、立场要特别坚定，决不能有任何含糊和动摇。”特别是党的十九大提出“乡村振兴战略”和“坚决打赢脱贫攻坚战”，县域内的各级党组织要加强对乡村振兴和精准扶贫的领导，实现对这两项工作的领导核心作用。

---

① 习近平关于社会主义政治建设论述摘编[M].北京：中央文献出版社，2017：34.

二是强化党内关键少数的实践，实现党内关系再生产。从历时性来看，任何人都会受到所在空间和场域关系与结构的影响，因为从静态的角度来看，社会关系与结构要先于作为主体的人而存在，这是涂尔干对于社会事实对人及其行动制约性思想。但是吉登斯并不完全认同这一思想，吉登斯认为，作为行动者的人也具有能动作用，也能产生出关系和结构，“结构总是被看作社会系统的某种属性，‘体现’在嵌入时空的被再生产出来的实践活动之中”[①]。吉登斯的结构化理论是抽象的，具有普遍意义，理论上适用于任何社会，但是在当代中国社会阶层分化的情况下，各个阶层在社会中的地位和能力是不同的。也就是说，不同阶层的实践对社会关系再生产中的作用是不同的。从中国革命的历史来看，干部作用尤为重要，正如有学者指出：“通过分析中国革命的历史、国家建构的进程以及国家建设的内在权力运行逻辑可知，中国党、军、政各方的基本格局和党治国家的权力运行模式形成于中国革命和现代国家建设的过程中，在这个格局和模式中，其实践和逻辑的轴心是干部，干部支撑起了政党、军队和政权。”鉴于干部在国家建构中所起的作用，可以使用“干部国家”这一概念[②]。但是在国家各个组织中，干部也分不同层次，他们在各自组织中的地位与重要性是不同的。所以党的十八大以来，习近平同志屡次提到要抓党内关键少数[③]。在党内，“县委书记在干部序列中说起来级别不高，但地位特殊”[④]，是“‘一线总指挥’，是我们党在县域治国理政的重要骨干力量”[⑤]，因此，县委书记在县级党组织内部关系再生产中起着关键作用。这种党内关系的再生产是通过作为行动者的县委书记的实践来实现的。这样的行动者不仅要具有“认知能力所特有的反思性特征[⑥]”，而且还要具有一定道德，这是

① 安东尼·吉登斯.社会的构成 结构化理论纲要[M].李康，李猛，译.北京：中国人民大学出版社，2016：161.

② 王海峰.干部国家：一种支撑和维系中国党建国家权力结构及其运行的制度[M].上海：复旦大学出版社，2012：16.

③ 李毅弘，刘柳.抓住领导干部这个“关键少数”——习近平干部队伍建设思想探析[J].思想理论教育导刊，2017(5)：43-47.

④ 习近平.做焦裕禄式的县委书记[M].北京：中央文献出版社，2015：3.

⑤ 习近平.做焦裕禄式的县委书记[M].北京：中央文献出版社，2015：67.

⑥ 安东尼·吉登斯.社会的构成 结构化理论纲要[M].李康，李猛，译.北京：中国人民大学出版社，2016：2

西方自古希腊一直延续到康德的“实践”传统，也正如习近平同志所说的县委书记要做到“四有”，即“心中有党、心中有民、心中有责、心中有戒”。在县委书记的示范性行动的带动下，其他干部也会改变不利于形成正常党内关系的习惯性行为，最终促进县级党组织内部关系的正常化。同时作为县域基层治理的乡镇干部也要在基层党内关系中做好带头示范作用，最终实现整个县域党内关系的正常化。

三是净化党组织内部政治生态。县域党组织党内政治生态看似是“软”的，实则是“权”和“硬”的权威和权力在起作用。在县域社会中，存在以党组织为代表的领导权，以人大为代表的政治权力，以政府为代表的行政权力，以司法机关为代表的司法权力，以社会力量为代表的社会权力。党与人大、政府与司法机关是领导与被领导关系，这样县域社会内的权力可以简化为党组织的领导权与社会力量的社会权力。哈贝马斯曾对发达资本主义社会中以舆论和强势利益集团为代表的社会权力对扭曲形成民众意志的政治权力进行了批判，并提出以主体间的交往权力来制衡社会权力的观点①。囿于时空的差异，哈贝马斯所提到的问题，并不完全适用当下中国的县域社会，但是也不是完全不适合。当前影响县域政治生态的，除了党内因素之外，外部因素也不可忽视，概括起来就是社会权力对党组织领导权的侵蚀，如以一些强势利益集团、群体或个人为代表的现代社会权力腐蚀、拉拢领导干部，进而侵蚀党组织的领导权，或以县域内某个领导干部的家族或宗族为代表的传统社会权力借以“公权”为亲属、朋友谋取“私利”，严重侵蚀党组织的合法性基础。因此，应全面净化县级党组织内部政治生态，一要建立新型的政商关系，而新型政商关系，概括起来就是“亲”“清”两个字。对领导干部而言，所谓“亲”，就是要坦荡真诚同民营企业接触交往，特别是在民营企业遇到困难和问题的情况下更要积极作为、靠前服务，对非公有制经济人士多关注、多谈心、多引导，帮助其解决实际困难；所谓“清”，就是同民营企业家的关系要清白、纯洁，不能有贪心私心，不能以权谋私，不能搞权钱交易。“对民营企业家而言，所谓‘亲’，

---

① 王晓升.用交往权力制衡社会权力——重评哈贝马斯的商议民主理论[J].中山大学学报(社会科学版)，2007(4):48-52.

就是积极主动同各级党委和政府及部门多沟通多交流，讲真话，说实情，建诤言，满腔热情支持地方发展；所谓‘清’，就是要洁身自好、走正道，做到遵纪守法办企业、光明正大搞经营。”[①]二要加强家风建设。习近平同志在十八届中央纪律检查委员会第六次全体会议上的讲话中指出，“家风败坏往往是领导干部走向严重违纪违法的重要原因”，“每一位领导干部都要把家风建设摆在重要位置，廉洁修身、廉洁齐家，在管好自己的同时，严格要求配偶、子女和身边工作人员”。

① 习近平治国理政（第二卷）[M].北京：外文出版社，2017：264-265.

县域治理能力建设的新进展与新成效

——十八大以来县域治理能力的理论研究与改革探索

孔德斌[1]

摘　要：　县域政府连接城乡，构成国家政权与社会公众之间的实质性纽带，县域治理能力建设是国家治理体系和治理能力现代化的基础。在新时代中国特色社会主义思想的指引下，县域政府的政治维稳、经济增长、结构改革、创新引领、公共服务等方面的治理能力建设取得了重大进展。近年来，县域治理能力建设沿着“政府机构与外部环境之间的关系调整”以及“政府机构部门内部之间的关系优化”两条路径前进，在地方政府创新方面出现了“请示授权”的新模式。

关键词：　县域治理　治理能力　新时代

一 引 言

“县域”是指以县城为中心包括县、镇、村在内的区域范围，是一个政治、经济、文化的地域性统一体，县域既是行政单位也是经济单元和文化单元[2]。县域治理包括县、乡镇、村三级治理，构成国家治理基层体系。县域治理能力的现代化是国家治理能力现代化的基础和重要组成部分，如

---

① 孔德斌：博士，扬州大学商学院副教授。

② 樊红敏，张玉娇．县域社会治理评价体系：建构理路与评估框架[J]．河南师范大学学报（哲学社会科学版），2017（1）：26-31.

果县域治理能力不足，国家治理体系和治理能力现代化就无从谈起。那么，什么是县域治理能力呢？邹力行认为，县域治理能力包括以下方面：（县级政府）依法治理社会的能力、以德治理社会的能力、对县域经济的规划和执行能力、提供公共产品和服务的能力、对治理工具的选择能力和办事效率、维护地方治安和社会稳定的能力、抗击风险和化解公共危机的能力、反腐倡廉的能力①。王敬尧指出，县级财政的重要职能之一就是为民众提供公共服务，县级政府治理能力的主要表现是服务能力，服务能力以财政能力为基础②。通过分析县级政府财政来源、支出结构、财政能力、服务能力及其管理和应急反应能力，可以评价县级政府的治理能力。邹毅认为，县域治理能力主要包括六个方面的能力：（财政）汲取能力、（价值认同）濡化能力、（政治身份）认证能力、（行政相对人行为）规管能力、（政治参与）吸纳能力、（社会矛盾）整合能力③。

与“县域治理能力”较为接近的概念是“地方政府能力”。吴家庆列举了地方政府十个方面的能力要件：市场规制能力、公共服务能力、公共政策执行能力、信用能力、软环境维护能力、人力资源开发能力、生态平衡能力、社会公正与秩序维护能力、危机处理能力和制度创新能力④。

综合学界的既有研究成果，我们将十八大以来的县域治理能力概括为发展经济能力、维护稳定能力、结构改革能力、公共服务能力、创新引领能力等五大能力。

县域治理能力问题的提出，主要有理论和实践两方面的依据。一是从理论上看，20世纪80年代以前，中国政治学研究中断，西方学者对中国政治的关注基本停留在中央和省级层面。20世纪90年代以来，中国乡村治理研究逐渐繁荣，学界的研究重心一下子从中央、省一级直接下沉到乡镇、村一级，导致县域政治的研究长期被理论界忽视，十八大以来政治实践的新变化需要我们将政治研究的焦点从乡村一级上移到县一级。二是从实践

① 邹力行.大力加强县域治理能力建设[J].科学决策，2013(12)：55-69.

② 王敬尧.县级治理能力的制度基础：一个分析框架的尝试[J].政治学研究，2009(3)：36-46.

③ 邹毅.现阶段我国县域治理问题研究[D].北京：中共中央党校，2016.

④ 吴家庆，刘洋.我国学界关于地方政府能力研究述评[J].深圳大学学报(人文社会科学版)，2008(6)：43-50.

上看，随着我国城镇化的快速推进，过去被经济增长掩盖的各种矛盾和问题凸显出来，特别是群体性事件集中爆发于县一级，成为最令县级政府头疼的问题，维护稳定和促进经济增长成为县域政府最重要的两项工作任务。从上而下的政策执行以及从下而上的乡村治理改革在县域层面遭遇“梗阻”，提升县域治理能力刻不容缓。

党的十八大以来，各地积极落实中央部署的各项改革措施，不断推进地方政府创新，尤其在县级政府层面，随着“五位一体”总体布局和“四个全面”战略布局逐渐成形，县域层面的国家治理体系和治理能力现代化水平明显提高，县域治理也进入了新时代。中国特色社会主义进入新时代，我国社会主要矛盾已经转化为人民日益增长的美好生活需要和不平衡不充分的发展之间的矛盾。人民的美好生活需要日益广泛，不仅对物质文化生活提出了更高要求，而且在民主、法治、公平、正义、安全、环境等方面的要求日益增长。为了解决新时代我国社会的主要矛盾，必须加快推进县域治理体系和治理能力现代化建设。县域治理主要包括治理体系构建和治理能力提升两个方面，本文研究十八大以来县域治理能力建设的新实践和新进展，既包括理论研究综述，也包括地方政府的创新做法和经验总结。

二　县域治理能力的“学术关注”和“政府关注”

（一）县域治理能力的“学术关注”

1. 论文与专著

学界关于县域治理能力的研究以2012年为界，分为两个时期。2012年以前，学界基本没有“县域治理能力”的提法，大家关注的焦点是“服务型政府”建设和“县政改革”。从2009年以后，由于群体性事件高发，“县域治理”的提法开始流行，特别是十八届三中全会提出“国家治理体系和治理能力现代化”的论断之后，以“县域治理能力”为篇名的论文迅速增多。在中国知网上以“县域治理能力”为题名进行模糊检索，搜得文献19篇，最早的文献发表于2013年。在中国知网的硕博士学位论文数据库以

“县域治理”“县域改革”“县政治理”为题名进行综合检索，搜得博士论文1篇，硕士论文5篇，最早的（硕士）学位论文出现于2009年。

2000年以后，学界围绕县域治理的法治、财政、选举、行政结构、权力运行、治理模式改革等各个方面，出版了一批有影响力的专著。代表作品有《中国县级行政组织立法研究》（赵奇、刘太刚主编，中国人民公安大学出版社，2001年），《市场发育、社会生长和公共权力构建：以县为微观分析单位》（杨雪冬，河南人民出版社，2002年），《县级领导与管理》（杨毓培、陈代昌，中共中央党校出版社，2002年），《县级人大代表选举研究》（袁达毅，中国社会出版社，2003年），《中国县级行政结构及其运行：对W县的社会学考察》（周庆智，贵州人民出版社，2004年），《县级财政管理》（任先德，经济科学出版社，2004年），《县级政府管理模式创新探讨》（王圣诵，人民出版社，2006年），《县级财政收支分析》（王敏，武汉大学出版社，2007年），《当代中国县政改革》（暴景升，天津人民出版社，2007年），《县域政治：权力实践与日常秩序——河南省南河市的体验观察与阐释》（樊红敏，中国社会科学出版社，2008年），等等。

2. 主要研究力量

县域治理能力的研究力量主要有三股。

一是长期从事“三农”问题和地方治理研究的专家学者及其团队。典型代表有：以谢庆奎为首的关于地方政府制度改革的研究；以俞可平为首的关于县域治理与县域政治的研究；以徐勇、贺雪峰为首的“华中学派”关于乡村治理的研究；以于建嵘为首的关于县政自治的研究；以周庆智、吴理财为首的关于县政治理的研究；以折晓叶、周雪光为首的关于县域治理“行政—政治—公司”三位一体的新统合模式研究。

二是长期在县域从事实际工作的“学者型官员”以及体制内的各层级政策研究机构。如中国（海南）改革发展研究院以“直谏中国改革”为己任，其中以迟福林为首的研究团队关于县域治理“第二次改革”，如何释放地方政府“改革红利”“公共服务均等化”“结构性改革”等政策改革建议在实践中被广泛采纳。

三是专门研究县域发展的非营利性的学术机构。典型代表有：华中师范大学的中国县域发展研究中心、《人民论坛》杂志社的中国县域科学发展网，等等。

2000年，北京大学政府创新研究中心、中央编译局比较政治与研究中心、中央党校世界政党研究中心联合发起的“中国地方政府创新奖”，专门搜集整理中国县域政府创新的案例和报告，对县域治理能力的研究和实践起到了重要的促进作用。

（二）县域治理能力的“政府关注”

1. 中央政府的文件与政策

十八届三中全会对现阶段我国的社会治理工作进行了整体部署，要求我们坚持系统治理，加强党委领导，发挥政府主导作用，鼓励和支持社会各方面参与，实现政府治理和社会自我调节、居民自治良性互动。坚持依法治理，加强法治保障，运用法治思维和法治方式化解社会矛盾。坚持综合治理，强化道德约束，规范社会行为，调节利益关系，协调社会关系，解决社会问题。坚持源头治理，标本兼治、重在治本，以网格化管理、社会化服务为方向，健全基层综合服务管理平台，及时反映和协调人民群众各方面各层次利益诉求。

“十三五”规划纲要提出，2016—2020年的发展主线是贯彻落实新发展理念，适应把握引领经济发展新常态，必须在适度扩大总需求的同时，着力推进供给侧结构性改革，加大重点领域关键环节市场化改革力度，调整各类扭曲的政策和制度安排，完善公平竞争、优胜劣汰的市场环境和机制，最大限度激发微观活力，优化要素配置，推动产业结构升级，扩大有效和中高端供给……实施宏观政策要稳、产业政策要准、微观政策要活、改革政策要实、社会政策要托底的政策支柱，去产能、去库存、去杠杆、降成本、补短板，加快培育新的发展动能，改造提升传统比较优势，夯实实体经济根基，推动社会生产力水平整体改善。

十八大以来，中央在推进县域治理方面，有两个显著的政策导向。一是在中央与地方的关系方面，更加注重“收权”与“放权”的灵活操作。中央成立了“全面深化改革领导小组”，习近平总书记担任组长，统筹规划、指导和批复各地区、各部门的改革方案，改变了过去“各自为政”的无序状态。与此同时，在政府与市场、政府与社会的关系方面，强调简政放权、放管结合、优化服务，提升居民的“获得感”和“幸福感”，进一步激发各社会主体的活力。二是强调地域特色，要求各地在推进改革、落实政策的时候，要结合地方实际，不盲从和照搬照抄，县域治理要体现地方特色和亮点。2013年，习近平总书记在海南调研时指出，要着力“谱写美丽中国海南篇章”。此后，各地在加强生态文明建设的时候纷纷表示，要根据本地实际，谱写“美丽中国××篇章”。

十九大报告对未来30多年我国经济社会发展作出了阶段性的目标安排。报告提出，到2030年，我国经济实力、科技实力将大幅跃升，跻身创新型国家前列；人民平等参与、平等发展权利得到充分保障，法治国家、法治政府、法治社会基本建成，各方面制度更加完善，国家治理体系和治理能力现代化基本实现；社会文明程度达到新的高度，国家文化软实力显著增强，中华文化影响更加广泛深入；人民生活更为宽裕，中等收入群体比例明显提高，城乡区域发展差距和居民生活水平差距显著缩小，基本公共服务均等化基本实现，全体人民共同富裕迈出坚实步伐；现代社会治理格局基本形成，社会充满活力又和谐有序；生态环境根本好转，美丽中国目标基本实现。到本世纪中叶，我国物质文明、政治文明、精神文明、社会文明、生态文明将全面提升，实现国家治理体系和治理能力现代化，成为综合国力和国际影响力领先的国家，全体人民共同富裕基本实现，我国人民将享有更加幸福安康的生活，中华民族将以更加昂扬的姿态屹立于世界民族之林。

2. 地方政府的实践样本

在浙江，嘉善县是习近平总书记的联系点，贯彻落实创新、协调、绿色、开放、共享的“五大发展理念”，成为全国县域治理的“领跑者”。嘉善县是全国首个，也是到目前为止唯一一个“县域科学发展示范点”。

在江苏，依托雄厚的县域经济基础，江苏县域社会治理创新走在了全国前列，涌现出南通的“大调解”、吴江的“政社互动”、昆山的“县域法治化”等治理创新典范。

在广东，顺德区在大部制改革中，调整优化各部门之间的权责关系，进一步简政放权，探索形成社会与公民之间有序互动、合作共赢的协同治理模式，形成了大部制改革的“顺德经验”。

在湖南，长沙县在产城融合、城乡一体化建设、功能分区、乡村治理、“零碳县”创建、“PPP合作模式”、“绿色政绩考核”等方面进行了积极探索，其创造的“市民下乡”“政绩分类考核”等制度设计带有明显的“反哺”色彩，成为县域综合治理的经典样本。

在四川，邻水县找准定位，借力发展，摸索出了一条“配角经济”的发展新路。邻水县借助自身的“地缘、交通、资源”三大优势，打造重庆工业配套、特色农产品供应、休闲度假旅游三大基地，体现了创新发展、开放发展、综合发展的新思路与新理念。

在贵州，黔南县通过做大、做强、做优乡镇，向乡镇还权、放权、授权，增强乡镇的动力、能力、吸引力，走出了一条“扩权强镇”的发展新路。

三　十八大以来县域治理能力建设的实践进展

（一）经济增长能力：从唯GDP论到五大发展理念

2002年党的十六大报告提出“壮大县域经济”的口号，县域政府发展经济能力尤其是GDP增长率成为官员考核和晋升最重要的指标。

十八大以来，中央对我国的经济增长趋势做出了两个重要的判断：一是当前我国发展仍处于大有可为的重要战略机遇期，经济持续健康发展具有很多有利条件；二是我国经济正处于增长速度换挡期、结构调整阵痛期和前期刺激政策消化期叠加的阶段，面临不少矛盾和困难。在这样严峻复杂的形势下，中央要求经济增长“必须坚持稳中求进、改革创新，切实把推动发展的着力点转到提高质量和效益上来，下定决心稳增长、调结构、促改革，实现更健康、更高质量、更可持续的发展”。[①]在此基础上，2015

① 中共中央宣传部.习近平总书记系列重要讲话读本[M].北京：学习出版社，人民出版社，2014:57.

年十八届五中全会提出了创新、协调、绿色、开放、共享的五大发展理念。其中，创新发展理念是方向、是钥匙，是引领发展的第一动力。

2012年以后，中国经济社会发展已经进入“新常态”。这个新常态的概念是以习近平同志为核心的新一代中央领导集体用来定位十八大以来中国发展总体新状态的用语，内涵十分丰富。新常态的主要特点：“一是从高速增长转为中高速增长。二是经济结构不断优化升级，第三产业消费需求逐步成为主体，城乡区域差距缩小，居民收入占比上升，发展成果惠及更广大民众。三是从要素驱动、投资驱动转向创新驱动。”①为适应新常态的要求，县级政府开始了艰难的结构改革，其核心内容是“三去一降一补”，即去产能、去库存、去杠杆、降成本、补短板。

为了实现实实在在没有水分的增长，县域政府根据中央要求，进行了以下几方面的政策调整。

一是调低经济增长率的目标要求，不再盲目追求过高的GDP增长速度，而是将经济增速调整到合适的“档位”，提高对经济增速下行的“容忍度”，为调整经济结构和转变发展方式留下足够的余地和空间。

二是建立科学的县级官员政绩考核评价体系，不简单以国内生产总值增长率论英雄。习近平总书记指出：“中央看一个地方工作做得怎么样，不会仅仅看生产总值增长率，而是要看全面工作，看解决自身发展中突出矛盾和问题的成效。”②

三是加快调整产业结构。一方面化解过剩产能，淘汰一批高能耗、高排放的落后产能；另一方面振兴实体经济，改造提升传统制造业，培育发展战略性新兴产业，加快发展服务业。十八大以来，中央针对医疗、保险、健康养老、房地产、文化等多个产业发布了多个“若干意见”的文件，为各行各业的升级转型提供专项政策扶持。

四是实施创新驱动发展战略，鼓励“大众创业、万众创新”，着力增强企业和公民的自主创新能力，加强国家创新体系建设。建立以企业为主体、以市场为导向、产学研深度融合的技术创新体系，加强对中小企业创

① 习近平提出中国经济新常态的3个特点及带来的4个机遇[N].人民日报，2014-11-9.

② 中共中央宣传部.习近平总书记系列重要讲话读本[M].北京：学习出版社，人民出版社，2014：58.

新的支持，促进科技成果转化。倡导创新文化，强化知识产权创造、保护、运用。培养造就一大批具有国际水平的战略科技人才、科技领军人才、青年科技人才和高水平创新团队。

五是在发展经济的同时加强环境治理，增强县域的“绿色发展”能力。环保部门的执法权力越来越大，生态保护的红线不允许任何人践踏。习近平总书记指出，我们既要绿水青山，也要金山银山。宁要绿水青山，不要金山银山，而且绿水青山就是金山银山。要正确处理好经济发展同生态环境保护的关系，牢固树立保护生态环境就是保护生产力、改善生态环境就是改善生产力的理念。

六是加大精准扶贫的工作力度，确保在全面小康的道路上“一个都不能少”。习近平总书记指出，全面建成小康社会，最艰巨最繁重的任务在农村，特别是在贫困地区。没有农村的小康，特别是没有贫困地区的小康，就没有全面建成小康社会。县域政府贯彻落实中央的各项精准扶贫政策，在做好干部驻村等“规定动作”的同时还根据地方实际创新了很多“自选动作”。例如，海南省教育厅推出了“雨露计划”，为贫困户子女提供免费职业中专教育，将扶贫与扶智结合起来，在精准脱贫的同时还有效防止了因学返贫。

（二）维护稳定能力：从硬性“维稳”到县域“善治”

20世纪90年代以后，改革开放初期的农村政策效应逐渐释放完毕，县域经济可持续发展能力减弱，过去被经济高速增长所掩盖的一些县域治理的深层次矛盾和问题开始暴露和凸显出来，在“稳定压倒一切”的考核压力下，有些县级政府采取截访、威胁、恐吓等硬性“维稳”手段。2003年之后，在和谐社会的政治语境中，“人民内部矛盾人民币解决”成为县域政府维护稳定的首选方法，但花钱不可能买到长治久安，尤其是2006年取消农业税后，县乡政府财力匮乏，不足以提供覆盖城乡的公共服务，引入社会组织等其他主体参与乡村治理就成为必然的选择。

随着我国经济发展进入“新常态”，过去被经济增长所掩盖的一些社会矛盾开始集中爆发。通常来说，社会矛盾预防化解的主要工作重心应放在县域，如果县级政府不能妥善防范和化解社会矛盾，就会导致社会矛盾逐级向上聚集，进而威胁到社会稳定和党的领导地位。有学者认为，“县域已经成为社会冲突与社会不稳定的主要地带”[①]，作为最重要的承上启下的行政组织节点，县域是城市与乡村、传统与现代、中心与边缘地带的“接点”部位。“社会矛盾及其集中反映的群体性事件很容易在那些‘政治应力’最为脆弱的‘接点’部位发生。”[②]

县域政府在维护社会稳定方面主要从“治标”和“治本”两个方面入手，用治标为治本赢得时间。一方面，县域政府不遗余力地投入大量资金和人力“维稳”，确保辖区内治安良好、社会安定有序。习近平总书记在中央政法会议上的讲话中强调，“维权是维稳的基础，维稳的实质是维权”，县域善治的核心问题是尊重、维护老百姓的各项权益。其中，县委书记的个人品行和能力对县域治理的绩效有直接、显著的影响。在我国现行的党政层级架构中，县委书记由于监督漏洞和掌控的资源与信息优势，很容易成为事实上的集县级政府首脑、公司董事长和大法官于一身的“政治强人”。习近平指出，最难做的官是县官，县级领导必须有各方面的知识和很强的能力，否则难以胜任[③]。另一方面，县域政府积极构建新型社会治理体系，鼓励公民的有序参与，提升政治制度和政治体系的容纳能力，打造共建共治共享的社会治理格局，推进全面依法治县，用“良法”保障“善治”。

十八大提出“党委领导、政府负责、社会协同、公众参与”的社会管理格局，十九大提出完善党委领导、政府负责、社会协同、公众参与、法治保障的社会治理体制。当前，以加强社会参与为手段，以扩大公共服务供给为目标的“政社互动”模式成为县域社会治理创新的重点。该模式主要包括以下几个要点：一是理顺政府与社会组织、群众自治组织之间的关系，通过制定政府的“权力清单”和“责任清单”，进一步明晰政府的社会

① 樊红敏.转型中的县域治理：结构、行为与变革——基于中部地区5个县的个案研究[M].北京：中国社会科学出版社，2013：4.

② 徐勇.“接点政治”：农村群体性事件的县域分析——一个分析框架及以若干个案为例[J].华中师范大学学报（人文社会科学版），2009（6）：2-7.

③ 习近平.摆脱贫困[M].福州：福建人民出版社，1992：31-32.

治理职责，促进政府的自律、权利的约束和基层的减负。二是拓宽政府与社会组织、群众自治组织之间的互动渠道，通过“政府购买服务”的方式向市场、社会转移部分公共服务及管理职能，通过基层自治和民主协商向社会让渡决策权力，保障群众的知情权、参与权、决策权和监督权。三是有效提升社会参与社会治理的能力与质量，通过财政资金、人事教育等资源，增强各类社会主体参与社会服务的能力，提高参与治理的质量。四是在县、镇、村、网格四个层面开展网格管理服务，制定实施网格化服务测评指标体系，逐步建成“网格全覆盖、工作无缝隙、服务零距离、管理无漏洞”的县域城市服务管理网格化体系，解决服务群众的“最后一公里”问题。五是探索社会治理的新技术。通过“互联网＋社会治理”新模式整合资源，打造社会治理治理、社会服务的大数据“云服务平台”，通过微信公众号等着力打造线上线下互动模式，使每一名群众都变成网格员，构建社会治理的立体化防控体系，提升社会治理的社会化、专业化、精细化程度。

（三）结构改革能力：政治、经济的双轮驱动

县域治理的结构改革主要分为两个方面：一是政治方面的治理结构改革，二是经济方面的供给侧结构性改革。

1. 治理结构改革

治理结构改革的实质是调整优化不同治理主体之间的管理关系、利益结构和协同方式。就县域治理而言，关键是要处理好五对关系。

一是党政关系。十九大提出要“改进党的领导方式和执政方式”，理顺县域党委、人大、政府之间的权力关系，赋予省级及以下政府更多自主权。在省市县对职能相近的党政机关探索合并设立或合署办公。

二是“国治”与“县治”的关系。县域治理在整个国家治理体系中起着承上启下的作用，是推进我国治理体系和治理能力现代化的基础和关键。无论是“省直管县”还是“市管县”，国家都试图加强县域政府的能力建设。这种能力更多地体现在多主体的利益整合和合作共治方面，县域政府的“政治晋升锦标赛”，既是能力竞争的体现又是能力竞争的结果。

三是县域政府权力与责任的关系。自20世纪90年代起，浙江省率先进行“扩权强县”的试点。海南是全国“省直管县”政策执行最彻底的省份。《关于2009年促进农业稳定发展农民持续增收的若干意见》要求稳步推进“扩权强县”试点，鼓励有条件的当前的省份率先减少行政层次，依法探索省直接管理县（市）的体制。许多省区纷纷开展“扩权强县”和财政的省直管县改革。“扩权强县”的改革主要有两种路径：一是省级政府直接将一些审批权限下放给县域政府；二是市级政府主动让权给县域政府，并逐步退出对县域政府的行政干预①。但随着河南、广东等地取消省直管县试点，县域政府的权力与责任边界仍在不断的探索和变动之中。

四是政府与社会组织、公民之间的关系。治理技术的进步使县域治理的社会化、法治化、智能化、专业化水平不断提升，政府与社会组织、公民之间的合作互动使社会治理的重心从县级政府下沉到乡镇、社区、村庄。应加强社区治理体系建设，推动社会治理重心向基层下移，发挥社会组织作用，实现政府治理和社会调节、居民自治良性互动。

五是政府与市场的关系。“市场在资源配置中起决定作用，并不是起全部作用。”②十八大以来，上到国务院，下到县政府，各级政府贯彻李克强总理“有权不可任性”的指示，按照“有效市场＋有为政府”的目标导向，进行了大幅度的简政放权改革。一方面，取消和精简行政审批事项，对政府权力做“减法”，建立健全“负面清单”管理制度。2013—2014年，国务院下放和取消行政审批事项733项，提前完成了本届政府五年内将1700多项行政审批事项削减1/3以上的目标。2013年5月1日，《广州市建设工程项目优化审批流程试点方案》正式实施，行政审批流程从799天变为37天。另一方面，在食品药品安全、污染治理、反垄断等领域强化监管，对政府权力做“加法”，将该管的事项管住、管好。例如，十八大以来，全国人大常委会制定或修订了旅游法、特种设备安全法、消费者权益保护法、安全生产法、环境保护法、广告法等数十部法律，通过经济立法为市场保驾护航。再如，2015年2月，中国对美国高通公司开出了60.88亿

① 苗炜.全国百强县县域政府治理模式研究[J].华北水利水电学院学报(社会科学版)，2012(1)：82-86.

② 中共中央文献研究室.十八大以来重要文献选编(上)[M].北京：中央文献出版社，2014：500.

元的反垄断罚单，5月又对奔驰公司及经销商开出了3.57亿元的反垄断罚单。这两张巨额罚单证明，中国政府的反垄断调查执法能力和水平不断提升，反垄断监管领域的政府作用更加重要。

2. 供给侧结构性改革

2015年年底，中央经济工作会议提出要推进“供给侧结构性改革”，并确立了“宏观政策要稳、产业政策要准、微观政策要活、改革政策要实、社会政策要托底”的推进供给侧结构性改革的五大政策支柱。2016年，中央和地方政府着力抓好去产能、去库存、去杠杆、降成本、补短板的“三去一降一补”的五大工作任务，供给结构有所改善。2016年，完成钢铁行业去产能超过6500万吨，煤炭行业去产能超过2.9亿吨。商品房去库存取得积极成效，截至2016年11月末，全国商品房待售面积69095万平方米，比10月末减少427万平方米，连续9个月减少。去杠杆方面，截至2016年10月末，工业企业资产负债率56.1%，同比下降0.7个百分点，企业杠杆率降低。降成本方面，截至2016年10月末，规模以上工业企业每百元主营业务收入中的成本为85.85元，同比减少0.17元。补短板方面，2016年中央安排了三批专项减少基金，集中力量加大对脱贫攻坚、基础设施建设、产业升级改造等重点领域的投入，各省市出台的“补短板”投资规模超过1万亿元人民币①。

2016年，安徽省采取多种措施推进供给侧结构性改革。一是积极稳妥处置“僵尸企业”，通过兼并重组、债务重组和破产清算等方式，实现过剩产能的市场出清。二是着力降低各种不合理的收费尤其是垄断性中介服务费，降低电价、物流费用，降低企业税费负担，切实降低企业成本。三是稳妥化解地方政府债务，加强重点行业企业违约风险的管控，开展互联网金融风险专项整治，降低全社会的杠杆率。四是努力化解房地产库存，提振市场预期。五是着力补齐发展短板，深入实施创新驱动发展战略，坚持把脱贫攻坚与扩大有效供给结合起来，加快提升传统产业，加快发展现代服务业，加速推进农业现代化。

① 支撑五大任务 2017年供给侧结构性改革将继续深化[EB/OL].[2016-12-19].http://business.sohu.com/20161219/n476267326.shtml.

2017年以后，供给侧结构性改革在四个层面继续深化。一是质量层面，继续淘汰落后产能，发展高新技术产业，提高工业制成品附加值，促使产业链向中高端迈进，不断提升县域实体经济供给体系质量。二是动能层面，推动互联网、大数据、人工智能和实体经济深度融合，在中高端消费、创新引领、绿色低碳、共享经济、现代供应链、人力资本服务等领域培育新增长点，形成新动能。三是供需层面，坚持去产能、去库存、去杠杆、降成本、补短板，优化存量资源配置，扩大优质增量供给，实现供需动态平衡。四是精神层面，建设知识型、技能型、创新型人才大军，弘扬企业家精神、劳模精神和工匠精神。

（四）创新引领能力：政府创新与企业创新的相互促进

我们认为，县域政府的创新引领能力主要体现在制度与政策创新、经济与科技创新、理论与文化创新三个方面。

1. 制度与政策创新

根据十八届三中、四中全会的部署，县域政府不断改革创新政府自身的管理模式和管理手段，全面加强县域法治政府建设，在以下三个方面取得了显著成效。

一是推行“清单管理制度”。常见的清单有权力清单、责任清单和负面清单。权力清单采用列举的方式，详细记载了县域政府的各项具体权力及其履职部门。责任清单则根据不同的行为及其后果，明确规定了各级部门及其工作人员所应承担的各种政治责任、法律责任、行政责任、道德责任。负面清单划清了政府与市场的边界，除了被列入负面清单的领域和情形外，企业都被允许进入。一些县域政府还开展了地方国企的混合所有制改革试点，允许社会资本和民间力量进入过去被国企垄断的“禁区”开展业务。自贸区、自由港的试点范围扩大，试点地区的县区政府在自贸区、自由港实行更加灵活、务实、开放、自由的管理制度。清单管理制度使县级政府及其工作人员的权、责、利更加明确，初步实现了“把权力关进制度的笼子里”的改革设想。

二是协商民主的制度化建设显著加速。十八届三中全会提出“推进协商民主广泛多层制度化发展”。继浙江温岭的民主恳谈会模式之后，广东省、江西省、南京市、厦门市等地方政府出台了政治协商的具体规程，到2013年年底，全国有26个省、自治区、直辖市都制定了政治协商规程，中国的协商民主制度化建设全面铺开。政治协商第一次从“可以协商”变为“必须协商”，成为地方政府重大决策的必经程序，成为约束县域政府领导人权力行使过程的“硬办法”。全国政协也恢复了中断48年之久的双周协商座谈会制度，地方政协的协商座谈会有的两周一次（如天津市），有的两月一次（如青海省、济南市、株洲市）。“继续重点加强政党协商、政府协商、政协协商，积极开展人大协商、人民团体协商、基层协商，逐步探索社会组织协商。发挥各协商渠道自身优势，做好衔接配合，不断健全和完善社会主义协商民主制度。”①

浙江乐清市通过“人民听证”加强人民代表大会的监督权，探索出了一条在县级人大层面实现社会公共领域与地方政府体系互动的双轨协商的新路径②。

三是地方政府创新的模式出现了新变化。以浙江为例，改革开放初期，义乌市建设小商品市场，开启了政府和市场互相促进、互相强化的生存型政府创新。20世纪90年代以后，浙江的地方政府创新从生存型政府创新转变为发展型政府创新。在调整省、市、县三级政府的关系方面，浙江坚持财政方面省管县和行政方面市管县兼容的体制。尽管财政省管县的做法在初期受到了中央批评和市政府的抵制，但最终得到了中央的认同，财政部于2009年颁布文件，在全国推行省管县的财政体制，此项改革基本在2012年年底完成。在干部人事制度方面，浙江也突破了“下管一级”的惯例，浙江省内的县委书记和县长是由省委直管的，县的主要领导对省负责而不是对市负责，这就使得县的主要领导敢于抵制地级市对县的利益剥夺，从而有利于浙江的“扩权强县”建设。但为了平衡市里的意见，浙江的县委班子成员除了县委书记和县长由省管以外，其他成员由市里管辖，所以

---

① 参见《关于加强人民政协协商民主建设的实施意见》。

② 汪玮.双轨协商：县级人大监督权改革研究——基于乐清“人民听证”实践探索的理论分析[J].浙江社会科学，2015(3)：144-148.

浙江的县级人事管理实际上是一种“半省管县”的模式。事实上，在前四届“中国地方政府创新奖”的入围名单中，浙江有12席，比排名第二的四川还多3席。

郁建兴观察到，十八大以来，地方政府创新的动力在衰退，主要表现在地方政府创新奖申报数量锐减，各地方政府忙于应付上级的检查、评估和改革落实情况，同时创新的话语表述也发生了变化，从“为解决……，创新……”转变为“根据上级要求，制定……”但事实上，地方政府的创新并没有停止和消失，而是出现了不同于传统的创新模式。在过去，俞可平认为，地方政府创新就是地方政府的自发创新，也可看成是“自下而上”的政府创新；韩博天认为，地方政府创新就是将“试点”机制概念化和理论化，也可看成是“自上而下”的政府创新。十八大以来，这两种政府创新模式和案例确实变少了，但出现了“请示授权”的新模式。郁建兴通过对浙江嘉兴综合行政执法体制改革的案例研究，以及对国内其他地区类似的25个案例的研究，发现这种“请示授权”模式主要包括方案设计、请示上级、确认授权、实践探索等几个主要环节。十八大以来，地方政府创新集中表现为自主探索的创新减少，而“请示授权”模式的创新增加。这种新模式的出现，一方面是改革从顶层设计上减少了地方政府的自主性空间，另一方面是因为反腐败约束了权力滥用，地方政府必须依法行政，确保权力行使的正当性。但我们也要看到，上级和中央的设计与实验不能满足地方治理的全部需要，地方政府仍然有回应属地问题的现实需要，仍要设法推进政府创新。推行“容错免责”机制，有助于地方政府通过“请示授权”的新模式规避创新风险和免除责任。

2. 经济与科技创新

在国家层面，面对中国经济进入新常态的现实，过去依靠廉价劳动力、政府投资驱动和牺牲环境为代价的发展模式不可持续，必须转型为创新驱动发展的新模式。2015年3月，中共中央、国务院发布《关于深化体制机制改革加快实施创新驱动发展战略的若干意见》，明确提出“加快实施创新驱动发展战略，就是要使市场在资源配置中起决定性作用和更好发挥政府作用，破除一切制约创新的思想障碍和制度藩篱，激发全社会创新活力和创造潜力，提升劳动、信息、知识、技术、管理、资本的效率和效益，强化科技同经济对接、创新成果同产业对接、创新项目同现实生产力对接、研发人员创新劳动同其利益收入对接，增强科技进步对经济发展的贡献度，营造大众创业、万众创新的政策环境和制度环境。”习近平在中央全面深化改革领导小组第十二次会议上强调，力争到2020年在科技体制改革的重要领域和关键环节上取得突破性成果，基本建立适应创新驱动发展战略要求、符合社会主义市场经济规律、科技创新发展规律的国家创新体系。

江阴市连续14年高居中国县域经济基本竞争力第一的宝座，2012年以后，江阴主动适应和引领新常态，走出了一条具有江阴特色的科学发展、率先发展、创新发展之路。一是推动实体经济的产业优化升级，通过发展先进制造业和服务业，支持大企业大集团做优做强，扶持中小企业走“专精特新”的发展道路。二是强化创新驱动，为县域经济发展注入新动能。大力发展创新平台，探索建立新型产业技术研发组织，提升科技成果转化率。三是引进创新领军人才，江阴累计引进诺贝尔奖得主5人、两院院士38人、千人计划27人，“高层次人才聚集计划”累计招募1.1万人。四是给予政策倾斜，江阴成立了“四个100亿”产业强市基金，全力助推产业转型升级和企业的技改与创新。

创新成功的关键在于培育和引进高层次人才。比较而言，引进人才比培育人才耗时更少、见效更快。为了更好地实施创新驱动发展战略，各级地方政府纷纷加大了人才引进的力度，“每一级地方政府都变成了猎头公司，睁大眼睛不惜成本地引进治理人才，组建参赛运动队。如县委书记成为县级参赛队的教练员和裁判员，同时又是市级参赛队的运动员。”①这种人才竞争的直接后果是拉大了地区发展差距，经济发达的东部沿海地区和一线城市更能吸引高层次人才的加盟，从而在创新引领方面一骑绝尘；而经济欠发达的中西部西区很难吸引外来人才加盟甚至难以保留本地的高层次人才，基础条件不足、人才资源流失使得中西部地区在创新引领方面苦苦追赶也很难赶上第一梯队的脚步。

① 李永刚.多重比大小：地方官员的隐蔽治理逻辑[J].经济社会体制比较，2009(2)：145-150.

但县域治理创新和县域经济发展之间的关系比较复杂，理论上讲，县域政府创新和县域经济发展可能呈现出四种状态[①]：①地方政府创新和县域经济发展的强强组合；②地方政府创新强但县域经济发展弱；③地方政府创新弱而县域经济发展强；④地方政府创新和县域经济发展的弱弱组合。

3. 理论与文化创新

十八大以来，国内外的形势发生了深刻的变化，要求党和政府从理论和实践相结合的角度系统回答新时代坚持和发展什么样的中国特色社会主义、怎样坚持和发展中国特色社会主义等重大问题。以习近平同志为核心的党中央，进行了艰辛的理论探索，取得了重大的理论创新成果，形成了新时代中国特色社会主义思想。习近平新时代中国特色社会主义思想，明确坚持和发展中国特色社会主义，总任务是实现社会主义现代化和中华民族伟大复兴，在全面建成小康社会的基础上，分两步走在本世纪中叶建成富强民主文明和谐美丽的社会主义现代化强国；明确新时代我国社会主要矛盾是人民日益增长的美好生活需要和不平衡不充分的发展之间的矛盾，必须坚持以人民为中心的发展思想，不断促进人的全面发展、全体人民共同富裕；明确中国特色社会主义事业总体布局是“五位一体”，战略布局是“四个全面”，强调坚定道路自信、理论自信、制度自信、文化自信；明确全面深化改革总目标是完善和发展中国特色社会主义制度，推进国家治理体系和治理能力现代化；明确全面推进依法治国总目标是建设中国特色社会主义法治体系，建设社会主义法治国家；明确党在新时代的强军目标是建设一支听党指挥、能打胜仗、作风优良的人民军队，把人民军队建设成为世界一流军队；明确中国特色大国外交要推动构建新型国际关系，推动构建人类命运共同体；明确中国特色社会主义最本质的特征是中国共产党领导，中国特色社会主义制度的最大优势是中国共产党领导，党是最高政治领导力量，提出新时代党的建设总要求，突出政治建设在党的建设中的重要地位。

在文化创新方面，十八大以来，县域政府主要做了六方面的工作。一

---

① 陈国权，李院林．地方政府创新与强县发展：基于“浙江现象”的研究[J].浙江大学学报（人文社会科学版），2009（5）：65-73.

是宣传和践行社会主义核心价值观，不断增强意识形态领域的话语权和主导权。二是坚持“双创”方针，在对县内外、国内外的文化交往中，挖掘、整理、弘扬本地的特色文化资源，推动中华优秀传统文化创造性转化、创新性发展，继承革命文化，发展社会主义先进文化。三是做到“三来”，即县域文化建设要“不忘本来、吸收外来、面向未来，更好构筑中国精神、中国价值、中国力量，为人民提供精神指引”。四是重视新媒体与新传播方式的作用，县域政府纷纷建设完善政府官网、微信公众号、官方微博等新媒体，高度重视传播手段建设和创新，提高新闻舆论传播力、引导力、影响力、公信力。加强互联网内容建设，建立网络综合治理体系，营造清朗的网络空间。五是通过评比、表彰、宣讲等手段推进社会公德、职业道德、家庭美德、个人品德建设，为群众性精神文明建设注入强大的正能量。六是推动县域文化事业和文化产业协调发展。一方面，深入实施文化惠民工程，完善公共文化服务体系，坚持把社会效益放在首位，要求各级文化事业单位为群众提供普惠性甚至是免费的文化服务。另一方面，健全现代文化产业体系和市场体系，创新生产经营机制，完善文化经济政策，培育新型文化业态。A股上市公司新增了一批以影视、教育、文化为主业的上市公司，如万达院线、奥派股份，等等。

十八大以来，县域治理的制度创新、科技创新、理论创新和文化创新，都是在新时代中国特色主义思想指导下取得的。实践证明，习近平新时代中国特色社会主义思想，是对马克思列宁主义、毛泽东思想、邓小平理论、“三个代表”重要思想、科学发展观的继承和发展，是马克思主义中国化最新成果，是党和人民实践经验和集体智慧的结晶，是中国特色社会主义理论体系的重要组成部分，是全党全国人民为实现中华民族伟大复兴而奋斗的行动指南，必须长期坚持并不断发展。

（五）公共服务能力：基本公共服务均等化与政府购买公共服务

我们可以从三个维度考察十八大以来县域政府公共服务能力建设的新进展。

1. 公共服务的便捷性

县域政府主要从三个方面提升政府公共服务的便捷性。

一是将行政服务中心从县城向乡镇乃至村庄扩散。江苏、浙江等地的很多乡村都在村委会旁边建设“村民服务中心”，使居住在乡镇和村庄的村民能够就近获得政府提供的各项公共服务。湖北等一些地方推行乡镇改革，将原来的“七站八所”①等事业单位整体改制为企业，通过“政府购买公共服务”的方式，实行政社分离，提高农村公共服务供给效率。

二是实行社区“下访”，送服务上门。扬州市文昌花园社区坚持实行社区干部“下访”制度，挨家挨户到居民家中走访，听取居民的意见和对公共服务的需求，然后根据居民需求设计和推行针对特定人群的公共服务项目，使居民足不出社区甚至是坐在家中就可以享受到各种“家门口的饭碗”等便捷的公共服务。

三是加强电子政务建设，利用信息技术实现网上办公。公民可以通过网页和移动客户端，随时随地获取政府提供的信息和其他公共服务。一些县域政府还开通官方微博和官方微信公众号，公民关注以后就可以实时收到本辖区的新闻和其他政府主动公开的信息，同时居民还可以通过银行转账、微信、支付宝等多种支付手段完成各种收费服务项目的网上缴费，有的部门还设计了各种服务“套餐”供用户在网上自由选择。

2. 公共服务的均等化

一是拆除城乡壁垒，从制度上保证城乡居民享有均等化的公共服务。例如，在社保体系建设方面，以前游离于社保体系之外的公务员、事业单位工作人员也开始缴纳养老保险，城乡居民养老待遇差距过大的情况得到遏制，全国统一的社会保险公共服务平台正在抓紧建设，养老保险全国统筹迈出坚实步伐，建立健全全国统一的城乡居民基本医疗保险制度和大病保险制度取得一定成效。

二是大力开展精准扶贫、精准脱贫，补齐贫困人口的民生短板。十九

① “七站八所”是县级政府派驻在乡镇的事业单位和行政机构的统称。“七站”指：农机站、农经站、农技站、文化站、水利站、畜牧站、防疫站；“八所”指：派出所、税务所、民政所、土管所、林管所、邮政所、储蓄所、卫生所。

大报告中习近平强调："要动员全党全国全社会力量，坚持精准扶贫、精准脱贫，坚持中央统筹省负总责市县抓落实的工作机制，强化党政一把手负总责的责任制，坚持大扶贫格局，注重扶贫同扶志、扶智相结合，深入实施东西部扶贫协作，重点攻克深度贫困地区脱贫任务，确保到二〇二〇年我国现行标准下农村贫困人口实现脱贫，贫困县全部摘帽，解决区域性整体贫困，做到脱真贫、真脱贫。"

三是取消官员的特权，促进社会平等、公正。十八大以来，中央带头、县域政府跟进，坚决贯彻落实中央"八项规定"，加快推进公车改革，以前官员独享的专车、盛大欢迎仪式、交通管制、高档烟酒享受、豪华办公楼等特权被取消。在"八项规定"出台之后，中央又连下禁令，覆盖官员教育培训、公务卡、办公用房、文艺演出、干部任用等各个方面，监管之细之严前所未有，以前一度失控的官员超标准享受、超规格接待等各种特权现象得到迅速遏制。过去党内法规中常见的"一般""原则上"等字眼少了，大量出现的是"禁止""全部""一律"等刚性用语以及具体的量化标准。2012年12月7日，习近平赴广东考察，全程没有封闭任何道路，公交车、出租车、私家车与习近平乘坐的车队同行。2013年7月21日，习近平赴武汉新港考察，没有鲜花，也没有挂欢迎横幅。"八项规定"使县域政治生态逐渐好转，"车轮上的铺张""舌尖上的腐败""会所里的歪风"基本被管住了，以茅台为代表的高档烟酒和以奥迪为代表的豪华公车"量价齐跌"，从一个侧面反映出反特权的效果。十九大报告中明确指出："凡是群众反映强烈的问题都要严肃认真对待，凡是损害群众利益的行为都要坚决纠正。坚持以上率下，巩固拓展落实中央八项规定精神成果，继续整治'四风'问题，坚决反对特权思想和特权现象。"官员的特权思想被消灭，也就恢复了"人民公仆"的本来面目，实现官兵平等、干群平等，党政机关和党员干部才能真正做到"不忘初心"，更好地"为人民服务"。

3. 县域服务型政府建设

20世纪80年代，中国乡镇企业异军突起，成为县域经济增长的新引擎。学界通常用"地方政府法团主义"或"地方政府公司化"的理论解释这一时期中国的经济增长。该理论认为，地方政府与地方社区、企业结成了法团组织，成为一个利益共同体，从而促进了乡镇企业和县域经济的腾飞。90年代以后，大量集体企业完成改制，或在与民营经济的竞争中倒闭退出市场，中国的乡镇企业迅速式微，城市化成为推动县域经济增长的新动力。这给“地方政府法团主义”带来挑战，随着分税制的推行，学界需要寻找新的理论解释框架。

有学者认为，在城市化发展模式下，地方政府行为同时具有行政化、政治化和公司化的“统合治理”特点，政府治理模式也从“地方政府法团主义”发展为“行政—政治—公司”三位一体的统合治理模式①。90年代之后，土地已经取代乡镇企业，成为地方经济增长的新核心要素，县级政府财政的主要来源也变成了直接与土地和城建有关的税收。土地财政驱使具有土地开发权的县（市）级政府使用新的统合方式来占有、经营和治理下去，以“造城运动”和开发区建设等手段推动经济增长。地方政府不再直接举办经济实体，而是利用行政权力和土地等资产经营各种“项目”并从中获利。也就是说，县级政府更倾向于借助网络化的“项目（融资）平台”来经营辖区。这样，县级政府就从“地方政府公司化”转变为采用“行政—政治—公司”三位一体的统合机制来勾连和动员与城市化有关联的地方机构和组织。

这一新统合机制的运行逻辑如下：首先，县级政府在“扩权强县”“县改市”“省管县”的政策支持下，获得了更多的发展自主权和独立性，有权自主创新辖区内的城市化模式。其次，在项目平台上，地方政府通过行政机制编制城市化规划，强行征用土地和安排项目，成立“金融办”一类的综合性机构，协调财政、融资机构、银行之间的关系，获得银行贷款和社会融资，并依靠财政和土地储备担保还贷还债。再次，县级政府通过政治机制贯彻领导者意志，以“特事特办”的方式给予地方政府平台的投融资以特殊优惠政策，比如向银行提供还贷承诺、向社会融资保证收益等。这种以公共项目统合政府、市场、企业和民间社会组织的方式，具有将经济建设和城市化建设政治化的倾向，地方主官通过造城运动取得了显著的

---

① 折晓叶.县域政府治理模式的新变化[J].中国社会科学，2014(1)：121-139.

政绩，同时也能获得百姓的欣赏和上级的提拔。最后，地方政府通过公司机制规避法律风险，表面上看，各类“城投公司”是独立法人，具有完全的经营自主权，实际上县级政府是城投公司背后最大的保护伞和支持者，处于进退自如的有利地位。县级政府通过将土地等核心资源要素注入“城投公司”，以“项目制”的方式完成了政府公司化的行为，演绎新的政企关系、政银关系、政民关系。所有这一切运作成功的关键是要保证地价和房价的不断上涨，这样才不至于导致资金链的断裂和暴露县级政府的债务风险。地方政府必须不断借债，才能维持“土地—金融—城市化”链条的循环①。但由造城运动引发的征地、拆房、“被上楼”等城市化举措遭到了农民的抵制和反抗，增加了地方政府的“维稳”压力。

由此可见，中国的县域政府已经从传统社会的相对自治、计划经济时期的“包揽一切”，逐步转变为一套“行政—政治—经营”三位一体的统合机制。如何将这套统合机制转型为服务型政府？学界主要从政府内外部关系调整的角度给出了多种对策。徐勇认为，理想化的县域治理改革是双向型运作，一是中央权力适度向县级整体性下放，使县级有更强的自主性，并且权力下放与权力监督同步；二是民众对县域治理适度参与，扩大公民参与的权利，通过村民自治和县乡人大等制度化渠道让公民更多地参与地方性自治②。张立荣、李晓园通过问卷调查，构建了县级政府公共服务能力的模型。该模型将县级政府公共服务能力分为规划能力、资源汲取能力、资源配置能力、执行能力和危机管理能力五种，其中资源汲取能力对公共服务能力的影响最强，规划能力、执行能力、危机管理能力、资源配置能力依次减弱③。江易华运用层次分析、统计分析等量化研究方法，构建了一套科学可行的县级政府基本公共服务绩效评估指标体系④。张立荣基于系统权变模型，构建了一套由5个一级指标（价值与职能标准、技术标准、结

① 周飞舟. 财政资金的专项化及其问题——兼论“项目治国”[J]. 社会杂志，2012(1)：1-37.

② 徐勇. 国家化与地方性背景下的双向型县域治理改革[J]. 探索与争鸣，2009(11)：4-5.

③ 张立荣，李晓园. 县级政府公共服务能力结构的理论建构、实证检测及政策建议：基于湖北、江西两省的问卷调查与分析[J]. 中国行政管理，2010(5)：120-125.

④ 江易华. 当代中国县级政府基本公共服务绩效评估指标体系的理论建构与实证研究——基于社会公正的视角[M]. 北京：中国社会科学出版社，2010.

构标准、社会心理标准、管理标准)、24个二级指标以及若干个三级指标构成的“中国服务型政府标准体系”[①]。

四 总结与展望

研究改革开放以来中国的政府改革历程，我们就会发现，县域范围内的现代政府建构，基本上呈现出两条路径。

一是政府机构与外部环境之间的关系调整。在这一调整过程中，县域政府处于主动、强势地位，外部环境处于被动、弱势地位。县域政府与外部环境之间的关系调整，既靠县域政府的“政府创新”，又依赖县域政府的“政府自觉”。从县域政府的权力内容看，主要包括权力的下放、取消和变更，以及权力清单制度的完善。县域政府通过还权于市场、还权于社会、还权于公民，逐步理顺政府与市场、政府与社会、政府与自然、政府与政党之间的关系，以及政府在与外部主体互动时所拥有的权力和应该承担的责任。从县域政府的权力行使流程看，监管方式涵盖了事前预防、事中控制和事后追责等各个环节。

二是政府机构部门内部之间的关系优化。“在我们党的组织结构和国家政权结构中，县一级处在承上启下的关键环节，是发展经济、保障民生、维护稳定、促进国家长治久安的重要基础。”[②]因此，县域政府理顺政府内部机构之间的“上下左右”关系就显得尤其重要和迫切。考虑到体制因素，县域政府内部关系的优化基本上在三个方面同时展开：①围绕政府职能的归类合并开展机构改革，从机构精简到大部制再到合署办公，无不如此。②探索财政事权与支出责任匹配的制度，从分税制到“村财乡管”“乡财县管”“县财省管”都是遵循了这样的改革逻辑。③充实和强化地方自治权。无论是“扩权强县”还是“扩权强镇”，其基本导向都是赋予县级、乡镇政府更多的地方自治实权，使其拥有的“政府权力”“政府能力”与“政府职

① 张立荣，冷向明. 当代中国服务型政府建设的标准体系——基于系统权变模型的理论与实证研究[J]. 政治学研究，2009(5)：99-106.

② 习近平. 做焦裕禄式的县委书记[N]. 学习时报，2015-09-07.

能”相匹配。

十八大以前的多次政府改革，基本围绕第一条路径展开，成果显著。十八大以后的政府改革，基本围绕第二条路径展开，开始涉及内设机构、编制、政府公信力与执行力等深层次的问题，同时继续调整政府与事业单位、社会组织之间的关系。根据十九大精神，当前和今后一段时间，县域政府改革将统筹考虑各类机构设置，科学配置党政部门及内设机构权力、明确职责。统筹使用各类编制资源，形成科学合理的管理体制，完善国家机构组织法。转变政府职能，深化简政放权，创新监管方式，增强政府公信力和执行力，建设人民满意的服务型政府。赋予省级及以下政府更多自主权，在省市县对职能相近的党政机关探索合并设立或合署办公。深化事业单位改革，强化公益属性，推进政事分开、事企分开、管办分离。

最后，我们可以总结提炼出县域构建现代政府以及治理能力建设的两大制度意蕴。一是县域政府治理能力建设遵循了“依法行政下的有所作为”的改革逻辑，即通过法律和制度建设，规范政府行为和政府权力行使过程，建立健全“有效市场＋有为政府＋有能社会”的现代化治理体系。二是能力建设不断“从外围向中心”逼近。十八大以来，中央先扎牢制度笼子，约束县域政府及其工作人员正确行使权力，再谋划全面改革蓝图，督促地方政府科学履行职能，最后强化考核和督查，引导县域政府切实担当起责任。本质上看，中国县域政府的治理能力建设走的是一条先行政权力、再政治权力的中国式权力制约之路。这条道路成功的奥秘和关键是坚持和完善党的领导。一方面，县委书记以及县域内的党员干部要始终不忘初心，继续为辖区内的人民幸福和民族复兴的“伟大事业”兢兢业业工作；另一方面，县域辖区内的其他所有组织和各种势力及个人要永远牢记，“党政军民学，东西南北中，党是领导一切的”全党全国各族人民要紧密团结在党中央周围，高举中国特色社会主义伟大旗帜，锐意进取，埋头苦干，为实现推进现代化建设、完成祖国统一、维护世界和平与促进共同发展三大历史任务，为决胜全面建成小康社会、夺取新时代中国特色社会主义伟大胜利、实现中华民族伟大复兴的中国梦、实现人民对美好生活的向往继续奋斗。

用"四个全面"引领县域治理创新发展

——基于芜湖县的实证分析[①]

沈燕培　盛学金[②]

摘　要：　县域治理是推进我国治理体系与治理能力现代化的基础与关键，"四个全面"在国家治理的顶层设计中，有着自身特定的地位与功能，指明了县域治理的目标、动力、方式和主体，以"四个全面"引领县域治理创新发展是推进国家治理现代化的应有之义。安徽省芜湖县以全面从严治党为突破口，以村级管理中的"小微权力清单"为抓手，开创了县域治理的新模式，成效明显，彰显了县域治理参与主体的平等性、治理信息的公开性、参与过程的互动性、参与结果的协商性。

关键词：　四个全面　县域治理　创新发展　芜湖县

2013年，中共十八届三中全会通过了《关于全面深化改革的决定》，指出"全面深化改革的总目标是完善和发展中国特色社会主义制度，推进国家治理体系和治理能力现代化"，这一要求彰显了中国特色社会主义事业的主攻方向。2015年，中共十八届五中全会把"四个全面"战略布局纳入"十三五"时期我国发展的指导思想，标志着"四个全面"战略布局已成为

---

① 基金项目：2017年安徽省哲学社会科学规划一般项目（AHSKYG2017D143）阶段性成果。

② 沈燕培：安徽淮南人，博士，安徽师范大学政治学院副教授，硕士生导师，研究方向为党史党建、政治学。盛学金：安徽芜湖县人，芜湖县纪委副书记、县监察局局长，研究方向为党风廉政建设。

发展中国特色社会主义和实现中华民族伟大复兴的理论指导和实践指南。2017年，十九大报告中要求在党的领导下，继续协调推进“四个全面”战略布局，坚定道路自信、理论自信、制度自信、文化自信。实际上，“四个全面”战略布局的提出既是历史发展的必然趋势，又是国家治理顶层设计的必然要求，是推动国家治理体系和治理能力现代化的重要引擎。在国家治理的视域下，县域作为中国基层的政治单位，其治理能否达到“善治”并在“善治”的状态下良性运转，是国家治理成效的直接反映。因此，县域治理是推进我国治理体系与治理能力现代化的基础与关键，对于促进县域经济社会发展、维护社会安定有序都有着重要意义；“四个全面”战略布局作为国家治理的基本精义，理应成为引领县域治理创新发展的重要引擎。

一　“四个全面”是县域治理创新发展的战略指导

县域治理创新发展是在原有治理状态的基础上，破除思想、观念上的禁锢，改革体制上的束缚，不断进行调整、优化、转型、升级的过程，用“四个全面”引领和指导县域治理，契合了新时代中国社会发展的阶段性特征，是县域治理把握创新发展、适应创新发展、引领创新发展的关键所在。“全面”是马克思主义社会发展观的基本要求，社会发展必须要发挥各种因素的合力作用，“四个全面”战略布局中的每一个“全面”在国家治理的顶层设计中，都有自身特定的地位与功能，指明了县域治理的目标、动力、方式和主体。

第一，全面建成小康社会是县域治理的目标指向。从整体上看，县域是一个政治、经济、文化的地域性统一体，它以县级城市为中心，以所属乡镇为纽带，以所辖农村社区和村庄为腹地，城乡兼容，与广大群众直接联系。全面建成小康社会的宏伟目标包含着中国特色社会主义“五位一体”的总体布局，县域治理在经济、政治、文化、社会和生态等各方面取得的成绩正是全面建成小康社会目标的具体化。在县域治理中，全面建成小康社会的目标应始终着眼于改善人民生活、为人民谋利益，立足于做好做实民生工程，正如习近平总书记所指出的：“我们的人民热爱生活，期盼有更好的教育、更稳定的工作、更满意的收入、更可靠的社会保障、更高水平的医疗卫生服务、更舒适的居住条件、更优美的环境，期盼孩子们能成长得更好、工作得更好、生活得更好。人民对美好生活的向往，就是我们的奋斗目标。”①十九大报告进一步明确提出：“增进民生福祉是发展的根本目的。必须多谋民生之利、多解民生之忧，在发展中补齐民生短板、促进社会公平正义，在幼有所育、学有所教、劳有所得、病有所医、老有所养、住有所居、弱有所扶上不断取得新进展，深入开展脱贫攻坚，保证全体人民在共建共享发展中有更多获得感，不断促进人的全面发展、全体人民共同富裕。”

第二，全面深化改革是县域治理的动力源泉。全面深化改革就是要把改革作为一个系统工程整体推进，“是各领域改革和改进的联动和集成”，要“在国家治理体系和治理能力现代化上形成总体效应、取得总体效果”②，而这一整体性的工程要想达到全面、深化的实效，其最终落脚点在县域、在基层。面对基层广大人民群众的利益诉求，县域治理必须以全面深化改革为动力，清除改革中牵动面广、耦合性强的“险滩”和“硬骨头”，破解地域性的利益藩篱，打破利益链条，纠正各类违法侵权行为，找到全面深化改革的突破口，以推动经济发展，保持社会和谐稳定，满足人民利益要求，实现县域治理的新发展。

第三，全面依法治国是县域治理的有效方式。法治是国家治理现代化的基本要素，全面依法治国是国家治理现代化的必然要求。为解决国家事业发展中的一系列重大问题，全面依法治国从法治上提供了一整套制度化的方案，为全面建成小康社会和国家治理现代化保驾护航。相对于国家治理，只有依法治县，县域治理才能保持良性的运转；只有不断营造依法治国的舆论氛围，才能真正实现“科学立法、严格执法、公正司法、全民守法”的治理新局面；只有坚决落实全面依法治国，才能彰显县域治理方法的创新。

第四，全面从严治党是县域治理的根本保证。办好中国的事关键在

① 中共中央文献研究室.十八大以来重要文献选编(上)[M].北京：中央文献出版社，2014：70.

② 习近平.习近平谈治国理政[M].北京：外文出版社，2014：105.

党，在县域治理的系统主件中，党建是推动和引领县域治理的基础和前提。一方面，从中央到基层的各级组织中，党建部署的要求会在自上而下的传递中呈现逐级递减的实际状况；另一方面，县域兼容城乡，是群众观察党和国家的标杆，其形象好坏直接影响广大人民群众对党和国家的信任。因此，在县域治理上全面从严治党显得尤为重要。基层党组织作为县域治理的主体力量，必须以全面从严治党锻造坚强的领导核心，保障县域治理的政治发展方向，要突出基层党组织的政治功能，把其“建设成为宣传党的主张、贯彻党的决定、领导基层治理、团结动员群众、推动改革发展的坚强战斗堡垒”，充分发挥基层党组织推动发展、服务群众、凝聚人心、促进和谐的作用，保障党和国家路线方针政策在县域层级上的落实，开创县域治理的新局面。

总之，“四个全面”战略布局是相辅相成、互为一体的，在全面建成小康社会的总目标下，全面深化改革、全面依法治国、全面从严治党并驾齐驱，为县域治理提供了生生不息的动力，指明了县域治理的发展方向。用“四个全面”引领县域治理创新发展，既要把握它们的整体性与系统性，又要把握它们的互动性与协同性，充分发挥“四个全面”战略布局的合力，推动县域治理现代化的前行。

二　以全面从严治党引领芜湖县治理创新发展

用“四个全面”引领县域治理创新发展是县域治理现代化的内在规定，也是破解县域治理难题的现实要求。在推动“四个全面”发展战略，开创县域治理创新发展的过程中，芜湖县以全面从严治党为突破口，以村级管理中的“小微权力清单”为抓手，探索了县域治理的新模式，适应了县域治理的创新发展。本文所涉及的实证资料，来自笔者2017年上半年在芜湖县所做的实地调查。

1. 创新“小微权力清单”制度的现实背景

一是由全面从严治党的严峻形势决定的。权责明确既是全面深化改革的要求，也是全面从严治党的重要任务。按照中共中央、国务院办公厅印发的《关于推行地方各级政府工作部门权力清单制度的指导意见》，2015年年底市县两级政府要基本完成政府工作部门、依法承担行政职能的事业单位权力清单的公布工作。在这一形势下，芜湖县出台了《深化基层“小微权力”监督责任体制机制改革实施方案》，进一步加强全县农村基层党风廉政建设，规范和保障村级组织及干部权力的运动。这一创新工作契合了全面从严治党的新要求，为加强基层民主治理，推进县域治理现代化提供了制度保障。

二是由村级管理在县域治理中的重要地位决定的。村级管理是县域治理中的重要组成部分，村级管理是否达到“善治”是县域治理能否升级转型、改善执政绩效的根基所在，即要“打通最后一公里”，让人民群众有实实在在的获得感。芜湖县“小微权力清单”包含村级重大事项决策、村级工程管理、村级财务管理、阳光村务事项、为民服务等多类事项，基本涵盖村级公共服务的全部事项，对于维护村民合法权益，促进农村社会稳定，保障村级管理良性运转有着重要作用。

三是由芜湖县村级管理混乱的现实决定的。2014年10月8日至11月14日，安徽省委第六巡视组对芜湖县进行了巡视，提出了多条反馈意见，其中一个重要问题就是“村级管理混乱，腐败现象时有发生”，指出“纪检监察机关落实监督责任不够到位”。村级管理混乱主要包括村级公款招待等费用过大、村级财务管理不规范、村级建设工程管理不严格、征地拆迁安置中的问题反映比较突出等，这些“微腐败”损害的是基层群众的切身利益，挥霍的是基层群众对党的信任。在问题倒逼下，中共芜湖县委认真落实省委第六巡视组反馈意见的整改方案，在村级管理中由芜湖县纪委牵头，自上而下地创新村级管理模式，制定“小微权力清单”，保障基层群众的各方面利益。

2. 全面从严治党以“小微权力清单”制度引领县域治理创新发展的基本路径

权力是一种普遍的社会现象，通常指一定的组织和个人依据其意志和愿望，凭借某种物质和精神的力量，在有序结构的组织中控制或决定他人行为的力量。从权力的本义来说，权力无大小之分，“意味着在一种社会关系里哪怕是遇到反对也能贯彻自己意志的任何机会”①，直到遇到有界限的地方才休止。因此，任何权力都必须接受监督制约。此处“小微权力”中的“小微”不是对权力大小的区分，而是特指村级管理中与各种琐碎事务的责任相对应的权力，着重突出与广大基层人民群众的直接关联性，是对村级管理中各种权力的概括，其自身的强制性、影响力以及与责任的对等性并无大小的区别。围绕这一属性，全面从严治党在以“小微权力清单”制度引领县域治理创新发展的实践中呈现了新的特征，通过深化体制改革对权力形成立体化的监督制约，为实现全面建成小康社会和中华民族伟大复兴的中国梦奠定了坚实的基础。

一是从一镇试点转向“五位一体”的全覆盖。2015年，为推进全面从严治党向基层延伸，芜湖县纪委指导辖区五镇，即红杨镇、湾沚镇、花桥镇、六郎镇和陶辛镇，以工作创新项目化为抓手，进行“小微权力清单”制度的项目试点，并积极进行探索创新。目前，芜湖县已经从各镇分别试点走向以“五位一体”引领监督和制约“小微权力”的新阶段，着力从监督谁、谁监督、监督重点、监督方式、监督考评五个方面，立体化地推进落实“小微权力”责任清单制度，构建“小微权力”监督责任体系，推行“小微工程”廉洁风险排查，实施“小微权力”廉情快递办法，开展“小微权力”廉情指数测评，取得了全面从严治党的明显成效。

二是从程序的系统性转向形式的简单化。2015年12月，中共芜湖县委印发了《芜湖县深化基层“小微权力”监督责任体制机制改革实施方案》的通知，其中对“小微权力清单”的制定、实施、考评等作了系统化的制度规定，织密扎牢制度体系。但是这一制度在实施过程中遭到了来自基层干部和群众的阻力，“小微权力清单”内容繁杂、流程复杂，基层干部感到工作压力大，基层群众感到晦涩难懂，形同虚设。为了增强“小微权力清单”制度的可操作性和执行力，芜湖县本着“规范、公开、监督”的原则，进一步厘清权力、简化流程，以各类培训方式使“小微权力清单”深入干部头脑，以漫画形式印制宣传册、墙体广告，以微信推送等新媒体方式加

① 马克斯·韦伯.经济与社会(上卷)[M].林荣远，译.北京：商务印书馆，1997：81.

强“小微权力清单”的宣传，以建立“小微权力”网络平台公开村民事务，让权力运行在阳光下。

三是从单向监督转向复合监督。村级管理混乱、监督责任落实不到位的问题实际上反映出原有监督体制的弊端。芜湖县在深化基层“小微权力”监督责任体制机制的改革中，已逐步形成了立体化的监督体系，包括村级的同级监督与自我监督、各镇的分片交叉监督、县级纪委设纪检组的对口监督、专项巡查的随机监督以及广大群众的网络监督等，通过横向与纵向相统一的复合式监督方式，建立健全了全面从严治党的保障机制，推动全面从严治党向基层延伸，成为引领县域治理创新发展的火车头。

3. 全面从严治党以“小微权力清单”制度引领县域治理创新发展

“小微权力清单”制度实施以来，各级干部逐步形成了守纪律、讲规矩的制度意识，党内不正之风有了根本好转，农村政治生态得到明显优化，广大人民群众的获得感与满意度明显上升，全面从严治党以“小微权力清单”制度为抓手，在引领县域治理创新发展中取得了明显的成效。

第一，“小微权力清单”制度向县域治理各领域全面推进。2017年8月，芜湖县出台《关于推进“小微权力”监督制约新机制扩面提质的实施意见》，明确在县直单位、二级机构和基层站所推进“小微权力”监督制约新机制，打造“小微权力”的升级版，要求清单全领域覆盖、办事全过程公开、履责全方位监督。目前，芜湖县各单位纷纷编制本部门的“小微权力清单”，出台各项措施为“小微权力”扩面提质增加动力，如开展“金点子”行动，这是由县政协委员带领民政局等13个单位，深入基层一线开展“小微权力”监督性调研，为“小微权力”扩面提质集思广益①。

第二，“小微权力清单”制度目标直指民生工程。民生工程在县域治理中是“四个全面”战略布局的根本落脚点，也是“小微权力清单”制度实施的价值归宿。芜湖县各单位在落实“小微权力清单”制度的过程中，始终着眼于广大人民群众最关心、最关注的问题，努力做好民生工程。如

① 芜湖县：四项举措为“小微权力”扩面提质“增动力”[EB/OL].[2017-08-09].http://www.whxjw.gov.cn/article.php?MsgId=381051.

六郎镇充分利用“小微权力”网络监督平台，以“五公开”①打造阳光民生工程，保障广大人民群众的知情权；2017年，红杨镇结合民生工程任务，进一步发挥“小微权力”服务为民的作用，为该镇计划总投资0.65亿元的25项民生工程提供了规范和服务保障，真正做到了让民生工程为民“增福”②。

第三，“小微权力清单”制度呈现了县域治理的新发展。芜湖县通过“小微权力清单”制度，逐步形成了自下而上和自上而下相结合的公开透明、群众广泛参与的县域治理新模式。基层群众办事更加方便，基层权力运行更加规范，基层创业环境更加优化，基层工作效率明显提升，基层廉洁工程稳步推进，群众的满意度明显增强，这些都呈现了芜湖县治理的新发展。

三　全面从严治党以“小微权力清单”制度引领芜湖县治理创新发展的现实启示

在全面从严治党引领下，“小微权力清单”是芜湖县治理创新发展的实践创新，也是芜湖县治理创新发展的重要特征，其在实践中呈现出的特征与经验为推进县域治理现代化、引领县域治理创新发展提供了有益的现实启示。

一是加强党的领导，坚持治理主体的平等性。习近平在十八届中纪委六次全会上曾明确指出，全面从严治党，“核心是加强党的领导”，落实全面从严治党的主体责任，关键是要把党的领导落到实处。芜湖县在“小微权力清单”制度的创新中，始终坚持把党的领导融入各项工作的方方面面，以全面从严治党加强党的领导，自上而下地层级推进“小微权力清单”制度的实施落实，凝聚了全党共识，保障各项制度实施中的同向同行。在党的领导下，芜湖县充分调动各层级领导干部和广大基层群众的积极性和主动性，使他们能够平等地参与到县域治理中。村级管理走向制度化的同时，

① “五公开”是指政策法规公开、办理事项公开、工作进展公开、对象标准公开、监察督促公开。

② 芜湖县红杨镇小微权力让民生工程为民“增福”[EB/OL].[2017-09-12]. http://www.whx.gov.cn/DocHtml/1/2017/9/12/27498146122648.html.

治理主体的平等性使群众诉求的渠道更加畅通，干部工作的难度逐步降低，基层干群之间的矛盾不断化解，干群关系明显改善。

二是权力运行规范，坚持治理信息的公开性。“小微权力清单”制度设置的直接目标就是规范和保障村级组织及干部权力的运用，落实群众对公共事务的参与权、知情权和监督权，权力规范运行、坚持信息公开是实现这一目标的首要前提。各级干部必须形成明确的制度意识和责任意识，多方位打通信息公开的渠道，让广大基层群众有主动参与的机会和平台，自觉接受基层群众的监督，敬畏权力、慎用权力，才能科学有效地执行各项制度，实现权责对等，保障权力运行的高效、科学、规范。

三是树立治理理念，坚持治理的互动性与协商性。治理涵盖着宽广的领域，展示的是调解冲突、调和利益的持续过程以及组织个人互动的管理过程，全面从严治党就是要在马克思主义党建理论的指导下，实现从政党管理向政党治理的转变，主动参与、多元互动、科学高效是治理理念的基本要求。因此，在推进县域治理创新发展中，各治理主体必须牢固树立治理理念，积极主动参与到县域治理的各项事务中；各级组织将自上而下的工作创新与自下而上的实践诉求紧密结合，逐步扩大协商民主的范畴，保障治理主体的多元性、治理过程的互动性、治理结果的协商性。

总之，用“四个全面”引领县域治理创新发展是国家治理体系和治理能力现代化的必然选择，芜湖县在以全面从严治党引领县域治理创新发展的过程中仍需不断更新“小微权力清单”内容，深入推进“小微权力清单”制度的落实，保持其常态化、动态化与长效化。在推进县域治理现代化的过程中，各县应根据新形势下的阶段性特征与本地的实际情况，实事求是，积极探索，大胆创新，不断开创县域治理新局面，适应县域治理创新发展。

用新思想指导处理县域治理中的五大关系

——以宣城市所辖县区为例

陈 鹏①

摘 要： 县域是国家的基层区域，是国家稳固的基石。县域的发展和治理水平如何直接关系着国家治理体系和治理能力的现代化。做好县域治理工作及提升县域治理水平，必须用习近平新时代中国特色社会主义思想作指导，着力处理好五个方面的关系，即权力下放与管理之间的关系、权力减少与责任增加之间的关系、法治与德治之间的关系、执行力与领导力之间的关系、公信力与发展力之间的关系。

关键词： 新思想 县域治理 法治与德治 执行力与领导力

县域是国家的基层区域，是国家稳固的基石。新时代我国社会主要矛盾的变化使县域治理工作的重心发生了相应的变化，新时代县域的发展和治理水平如何直接关系到国家的发展和稳定大局。没有县域治理体系和治理能力的现代化，也就没有国家治理体系和治理能力的现代化。习近平总书记在视察兰考时强调，在我们党的组织结构和国家政权结构中，县一级处在承上启下的关键环节。古人讲“郡县治，天下安”，今天仍然如此。我国有二千八百多个县市区旗，如果每个地方的党委和政府以及广大干部都能坚持党的宗旨，都能密切联系群众，都能带领群众把党和国家方针政策

---

① 陈鹏：在读博士，安徽师范大学法学院讲师，安徽师范大学法治中国建设研究院研究员。

落实好，那么我们就不惧怕任何风浪。

党的十九大报告指出：“中国特色社会主义进入新时代，我国社会主要矛盾已经转化为人民日益增长的美好生活需要和不平衡不充分的发展之间的矛盾。”新时代我国社会主要矛盾的变化使县域治理工作的重心发生了相应的变化，要求我们在县域治理中应准确把握县域经济社会发展的新特点，充分认识到当前县域发展的阶段性特征，坚持以习近平新时代中国特色社会主义思想为指导来做好县域治理工作，全面回应人民日益增长的对于民主、法治、公平、正义等方面的美好生活需要。面对有限的县域治理资源和繁重的县域治理任务，做好新时代县域治理工作要着力处理好五个方面的关系，即权力下放与管理之间的关系、权力减少与责任增加之间的关系、法治与德治之间的关系、执行力与领导力之间的关系、公信力与发展力之间的关系。这五个方面关系之间是一个有机联系的统一整体，处理好权力下放与管理之间的关系、权力减少与责任增加之间的关系是保障县级政府执行力和领导力、公信力与发展力不断提升的必要手段；处理好法治与德治之间的关系是不断提升县级政府执行力和领导力、公信力与发展力的基本保障；不断增强县级政府的执行力与领导力、公信力与发展力是处理好权力下放与管理、权力减少与责任增加、法治与德治关系的根本目的。安徽省宣城市下辖5个县、1个县级市和1个市辖区，各县区在治理实践中运用习近平新时代中国特色社会主义思想为指导，积极探索并妥善处理上述五个方面的关系，取得了积极成效。

一　权力下放与管理之间的关系

古代行政区划中对于县的划分有“百里之县”的说法，县的地域面积虽然不大，但是县域治理中的事务却非常繁重。在我国职责同构的政府权责体系中，县级政府承担了辖区内的执行国民经济和社会发展计划、预算，管理本行政区域内的经济、教育、科学、文化、卫生、体育事业，环境和资源保护、城乡建设事业，财政、民政、公安、民族事务、司法行政、监察、计划生育等行政工作，责任比较重大。习近平总书记在兰考县委常委扩大会上的讲话时指出，一个县，大的有几十万、上百万人口，经济、政治、文化、社会、生态等各方面功能齐备，在县里当干部不要觉得官小，要多想想自己肩负的责任重大。

十八届三中全会通过的《关于全面深化改革若干重大问题的决定》（以下简称《决定》）中指出，经济体制改革是全面深化改革的重点，核心问题是处理好政府和市场的关系，使市场在资源配置中起决定性作用和更好发挥政府作用。市场决定资源配置是市场经济的一般规律，健全社会主义市场经济体制必须遵循这条规律，着力解决市场体系不完善、政府干预过多和监管不到位问题。在县域治理中，面对管辖区域内众多的微观和具体事务，县级政府直接与具体的市场主体打交道，县级政府要注意处理好政府与市场的关系，凡是市场能做好的，政府就应该放权。同时，《决定》还指出，要进一步简政放权，深化行政审批制度改革……直接面向基层、量大面广、由地方管理更方便有效的经济社会事项，一律下放地方和基层管理。正确处理政府和社会的关系，加快实施政社分开，推进社会组织明确权责、依法自治、发挥作用。适合由社会组织提供的公共服务和解决的事项，交由社会组织承担。这就要求我们的县级政府也要注意处理好政府与社会的关系，凡是社会自我能管理好的，政府也应该放权。因此，在县域治理中凡是由乡镇等基层政府和部门管理更方便更有效的权限应该完全下放给乡镇政府和部门，凡是市场主体和社会组织能自我管理好的经济和社会事务管理权限应该交还给市场和社会。要处理好政府与市场、政府与社会之间的关系，把该放的权力放掉，把该管的事务管好，激发市场主体创造活力，增强经济发展内生动力，把政府工作重点转到创造良好发展环境、提供优质公共服务、维护社会公平正义上来。但是，在下放权力的同时，县级政府也不能一放了之，要注意基层政府和部门、市场和社会对下放的权力能否接得住、接得好、接得稳，要监督好权力下放后的实际运行效果，着力解决好权力下放后出现的明放暗收、放权“躲猫猫”、“接不住、管不好”等问题，要做到放权和管理的有机结合，该放的能放的要坚决下放，该管的能管好的要坚决管好。这就是说，放权和管理好事务是统一的，放权并不意味着政府的职责变小了。在将应该下放的权力下放之后，县级政府就要集中主要精力将应该要管好的事务管好，更好地发挥县级政府在县域治理中的作用。县级政府承担的事务绝大部分都是程序性的微观事务，涉及面非常广、工作量非常大是其重要特征，通过有效的放权，能够使县级政府将主要精力集中到以人民为中心的经济社会发展上来，使自身的服务能力和服务水准得到有效的提升，从而有效提高县域治理的水平和质量。

坚持全面深化改革，就必须坚持和完善中国特色社会主义制度，不断推进国家治理体系和治理能力现代化，坚决破除一切不合时宜的思想观念和体制机制弊端，突破利益固化的藩篱，吸收人类文明有益成果，构建系统完备、科学规范、运行有效的制度体系，充分发挥我国社会主义制度优越性。宣城市被列为2016年度安徽省权责清单调整“六点六线”试点市，该市下辖的县级宁国市、宣州区和郎溪县在县域治理中注重将权力下放和管理进行有机的结合，推动县域治理效能的提升。宣城市代管的县级宁国市在县域治理中，着力建设和完善“三单一图”制度，即政府权力清单制度、职责清单制度、负面清单制度和行政审批权力运行流程图。通过简政放权、放管结合、优化服务，坚持做到放、管、服三者有机结合，该放的坚决放到位，该管的认真管好，通过放与管的结合，提高政府为民众和社会服务的能力。

为了更好地做到放权与管理的有机结合，宁国市从以下几个方面推进改革：一是下好“先手棋”，持续松绑减负。宁国市坚持把简政放权作为全面深化改革的“先手棋”，统筹规划，全力推动。对上级“削减”的事项，第一时间做好承接，确保接得住、管得好。同时深入推进商事制度改革和“证照分离”改革试点，继续削减前置审批和不必要证照，大幅减少和规范涉企收费及审批评估事项。二是打响“当头炮”，做好放管结合。宁国市加大了行政审批制度改革力度，积极探索一局一章审批体制。执行受理单制度，全面实行“一口”受理；完善行政审批事项清单制度并实行清单动态管理。加强对新增审批行为的规范管理，规范设计行政审批的中介服务行为，严格规范行政裁量权。健全行政审批监督机制，对新增审批过程实行多部门协同监管。三是破除“玻璃门”，畅通服务渠道。宁国市针对办事流程烦琐和时间长的问题，积极优化办事流程，精简审批材料，实行办理时限承诺制、一次性告知制等制度。对重点项目建设实行绿色通道制度和跨部门协同审批。同时，还积极依托“互联网+”政务服务，探索网上审批平台，能网上审批的尽量网上审批，从而提升办事效率。

作为宣城市唯一的市辖区，宣州区政府切实推进权力下放和管理的有机结合。2015年，宣州区政府职能转变和机构改革扎实推进，区、乡两级政府“权责清单”全面运行，区政府行政权力事项精简31.8%，乡镇政府精简39.7%，街道办事处精简56.8%；建立区涉企收费清单和乡镇街道办事处公共服务清单①。宣州区按照在宣城市范围内推进同级政府和同一行业上下级政府部门之间政府权力统一规范的要求，即类别统一、名称统一、内涵统一、依据统一、办事流程统一、办理时限统一、申报材料统一，提出本部门的权责清单调整意见，并于2016年11月29日至12月5日通过门户网站向社会公示征求意见，在严格程序和公布实施后，对区级政府职能部门的权力清单进行动态调整，同时对权力运行的廉政风险防控点和流程图进行调整，印发了《关于公布宣州区本级政府、乡镇人民政府、街道办事处权力清单和责任清单目录（2016年）的通知》。对区乡政府权责清单进行调整后，区本级政府保留权力事项1045项，同比减少39%。乡镇政府保留权力事项70项，同比减少38.6%。街道办事处保留权力事项51项，同比减少37.8%。同时，宣州区在安徽省设立了第一家投资服务单一窗口，成为全省首家投资服务单一窗口平台。宣州区政府在充分借鉴沪苏浙成功经验的基础上，不断探索权力下放和管理相结合的新模式和新路径，将行政审批权限向政务服务中心及宣城高新区管委会充分授权，采取“前台统一受理、后台分类审批、窗口统一出件”运行模式，为符合“两规”的企业投资项目提供“一站式通关”服务，全面实行“多证合一”“多评合一”“联合踏勘”“多图联审”“联合验收”。投资服务单一窗口的设立将有效破解项目审批互为掣肘问题，缩短审批流程，提高办事效率，用数据和干部多跑路换取企业和群众少跑路，真正实现“一窗办结”，保障投资项目尽快落地投产。

---

① 参见2016年宣州区政府工作报告。

郎溪县着力抓好简政放权，推进政府职能转变，深入推进行政审批制度改革。一是清理审批项目。2013—2015年，郎溪县对全县行政审批项目共进行三轮清理，精简率分别达71.35%、16.67%、25.2%，并编制目录清单印发。对新增行政许可审批事项进行严格规范和控制，除承接中央、省市下放事项外，无新增行政审批事项。二是压缩审批时限。大力推动行政审批再提速，实施审批流程再造"标准化"、审批时限压缩"常态化"。郎溪县在2013年压缩审批时限77.29%的基础上，进一步优化审批流程、压缩审批时限，共计压缩时限132个工作日，压缩率为25.3%，全县行政审批项目平均审批时限由原来的4.38个工作日压缩至3.22个工作日。

二　权力减少与责任增加之间的关系

从管理到治理是政府管理理念的重大变革。管理是单向度的政府对市场和社会的管制，治理是包括政府、市场主体和社会主体等在内的多元主体互动作用的多向度过程。全球治理委员会于1995年对治理作出如下界定：治理是或公或私的个人和机构经营管理相同事务的诸多方式的总和。它是使相互冲突或不同的利益得以调和并且采取联合行动的持续的过程，包括有权迫使人们服从的正式机构和规章制度，以及种种非正式安排。而凡此种种均由人民和机构或者同意，或者认为符合他们的利益而授予其权力[①]。随着志愿团体、慈善组织、社区组织、民间互助组织等社会自治组织力量的不断壮大，它们对公共生活的影响日益重要，理论界开始重新反思政府与市场、政府与社会的关系问题。如果说新公共管理运动主要关注公共部门对市场机制和企业管理技术的引进，治理理论的兴起则进一步拓展了政府改革的视角，它对现实问题的处理涉及政治、经济、社会、文化等诸多领域，成为引领公共管理未来发展的潮流[②]。作为国家治理的重要区域，从县域管理到县域治理的转变，意味着县级政府要放弃以政府为中心的单中心管理思路，政府要注意简政放权，要将公民、企业、社会组织等都吸纳到县域治理的主体中来，培

① 俞可平.治理与善治[M].北京:社会科学文献出版社,2016:270-271.

② 陈广胜.走向善治[M].杭州:浙江大学出版社,2007:95.

育公民、企业和社会组织参与县域治理的热情和能力，变单中心管理为多中心治理。

党的十九大报告指出，要不断推进国家治理体系和治理能力现代化，坚决破除一切不合时宜的思想观念和体制机制弊端。在县域治理中，简政放权涉及政府的权力与公民、市场主体、社会主体权利的关系。权力下放意味着政府权力的减少和公民、市场与社会主体权利的增加。放管结合、优化服务意味着政府责任的增加与管理权限的减少。在政府抽身而退的同时，要引导和激励社会、市场和民众各种治理主体顺势而为，在党委领导下、政府主导下积极参与到县域治理中去，有效运用参与治理的权利，切实发挥参与治理的作用，推动社会、市场和基层进行更多的自治，最终实现自治和共治的有机结合[①]。“法无授权不可为”是对政府权力行使的规范和约束。“法无禁止皆可为”是对公民、市场主体和社会主体权利行使的保障。李克强总理在全国推进简政放权放管结合职能转变工作电视电话会议上的讲话中指出，深化行政体制改革、转变政府职能，不仅要取消和下放权力，还要改善和加强政府管理，提高政府效能，增强依法全面履职能力，使市场和社会既充满活力又规范有序，促进经济持续健康发展和社会公平正义。

因此，县级政府在县域治理中要多些责任意识、少些权力意识，多些服务意识、少些管理意识，多些效能意识、少些管制意识。以宣城市绩溪县为例，绩溪县政府在县域治理中变政府管理为政民互动，探索以不断更新治理手段的方式处理好政府与百姓之间的关系。绩溪县建立了绩溪政府网、绩溪论坛、绩溪网微信订阅号等平台，利用平台征集意见，宣传绩溪形象，促进招商引资。该县孔灵村建立了便民惠民服务微信公众平台“民情通”，依托微信公众号等新兴媒体及时了解民情，沟通民意，快速解决群众诉求，又可随时随地提供信息和便民服务，具有便利的互动性，信息推送迅速，实时更新，传播有效性更高。如2015年下半年，该县在绩溪网微信平台征求县城出租车价格改革意见，得到了百姓的广泛参与。

---

① 张国玉.县域治理要注重四个结合[J].中国国情报告,2015(6):33-35.

三 法治与德治之间的关系

习近平新时代中国特色社会主义思想强调要坚持依法治国和以德治国相结合，提高全民族法治素养和道德素质。“法律是成文的道德，道德是内心的法律”，法律和道德都具有规范社会行为、维护社会秩序的作用。治理国家、治理社会必须一手抓法治、一手抓德治，既重视发挥法律的规范作用，又重视发挥道德的教化作用，实现法律和道德相辅相成、法治和德治相得益彰。党的十九大报告明确指出，全面依法治国是中国特色社会主义的本质要求和重要保障。这里的法既包括我们全国人大、国务院和有立法权的地方人大制定的宪法、法律、行政法规和地方性法规体系，也包括我们党内用于管党治党的党内法规体系。在县域治理中坚持法治，要求我们的县级政府和领导干部带头尊法学法守法用法，任何组织和个人都不得有超越宪法法律的特权，绝不允许以言代法、以权压法、逐利违法、徇私枉法。要求政府的行政行为要有法可循、有法可依，我们的县和乡镇政府及其工作人员要依法办事，确保县级和乡镇国家机关及其工作人员按照法定权限和程序行使权力，要确保决策权、执行权、监督权既相互制约又相互协调，真正做到党领导下的科学立法、严格执法、公正司法、全民守法，确保县域治理在法治轨道上进行。

县域治理除了一手抓法治，还要一手抓德治，将法律的规范作用和道德的教化作用紧密结合起来。县域作为国家承上启下的关键环节，面临的人、事、物等关系非常复杂，直接与老百姓打交道，很多法律层面行得通的事在人情关系、乡规民约面前无法推行，许多道德层面行得通的问题在法律层面于法无据，这种治理的困境需要我们将德治和法治紧密结合起来，将法律转变成成文的道德，将道德内化为人们内心的法律，从而推动县域治理有序合理地进行。德治重在德治体系。简单来说，国家治理层面的德治体系的重点就是社会主义核心价值观，即国家层面的“富强、民主、文明、和谐”、社会层面的“自由、平等、公正、法治”和个人层面的“爱国、敬业、诚信、友善”。县域治理层面还有县域层面的德治体系，主要涵盖民风民俗、乡规民约、日常习惯等。就二者的关系来说，法治体系为主，德治体系为辅，法治体系和德治体系二者相互补充，共同在县域治理中发挥作用[①]。

习近平新时代中国特色社会主义思想强调要坚持社会主义核心价值体系，培育和践行社会主义核心价值观，不断增强意识形态领域主导权和话语权，推动中华优秀传统文化创造性转化、创新性发展，为人民提供精神指引。十九大报告中指出要“把社会主义核心价值观融入社会发展各方面，转化为人们的情感认同和行为习惯。坚持全民行动、干部带头，从家庭做起，从娃娃抓起。深入挖掘中华优秀传统文化蕴含的思想观念、人文精神、道德规范，结合时代要求继承创新，让中华文化展现出永久魅力和时代风采”。

郎溪县在县域治理中坚持运用法治与德治相结合的思维来做好工作。郎溪县在深化行政管理体制改革中运用法治思维，全面推进依法行政，全面推行政府法律顾问制度，认真做到“依法决策”和“规范决策”。坚持重大行政决策法定程序，严格执行重大行政决策合法性审查制度和社会稳定风险评估制度，依据相关法律法规出台了《郎溪县重大行政决策程序规定》。同时，全面推行政府法律顾问制度，加快推进以政府法制机构人员为主体、吸收专家和律师参加的政府法律顾问队伍建设，规范各级行政机关的法律顾问工作，加强政府法律顾问日常监督管理。同时，郎溪县在全县推行用“好家风”培育核心价值观即“家风吹送正能量，培育践行价值观”活动，将家风与国家治理紧密结合，将社会主义核心价值观的学习和践行工作深入家庭这一社会最基本单元。“家是最小国，国是千万家”。好家风不仅是中华传统美德的集中表现，也是中华儿女忠厚传家、勤俭持家、文明治家的生活真谛。活动期间紧紧围绕“三个倡导”基本内容努力构建家庭、学校、社会多位一体的家风美德传承体系，积极营造“老人宣扬家风、父母示范家风、夫妻掌舵家风、子女继承家风、孙辈顺从家风、邻里竞比家风”的良好氛围。在挖掘优良家风事迹上，通过寻找“最美家庭”和

① 张国玉．县域治理要注重四个结合[J]．中国国情报告，2015(6)：33-35.

“美德少年”等先进典型，总结精彩事迹，撰写鲜活的人物故事，组织“家风报告团”大力开展宣传。在传承优秀家风上，倡议广大老同志带头宣扬家风，从自己家庭开始，带头教育好自己的子孙后代。在促进家庭文明进步上，活动以建设“学习型家庭”为抓手，积极开展家庭读书活动，着力营造“大人好好学习、孩子天天向上”的新时尚。该活动为期三年，自2015年6月开始至2018年6月结束，并分三个阶段进行。2015年6月至9月为启动阶段，研究制定活动实施方案，成立活动指导组，等等；2015年10月至2018年3月为活动阶段，着力开展好“家风挖掘梳理”“家风传承”“家风家教”“文明治家”等四大系列活动；2018年3月至6月为总结表彰阶段，全面总结活动成效和经验的同时对涌现出的先进典型进行表彰和奖励。

宁国市在县域治理中严格落实依法行政。宁国市政府主动接受宁国市人大及其常委会的法律监督、工作监督和政协的民主监督，落实市政府负责同志领衔办理制度，2016年共办理人大建议119件、政协提案133件。建立了市政府常务会议会前学习法律和政策制度，深入开展规范性文件清理。严格落实市乡两级权责清单制度，建立政府权力清单网上运行平台。在全省率先发布首个县级普法动漫形象“竹娃”，全面启动“七五普法”。

宣州区在县域治理中坚持法治政府的理念，加快法治政府建设。2017年8月，《宣州区委宣州区人民政府贯彻〈法治政府建设实施纲要（2015—2020年）〉实施方案（征求意见稿）》出台。方案指出，要以全面依法治区和建设法治宣州为目标，实行法治政府建设与创新政府、廉洁政府、服务型政府建设相结合，培育和践行社会主义核心价值观，弘扬社会主义法治精神，提高领导干部运用法治思维和法治方式深化改革、推动发展、化解矛盾、维护稳定的能力，用法治引领改革发展，推动民生改善和社会公正，实现政府工作全面纳入法治轨道①。同时，宣州区政府积极推进乡规民约、市民公约等社会道德规范在社会治理中的积极作用，坚持做到法治和德治的有机结合。

---

① 参见宣州区委宣州区人民政府《贯彻〈法治政府建设实施纲要（2015—2020年）〉实施方案（征求意见稿）》。

四 执行力与领导力之间的关系

十九大指出要“统筹考虑各类机构设置，科学配置党政部门及内设机构权力、明确职责。统筹使用各类编制资源，形成科学合理的管理体制，完善国家机构组织法。转变政府职能，深化简政放权，创新监管方式，增强政府公信力和执行力，建设人民满意的服务型政府”。县级党委和政府处在党的机构和国家政权承上启下的关键环节，对上要执行党和国家的路线、方针、政策，对下要领导乡镇党委和政府的工作。“一分部署，九分落实”，为了能将党和国家以及上级党委政府的决策部署落到实处，需要提升县级党委和政府的执行力。县域工作千头万绪，需要一个坚强有力的领导核心。为了领导和部署好县域的各项工作，需要强化县级党委和政府的领导力。中国特色社会主义最本质的特征是中国共产党领导，中国特色社会主义制度的最大优势是中国共产党领导，党的领导力在基层主要通过县级党委来体现。习近平总书记在考察兰考时强调，县域治理最大的特点是既“接天线”又“接地气”。对上，要坚持和加强党的全面领导，要贯彻党的路线方针政策，落实中央和省市的工作部署；对下，要领导乡镇、社区，促进发展，服务民生。基础不牢，地动山摇。县一级工作做好了，党和国家全局工作就有了坚实基础。因此，在县域治理中，要注意处理好县级党委和政府的执行力与领导力之间的关系，只有具备了坚强的执行力和强大的领导力，县域治理才能搞好。

县级党委和政府要具备坚强的执行力，需要从以下几个方面着手：一是要不折不扣全面贯彻执行党中央、国务院和上级党委和政府的各项方针政策及工作安排，坚决杜绝出现“上有政策、下有对策”，对自己有利的就执行、不利的就不执行等选择性执行现象。二是不能机械地照搬照抄上级党委和政府的文件和部署，要坚持将上级党委和政府的政策和工作安排与本县的工作实际紧密结合，提高执行的针对性和有效性。我国的县域数量众多，情况差异甚大，而党中央和国务院的路线、方针、政策一般涉及的是宏观的战略性决策部署，省级和市级的决策部署也不是非常具体，因此，县级级党委和政府在执行上述决策和部署时需要在坚持上级党委和政府要求原则的前提下，紧密结合本县的实际情况，出台具体的执行规定，切实提高执行的针对性和有效性。

县级党委和政府要具备强大的领导力，需要从以下几个方面着手：一是县级党委要发挥好县域治理的领导核心作用。党是国家和社会主义建设事业的领导核心，在县域治理中县级党委应该发挥好这个领导核心作用，没有坚强有力的县委的领导，县域治理是很难推进和搞好的。二是县级领导干部要充分发挥示范带头作用，坚持用好手中的权力，抓好作风建设。习近平总书记说过，正人必先正己，正己才能正人。群众看领导，党员看干部。领导带头、层层示范，是做好各项工作的重要方法。在县域治理中，县级党员领导干部和普通党员干部要坚持做到严以修身、严以用权、严以律己，谋事要实、创业要实、做人要实，坚持用好手中的权力。“位卑未敢忘忧国”，每个党组织无论级别高低、分布在哪里，每个党员无论职务大小、工作在什么岗位上，都要在党忧党，自觉担当起应尽的责任，自觉做好固本强基、凝聚人心的工作。大家都这样做了，党和国家工作就会具有广泛扎实的基础。三是要坚持群众路线，树立强烈的政治责任感。人民是国家的主人，更是推动历史前进和发展的动力，历史是广大人民群众创造的。我们的县域治理工作要想做好做实，离不开人民群众的支持和帮助。在县域治理中，县级党委和政府要树立强烈的政治责任感，坚持群众路线，坚持发动群众、依靠群众和为了群众。习近平总书记在考察兰考时强调：“群众路线是党的生命线和根本工作路线。这些年，我们的发展成效很显著，人民群众物质文化生活水平不断提高，但冷静一想，是不是党的凝聚力、群众的向心力就同步提高了？是不是党同人民群众的联系就更加密切了？事实表明，经济发展了，人民生活水平提高了，不等于党同人民的联系就更加密切了、必然密切了，有时候反而是疏远了。我说的是不是事实？我们都有经历，我们都是过来人。现在，脱离群众的现象在某些方面比十年前、二十年前、三十年前更突出了。问题出在哪儿？不能不引起我们沉思！我看主要是一些党员、干部宗旨意识淡薄了，对群众的感情变化了，作风问题突出了。如果群众观点丢掉了，群众立场站歪了，群众路线走偏了，群众眼里就没有你。”

在县域治理中，宣城市的郎溪县将对上的执行力和对下的领导力紧密结合起来，扎实推进县域治理工作。第一，对于上级的工作任务坚持做到“马上就好”。郎溪县委、县政府着力健全市场准入、“三大安全”市场监管和消费维权“三大体系”，对上级作出的决策、部署，落实到位。第二，在行政审批事项上坚持“马上就办”。郎溪县加强行政审批登记窗口建设，健全完善首问责任制、一次性告知制、限时办结制，进一步改善服务方式，简化办事流程；实现行政审批服务窗口“零等待”，提高服务效能，铺设行政审批登记注册“快车道”。三是坚持“三单公开”定权责和“审批清理”提效率。为巩固政府“权力清单、责任清单和涉企收费清单”清理成果，郎溪县定期清理行政权力和涉企收费项目，除保密事项外，全部以清单形式在部门网站和政府信息公开网站公布，目前保留公布39个单位2077项权力事项，权力事项精简48.9%。建立健全权力事项增减调整动态管理机制，推进权力清单运行平台建设。同时，坚持推进深化行政审批制度改革，认真做好国务院、省政府取消和下放行政审批事项的承接落实工作，进一步精简、调整和下放审批项目，规范行政审批管理，提高行政审批效率。

五　公信力与发展力之间的关系

县域是国家重要的基层区域，县域治理主要涉及的是微观具体的社会性事务，县级党委和政府的职能部门直接与人民群众打交道，如果人民群众对县级政府职能部门不信任，政府和人民之间的关系就很难处理，事务也很难办理，因此，县委和县政府在县域治理中要强化自身的公信力。习近平总书记曾用“塔西佗陷阱”来说明公信力对于公权力的重要性。他说到，古罗马历史学家塔西佗提出了一个理论，说当公权力失去公信力时，无论发表什么言论、无论做什么事，社会都会给以负面评价，这就是“塔西佗陷阱”。我们当然没有走到这一步，但存在的问题也不谓不严重，必须下大气力加以解决。如果真的到了那一天，就会危及党执政基础和执政地位。

公信力乃施政之本。对一个地方来说，公信力是党委、政府最大限度调动社会各方面积极性、最大程度凝聚发展正能量的基石。我国政府公信力整体不高的现状与人民群众对政府的满意度关联很大，而人民对政府的满意度主要取决于人民从发展中感受到的获得感的高低。在发展中要坚持以人民为中心。必须坚持人民主体地位，坚持立党为公、执政为民，践行全心全意为人民服务的根本宗旨，把党的群众路线贯彻到治国理政全部活动之中，把人民对美好生活的向往作为奋斗目标，依靠人民创造历史伟业。因此，在县域治理中应通过确保全体人民在共建共享发展中有更多获得感来强化政府的公信力。强化公信力，要求基层领导干部把“公”作为前提，牢记手中的权力是党和人民赋予的，只能用来为党分忧、为国干事、为民谋利；把“信”作为要义，诚信守诺、表里如一，赢得群众信任，确保群众满意；把“廉”作为基础，强化政治意识、纪律意识、规矩意识、廉洁意识，经常对照“三严三实”要求检视自己，做到干净干事、干成事不出事；把“同”作为落脚点，坚持从人民群众的根本利益出发谋划发展、推动工作，增强对人民群众的感情，努力把群众的所思所盼融入决策部署、把群众的智慧力量纳入发展实践，形成同心同德、上下同欲的良好局面[①]。

在县域治理中，公信力和发展力也是一对要注意处理好的关系。公信力不足，会影响发展力的提升，发展力的薄弱反过来会进一步加剧政府公信力的不足，要将强化公信力和提升发展力紧密结合起来，否则会陷入恶性循环。造成县级政府和乡镇政府公信力较低的原因有很多，除了部分政府及其个别工作人员工作作风存在严重问题之外，基层政府能够调动的解决问题的资源有限和发展力不足也是一个重要方面。因此，基层政府公信力的强化除了需要依靠政府及其工作人员的努力之外，也需要通过发展来解决，在强化公信力的同时不断提升县域的发展力。同时，只有在继续推动发展的基础上，着力解决好发展不平衡不充分问题，大力提升发展质量和效益，才能更好满足人民日益增长的美好生活需要，才能更好地推动人的全面发展、社会的全面进步。提升发展力，要求基层领导干部增强战略

① 汤传信．县域治理关键在于抓好“三力”[EB/OL].[2016-02-01].http://opinion.people.com.cn/n1/2016/0201/c1003-28099274.html.

洞察力，善于研判宏观大势，把县域发展置于全市、全省乃至全国的大格局中来审视，找准与国家和区域发展战略对接的着力点和突破口，顺势而动、借势而为、乘势而上；增强机遇把握力，在机遇来临时抓牢机遇、用好机遇；增强资源整合力，既集中人力、物力、财力和相关要素办好事关县域发展的大事，又善于借势、借力，营造良好发展环境；增强改革行动力，坚持问题导向抓改革，着力破除制约发展的体制机制障碍①。

新时代，县域治理要坚持新发展理念。发展是解决我国一切问题的基础和关键，发展必须是科学发展，必须坚定不移贯彻创新、协调、绿色、开放、共享的发展理念。以宣城市管辖的县级宁国市为例，宁国市位于皖南山区，在土地资源匮乏，地理位置、自然资源均不占优势的情况下，宁国市坚持“创新、协调、绿色、开放、共享”的新发展理念，通过不断提升县域的发展力来增强老百姓对政府的支持和信任，从而使政府的公信力得到不断提升。经过不断努力，宁国市取得了很大成绩，如获得了中国中小城市科学发展百强县市称号，2015年宁国市入选中国中小城市综合实力百强县市第69位、中国新型城镇化质量百强县市第48位。2016年5月，宁国市被国家知识产权局评为第四批国家知识产权示范城市。

第一，围绕打造战略性新兴产业集聚地，加快创新发展，构筑产业新优势。宁国市坚持工业强市目标不动摇，以核心基础零部件产业集聚发展基地建设为龙头，推动产业向中高端转型升级。着力打造核心基础零部件为千亿产业和首位产业。2015年9月，宁国核心基础零部件产业集聚发展基地批准设立，成为安徽省首批14个战略性新兴产业集聚发展基地之一。加快发展循环经济、耐磨铸件、电子元器件、新材料新能源、生物医药及食品等5个百亿产业，大力培育电子信息、通用航空等一批战略性新兴产业，构建“1+5+N”的产业发展新体系。加快培育了一批产业有特点、文化有内涵、旅游有基础的特色小镇，打造产业创新发展新平台。“十二五”期间，宁国市主要指标增幅始终高于宣城市平均水平，综合经济实力始终保持安徽省领先位次，“全国科学发展百强县市”排名跃升至第68位，

① 汤传信.县域治理关键在于抓好“三力”[EB/OL].[2016-02-01].http://opinion.people.com.cn/n1/2016/0201/c1003-28099274.html.

“中国十佳‘两型’中小城市”排名保持第4位。

第二，围绕打造生态性休闲旅游目的地，加快绿色发展，构筑生态新优势。坚持人与自然和谐共生，必须树立和践行绿水青山就是金山银山的理念，坚持节约资源和保护环境的基本国策，实行最严格的生态环境保护制度，建设美丽中国，为人民创造良好生产生活环境。宁国在全市全面实施生态主体功能区规划，坚持绿水青山就是金山银山，积极创建国家生态文明建设示范区。大力发展高效农业，推进农业“接二连三”，强化农村环境治理，打造长三角休闲养生农业基地。加快发展电子商务、现代金融、健康养老等新兴服务业态，积极争创省级服务业集聚区。

第三，围绕打造综合性区域交通枢纽地，加快开放发展，构筑区位新优势。宁国市全面践行新发展理念，深入学习对接苏浙沪，实施七大聚焦对接行动，主动承接资金、技术、信息等优势资源，大力发展分享经济，全面参与区域分工与合作。全力推进高速铁路、高速公路等重大交通基础设施建设，加速实现与上海、杭州、南京、合肥等区域中心城市无缝对接，成为皖东南区域综合交通新枢纽。“十二五”期间，宁国经济开发区成功升格为安徽省首家县域国家级开发区，宁国港口园区获评国家级智慧城市试点园区，五年引进市外资金总量位居宣城市前列，跻身“2016年度中国最具投资潜力中小城市百强”第10位[①]。

第四，围绕打造示范性文明建设先行地，加快和谐发展，构筑环境新优势。宁国市以全国文明城市创建为统揽，统筹开展各类创建活动，完善城乡公共服务功能，提高城乡居民文明素质。坚持优先发展教育事业，积极推进文化繁荣发展，深化医药卫生体制改革，大力实施充分就业战略，不断提高社会保障水平，健全城乡一体的基本公共服务体系，增强群众满意度和获得感。深化行政审批制度改革，积极构建综合公共服务大平台。推进社会治理模式创新，强化法治宁国、平安宁国建设，确保社会和谐稳定。

① 参见2017年宁国市政府工作报告。

六 结 语

习近平总书记曾指出，我们要牢牢把握社会主义初级阶段这个最大国情、牢牢把握我国发展的阶段性特征、牢牢把握人民群众对美好生活的向往。现阶段我国人民生活显著改善，对美好生活的向往更加强烈，人民群众的需要呈现多样化多层次多方面的特点，期盼有更好的教育、更稳定的工作、更满意的收入、更可靠的社会保障、更高水平的医疗卫生服务、更舒适的居住条件、更优美的环境、更丰富的精神文化生活①。县域治理处于国家治理的基础环节，县域治理水平的高低直接关系到人民群众的要求能否实现。新时代我国的县域治理要以满足人民群众多样化多层次的需要为出发点和归宿，在县域治理中要坚持以习近平新时代中国特色社会主义思想为指导，处理好权力下放与管理、权力减少与责任增加、法治与德治、执行力与领导力、公信力与发展力之间的关系，通过不断提升县域治理水平来不断增强人民群众的获得感和满足感。

---

① 习近平在省部级主要领导干部“学习习近平总书记重要讲话精神，迎接党的十九大”专题研讨班的讲话[EB/OL].[2017-07-27].http://news.xinhuanet.com/photo/2017-07/27/c_1121391592.htm.

县域治理的发展路径新探索

——无为县网络治政透析

卫晓溪[①]

摘　要：　县域治理是经济社会发展的基础，是推进国家治理体系和治理能力现代化建设的重要内容。无为县依托互联网，以大数据为核心，与智慧城市建设相结合，努力探索县域治理现代化发展路径。在积极搭建网络问政服务并取得一定成效的同时，注重网络治政探索，打造“一站通”政府服务平台，借助“互联网+”促进党风廉政建设、进行阳光民生工程宣传、搞活县域经济、创新公共就业创业服务形式、做好政务信息发布和服务督办工作，多措并举加强网络舆情管理，取得良好成效。

关键词：　县域治理　网络问政　网络治政　“互联网+政务服务”

“郡县治，天下安”。在我们党的组织结构和国家政权结构中，县一级处在承上启下的关键环节，是发展经济、保障民生、维护稳定的重要基础。要发展和维护好国家政权这个重要基础，需要利用现代科学技术和运用新的技术手段，不断推进和提高县域治理水平。党的十八届五中全会提出实施“互联网+”行动计划，李克强总理在2016年《政府工作报告》中提出“互联网+政务服务”，强调要充分运用“互联网+”，让政府服务变得更“聪明”。作为国家基层政权的县级政府，顺应网络时代群众的现实需求，运用

---

① 卫晓溪：硕士，芜湖职业技术学院思政部讲师。

网络察民情、汇民智、分民忧、解民难，坚持新时期群众路线，提升执政能力，显得尤为重要。而“互联网+政务服务”最早也最为人熟知的是“网络问政”，它是政府与民众借助网络进行的一种互动行为。网络问政，就是政府通过互联网做宣传、做决策，了解民情、汇聚民智，以达到取之于民，用之于民，从而实现科学决策、民主决策，真正做到全心全意为人民服务。随着网络的日益普及，互联网在中国民众的政治、经济和社会生活中扮演着日益重要的角色，成为中国公民行使知情权、参与权、表达权和监督权的重要渠道。

一　无为县服务网络问政的基本做法与成效

无为县，隶属于安徽省芜湖市，地处安徽省中南部，总面积2022平方公里，辖20个乡镇、2个省级经济开发区，2016年常住人口103.7万。粮、棉、油及水产品产量均居中国百强行列，是安徽十强县之一，也是中国闻名的“电缆之乡”“劳务之乡”“国家级皖江城市带承接产业转移示范区”。2017年，全年实现地区生产总值410亿元，同比增长8.5%；财政收入35.85亿元，增长10%；固定资产投资388亿元，增长12.5%；规模以上工业增加值增长8.5%；社会消费品零售总额120.5亿元，增长11.8%[①]。

近年来，无为县围绕“互联网思维”创新和指导工作，在服务网络问政方面进行了有益探索，并取得一些成功经验。

（一）搭建网络问政服务平台

在县委、县政府的高度重视下，无为县人民政府网站开通了网络问政平台，利用快捷、广泛、低门槛的网络载体，问政于民、问计于民、问需于民，倾力打造政民互动“直通车”。该平台设置了“建言献策”“咨询求助”“问题反映”“官方微博（@无为发布）”“在线访谈”“我要留言”等栏目。在网站的左边分别排列着“最新留言”“最新回复”“县长信箱”和“满意度排行”等数据。经过长期发展，该平台沟通机制全，问政效率高。

---

① 参见2017年无为县政府工作报告。

第一，为使问政内容得到及时处理，网站不断完善沟通机制，通过组织活动，从2012年起开展“网络征集调查意见活动”，加强与广大网民的沟通联络，增进互信和理解，让网民能够配合问政工作的开展。2016年12月12日和30日，平台分别挂出以“无为县县、乡两级公共服务清单公布”和“无为县县级及乡镇政府权力清单和责任清单”为内容的征集意见说明。通过为期一年的征集调查，社会各界人士对县级和乡镇公共服务清单建设工作提出宝贵意见和建议，对公共服务清单的落实进行监督；对县级政府权力清单和责任清单建设工作提出宝贵意见和建议，对政府权力清单和责任清单制度的落实进行监督。另外，针对广大群众投诉情况最厉害的出租车行业，平台从2016年11月10日起，挂出为期三个月的“无为县出租车行业行风评议工作实施方案公示”，强化出租车行业从业人员的优质服务意识，规范经营服务行为，全面推进出租车行业行风建设，切实解决损害群众利益的不正之风问题。

第二，与被问政单位加强沟通联络，让网民的问政得以及时的回应和解决，维护党委、政府机关的公信力和良好形象。该平台覆盖面广且深入基层，问政部门分为四大类共52个，分别为政府工作部门26个、县政府直属单位12个、县政府派出机构2个、驻无单位12个；问政乡镇包括全县20个乡镇。针对网民反映、咨询的问题，无论问政部门还是各个乡镇，均作出及时回复。围绕群众普遍关心的城建环保、文化教育、社会治安、医疗保障等民生问题，对于教育局、民政局、公安局和住建局等单位的及时回复，网民的满意度相当之高。

第三，定期进行统计总结，实行摘报形式一个月一小结，每半年一总结，及时向上级主管部门提供准确的问政数据和情况。自无为县网络问政平台正式启用以来，网民积极反映个人诉求，政府职能部门及时对反映的问题进行跟踪，县委监察部门加强检查考核工作。目前，平台的正常日点击量在四万人次以上，最高日点击量曾达到八万人次，成为芜湖市最具影响力的网络问政平台。

（二）利用自媒体为网络问政服务

随着网络科技的发展，自媒体的形式越来越多。自2008年网络问政开始的在线聊天到现在的各种自媒体问政，网络问政的形式越来越多，从单一个人或单位的参与发展到现在集体的政务微博参与。除了在对突发事件的反应时间上具备快速的优势外，自媒体信息传递的速度和广泛的信息来源是其他传统媒介所无法比拟的。只要拥有手机、平板电脑之类的移动设备，任何地方的任何人都可以把所见所闻所思所想即时通过自媒体发布。即使芝麻绿豆大的小事，网民也可以借助自媒体途径，通过跟帖、转载等方式，迅速地形成舆论氛围，引起广大网民和媒体注意。目前在各种自媒体形式中，微博是最受广大网民欢迎的一种。

随着微博用户的迅速增长，微博不仅是网民自娱自乐的空间，而且逐渐成为公共事务的发布平台、意见的交流领域、自由言论的场所。因此，在信息技术飞速发展的今天，开通政务微博，利用微博问政，无疑是一项新鲜而有效的问政举措，在社会管理创新、政府信息公开、新闻舆论引导、倾听民众呼声、树立政府形象等方面将会起到积极作用。无为县成为“微博问政”大军中的一员。目前，有“@无为发布”“@平安无为”“@无为周刊”“@无为县共青团”“@无为县文明网”“@无为县政务服务中心”等官方微博。其中，“@无为发布”认证名为“无为县委宣传部官方微博”，定位于全县政务微博平台，既发布重要的国家、省市一级信息，又整合编发全县、各部门政务微博的信息，作为独立账户到达网民终端，形成无为县官方声音的集合。网民关注它，就能获取无为全县政务微博信息。安徽无为周刊官方微博“@无为周刊”每周会发布一周内全县发生的重大时政新闻、民生信息等。

近年来，无为县在服务网络问政实践中形成了显著特点：第一，及时公开信息。政府部门可以将一些新的政策、法规及时发布在政府官方微博的最新动态上，也可以把对一些突发事件的跟踪和处理情况等发布在微博上，这一方面让民众及时了解政府的最新信息，加强了信息的公开性，便于民众的监督，使政务微博成为各级政府部门重要的自我展示和宣传工具。

第二，形成良性互动。内容发布后，还要及时互动，回复解决网友的提问和跟帖。仅仅发布信息还远远不够，想要取信于民，还需要和网友进行交流沟通。一个小小的回复，不仅仅是解决问题，更多在于尊重，一个懂得尊重普通网友的政务微博，相信一定会赢得网友尊重。第三，注重实际效果。微博问政的目的，要的不是点击量、转发量和影响力排名，而是定位于帮助民众解决问题。通过开微博仅仅为了了解民意是不够的，功夫还要下在微博之外。政府要通过人力、物力、财力等多方面的配合来解决问题。为此要建立起适应网络高速、透明特征的政府反应机制，提高政府工作效率。

无为县的微博问政工作从一开始就强调注重实效，以实际效果取信于民。县内曾经有多处非法传销窝点，引起居民强烈不满，在微博上掀起问政风潮。2016年下半年，无为县结合县域实际，审议通过了无为县市场监督管理局提出的《无为县打击传销工作考核办法》。无为县市场监督管理局按照打防结合、以防为主的原则，采取散发宣传材料、悬挂宣传横幅、制作宣传展板等多种形式深入开展打击传销宣传活动，构建多领域、全方位的打击传销宣传格局，引导群众自觉防范和抵制传销，营造远离传销、拒绝传销、举报传销、打击传销的浓厚社会氛围。同时，该局依托12315投诉举报网络，广泛收集有关传销线索信息，做到全民监督，使传销无处藏身，确保全县经济秩序和社会稳定。

网络是虚拟的，但所表达的民意是真实的，通过这条广泛、畅通、高速的渠道，政府能够听到基层最真实的声音，了解群众最迫切的需求，为服务群众提供了第一手资料。针对群众反映的问题，政府及时采取有效措施，解决群众的热点、难点问题和实际困难，不仅最大限度地化解了社会矛盾，还对促进社会整体和谐起到重要的作用。通过在线互动交流、及时公布重大决策等网络问政模式，政府工作更加公开透明，为更好地推行“阳光政务”、密切干群关系打下了良好基础。

二　无为县“互联网+政务服务”的治政探索

“网络问政”和“网络治政”是两个完全不同的概念。前者的主体是各级党政机关，客体是网民，主动权在官方手里，而“治政”作为现代国家治理体系重要组成部分，是以人民为中心的。“网络治政”的提出具有里程碑的意义，人民从被动应答变为主动参与，从执政手段变为执政目标，从根本上打破了传统的惯例。因此，“网络治政”就是“互联网+政务服务”——政府借助互联网平台，将民众反映的问题纳入行政过程加以解决，提高社会治理效能。从“网络问政”到“网络治政”，虽然只有一字之差，但在理念、措施、效果等方面存在明显区别。网络治政是现代社会治理的重要方式之一，也是政府治理方式方法的探索和创新。

（一）网络治政是转变政府职能与“放管服”的重要体现

1. 推进“互联网+政务服务”，是提升政府治理能力现代化的客观要求

国家治理体系和治理能力现代化，是对以往传统管理方式和管理经验的总结基础上的继承、超越和发展。在“互联网＋”的环境下，充分利用现代互联网信息技术，不但可以成为国家治理体系和治理能力现代化强有力的支撑，而且在内容和形式上赋予更多的内涵与外延。

习近平总书记在全国网络安全和信息化工作座谈会上的讲话中指出：“我们提出推进国家治理体系和治理能力现代化，信息是国家治理的重要依据，要发挥其在这个进程中的重要作用。要以信息化推进国家治理体系和治理能力现代化，统筹发展电子政务，构建一体化在线服务平台，分级分类推进新型智慧城市建设，打通信息壁垒，构建全国信息资源共享体系，更好用信息化手段感知社会态势、畅通沟通渠道、辅助科学决策。”根据中央部署，2016年9月，国务院印发了《关于加快推进“互联网＋政务服务”工作的指导意见》（以下简称《意见》），强调“把简政放权、放管结合、优化服务改革推向纵深的关键环节，对加快转变政府职能，提高政府服务效率和透明度，便利群众办事创业，进一步激发市场活力和社会创造力具

有重要意义”。《意见》的出台，推进了政府政务服务理念的现代化、治理模式的现代化以及治理手段的现代化，标志着国家治理现代化发展到了新的阶段。

2. 推进“互联网+政务服务”，是建设服务型政府的新机遇

截至2016年12月，我国在线政务服务用户规模达到2.39亿，占总体网民的32.7%。其中，通过支付宝或微信城市服务平台获得政务服务的使用率为17.2%，为网民使用最多的在线政务服务方式；其次为政府微信公众号，使用率为15.7%，政府网站、政府微博及政府手机端应用的使用率分别为13.0%、6.0%、4.3%。

中央政府将推进“互联网＋政务服务”提高到深化简政放权、放管服改革的关键步骤，这关系到政务服务模式的转变，更关系到国家治理体系和治理能力能不能实现现代化、服务型政府能不能建成。因此，“互联网+政务服务”是大力推进放管服行政管理体制改革的核心内容，是系统性很强的惠民工程，也是推进国家治理体系和治理能力现代化的重要举措。

（二）无为县网络治政的成功做法

早在2015年10月，无为县就召开了全县“互联网＋政府服务”工作动员暨业务培训会。时任县委副书记、县长袁发林强调，要转变观念，用新思维、新理念来看待“互联网＋政府服务”工作，切实按照市委、市政府的要求，真正做到“将政府搬到群众家门口”；要强化培训，制订有针对性的培训计划，确保各单位相关人员在最短时间内掌握业务知识；要明确任务，各级各部门会后要立即行动起来，按照梳理、录入、上线时间节点要求，倒排工作计划，加班加点完成；要落实责任，各乡镇、各部门主要负责人要亲自抓、负总责，县里将把“互联网＋政府服务”纳入年度目标考核，确保此项工作紧抓不放、抓出成效。

1. “一站通”政府服务平台

无为县建设了覆盖县、乡镇和村（社）三级标准统一、上下联动、并联审批、业务协同的“一站通”政府服务平台。

“一站通”政府服务平台对进驻的每个办事项目，制定清晰的运行流

程图，全面公开每个办事项目的法定依据、实施对象、申报材料、办理流程、收费标准等信息，群众在申办时，可以明确知道需要提交的材料、办结需要经过的流程。同时，根据服务手段的便捷程度，将政府服务事项界定为网上办理、网上受理、网上预约和网上查询四种类型，服务事项基本实现全程网上申请和办理，无需服务对象到现场提交原件材料，办结件将通过窗口自取或EMS邮寄完成办理；针对需要到现场进行“采集图像或指纹”等操作且需在业务专网运行的事项，不得限定预约号，线下窗口要优先办理；对于行政处罚、行政强制和行政裁决等权力事项，由相关部门在“一站通”平台中运行，并将运行状态和结果信息予以实时发布。此外，“一站通”政务服务平台还开辟了电子监察系统，对每个审批事项进行全过程实时在线监察，确保权力运行的公开透明。

2.“互联网+”党风廉政建设

无为县借助网络平台优势资源，从小处入手、细处发力，开展形式多样的廉政“微”教育，打造“互联网＋”时代反腐倡廉网络阵地。通过县政府网站、“无为发布”微信公众号等媒体，以图文并茂的方式推送并分享全县党风廉政建设工作亮点、各乡镇各部门反腐倡廉工作经验及廉政文化建设成果。同时，通过“全县纪检干部工作”微信群、QQ工作群及时传达十八届六中全会精神及《中国共产党党内监督条例》等内容，明确重点、释疑解惑，“零距离”交流互动。2016年以来，无为县纪委通过微信等新媒体平台，推送、互动已达500余次。

注重发挥“无为县纪检监察网”网络平台作用。2016年，对原网站进行改版，增加“廉政要闻”“监督曝光”“巡察”等板块内容，更加贴近工作实际和受众需求。整合和完善原网站宣传教育资源，提高针对性和时效性，满足广大党员干部的学习需求。该网站改版运行以来，月均访问量在9000次以上。

运用党员领导干部短信信息平台，让廉政教育细致入“微”。每逢春节、端午、中秋等重要时间节点，定期向副科级以上党员领导干部编发廉政短信、彩信等内容，以“微提醒”的方式，传播讲规矩、守纪律、树作风的理念。2016年，该县纪委通过短信信息平台共发送勤廉短信提醒2000余条次[①]。

3.“互联网+”阳光民生工程宣传

一是“互联网+政策措施”。无为县在“无为民生工程”网站开辟“政策措施”专栏，将民生工程政策具体实施办法及时挂网，进一步提升社会各界对县域民生的关注度以及信息透明度和社会参与度。二是“互联网+民生动态”。及时发布全县民生工作最新动态，宣传各级主管部门项目进展情况，各级党委政府对民生工程工作调度情况，宣传人大、政协对民生工程调研情况。三是“互联网+公示公告”。利用公开公示栏按月将低保、五保、重度残疾人护理补贴等资金发放进行公示，实行民生资金阳光公开，接受广大群众和社会各界监督。截至目前，网站公示超过480条民生工程项目。四是“互联网+观点亮点”。通过群众亲身经历和切身感受，说变化、谈感想、展风貌、述成果，畅谈民生工程实施成效，突出展现民生工程项目给群众生活带来的变化；积极探索工作创新新模式，将工作推进中好的经验做法整理成创新材料。五是“互联网+图看民生”。精选超过100幅民生项目实施图片，制作成“图看民生”专辑，用精美的图片展现民生工程实施所带来的巨大变化。

4.“互联网+”县域经济

近年来，依托当地农特产品，根据电商销售模式，通过农村创业、转型电商等方式，无为县在外打拼的年轻人和传统企业，纷纷进军转型“互联网+农业”，这一期间涌现出了一批先进代表。“85后”小伙陈诚，因无为岳父家辛辛苦苦养殖的螃蟹没有好的销售渠道而导致收入微乎其微的困境，萌生了回无为创业，通过互联网卖螃蟹的想法。夫妻二人慎重辞掉了苏州的工作回到无为，开始了他们的“互联网+创业”之路。创业初期，他们参与了很多次无为县政府组织的电商知识培训，为创业打下了坚实的理论基础。2016年年初，他们成功申请注册了自己的螃蟹公司，并把公司落在了无为县电子商务孵化园这块集政策、资金等优势于一体的宝地上。目

① 安徽无为：借力“互联网+”促进廉政教育 营造清正氛围[EB/OL].[2017-01-17].http://www.ccdi.gov.cn/gzdt/xcgz/201701/t20170117_92881.html.

前他们已经在淘宝上开店，还继续在苏宁、京东等平台发起预售、众筹活动，2016年交易额突破了100万。

无为县大力推行作风建设负面清单量化考核，扎实推行“两集中两到位”行政审批改革和“互联网+政府服务”等优化投资发展环境。全面推行首问负责、全程代理、并联审批、限时办结等多项服务制度，对所有到无为投资的企业，实行“一站式”或“保姆式”服务。同时，简化程序，实行固定资产投资项目模拟审批和审批终端负责制，推进项目审批提速增效，对重点招商引资项目推进实行“四个一”机制工作，即一个项目一名县级领导牵头、一套班子全程服务、一个项目推进方案、一个项目工作微信群，及时协调解决项目建设过程中的困难和问题，形成了全县上下“亲商、安商、富商”的良好氛围。

5.“互联网+”公共就业创业

无为县以互联网平台为基础，充分利用信息通信技术，创新服务方式和服务手段，力求为社会提供更加方便快捷的公共就业和人才服务。

其一，“一网一微信”式新型公共就业与培训服务模式。无为县人社局除了进一步提高线下的窗口服务水平，优化办事流程外，着重打造了“一网一微信”的线上服务新模式。“一网”，即“阳光就业网”。依托安徽省阳光就业网上经办系统指导民众对就业失业进行登记管理，及时更新、维护数据，实时了解当前就业新态。“一微信”，指该县公共就业与培训服务官方微信号“无为就业”。“无为就业”公众号将就业信息、服务政策、工作动态等通过多样化方式精准传送到群众手里，打通就业、培训服务“最后一公里”和政策落实“最后一公里”，让群众足不出户即可享受精准的公共就业与培训服务。在公众号运行之初即在各相关机关、企事业单位大力推荐，同时在县公共就业和人才服务中心大厅设置醒目的二维码方便群众扫码关注。

“一网一微信”式新型公共就业与培训服务模式，实现了就业、培训信息网络化，将原有的劳动者被动寻找信息的获取方式，逐步转变为人社部门将就业、培训信息主动推送给劳动者的服务模式，实现线上线下相结合的立体网络，打造主动服务、按需定制、面向人人的就业与培训信息服务平台。

其二，开放式创业交流平台。为打造大众创业、万众创新交流平台，畅通创业人员的联系渠道，为创业者提供便捷的创业服务，2016年，“无为县创业论坛”正式上线。该论坛为县人社局主办，分政策窗口、创业交流、创业项目、中小企业服务中心等多个板块，为发展中的企业或创业者提供信息政策发布、创业经验分享、创业指导等服务，以满足创业者创新创业中的多种需求。该论坛使创业者齐聚于线上交流，依托众创空间、创业孵化园等创业载体，形成互联网线上线下的有效对接，构建一个“政府搭台，大众参与，信息共享，促进创业”的开放式创业交流平台。

当前，公众查阅政府信息主要来源于网络，因而对政府信息公开网的有关功能要求越来越高。为此，无为县严格按照省政府信息公开基本目录规范和网络平台技术规范要求，及时完善了政府门户网站和政府信息公开平台，实现政府门户网和信息公开平台高度融合，保障了公民可以通过“一站式”的方法，在浏览政府门户网的同时，可以同步进入政府信息公开平台，方便人们及时查询需要了解的政府信息。截至2016年12月31日，通过无为县政府网站和无为县政府信息公开网累计公开的各类信息达10059条，其中无为县政府信息公开网站发布信息4191条，其他各栏目均不同程度进行了更新①。

为保障“互联网＋政务服务”有效推进，无为县确立了“一月一排名、一月一调度、一月一督查”的工作制度，即每一个月开展一次工作业绩排名，对排名靠后的5个镇和县直单位进行业务调度，对工作中存在突出问题的开展一次专项督查，不断寻求推进“互联网＋政务服务”工作的方法，有效提高各镇“互联网＋政务服务”工作水平。如2017年7月，无为县对2017年1—6月“互联网＋政务服务”工作开展情况进行了一次全面的“体检”，并对全县20个镇、32个具有行政权力和公共服务事项的县直单位发放了共计52份整改通知书，要求各镇、各单位突出问题导向，明确整改责任主体，切实抓好整改落实，有效提高“互联网+政务服务”工作

---

① 无为县2016年政府信息公开工作年度报告（文字版）[EB/OL].[2017-01-12].http://gk.wh.cn/xxgkweb/sx-public/showNBconent.jsp?xxnr_id=3099&unit=784943065.

水平①。

为充分体现政府倾听民声、广纳民意、集中民智的宗旨，发挥互联网联系群众的纽带桥梁作用，进一步拓宽网络民意表达和诉求的渠道，努力解决群众在网上反映的热点难点问题，无为县实施《网上舆情回复办理工作暂行办法》，通过健全网络舆情监控收集机制、规范网络舆情处置流程、完善网络舆情分级分类制度等方式做好网络舆情管理工作。

（三）无为县网络治政的积极成效

经过近两年的“互联网+政务服务”的具体实践，无为县政府取得了一定成效。目前，“智慧无为”初见端倪，如同群众身边的一位“管家”，随时随地提供贴心服务，让县域治理越来越精细，让每一位群众享受信息时代的智慧生活。

1. 越来越便捷的智慧服务

各相关部门和单位通过加大宣传，让群众和企业主动通过网上提交事项，加强督查，推进线下受理的事项在网上登记、运行，提高网上申请率。尤其是积极引导企业和个人用户掌握通过易企网、易户网和“城市令”等App直接办理行政事务和公共服务事项。如为推进生育服务管理改革创新，有效整合卫生和计生资源，方便居民办事，提高工作效率，无为县全面启用“健康家庭一卡通”业务，并积极向居民宣传网上办理方式。居民直接在“城市令”上实名认证后发起申请，几天后就可收到EMS寄来的“健康家庭一卡通”。

2017年3月13日，在无为县第十七届人民代表大会第一次会议上，县长袁发林在作政府工作报告时说，自身建设明显增强，不断完善“互联网+政务服务”体系，“一站通”平台与易企网、易户网实现无缝对接，网上办理事项14.9万件。全面推行党政OA办公系统，公文运转实现无纸化。持续加大政务公开和网络问政力度，主动公开政府信息10075条，举办市民心

① “互联网+政务服务”迎“体检” 52份整改通知书促落实[EB/OL].[2017-07-17].http://www.ww.gov.cn/channel-cms-view-2429-57620.html.

声、县长访谈和部门负责人在线访谈11期，回复网友在线提问295个[①]。

2. 越来越精细的智慧管理

在居民看不到的地方，“智慧无为”让无形的管理逐渐由粗放向精细、由被动处理向主动发现、由应急处置向日常监管转变，让县城越来越美好。在“城市令”中的“全民社管”板块，每位市民都能便捷地参与城市管理。作为一款全民参与的互联网应用服务产品，2016年“全民社管”一经推出就备受关注。它的覆盖范围包括公共安全事件、市场监管问题、公共设施损坏、环境卫生脏乱差、消防安全隐患等各个方面。市民发现问题，打开“全民社管”，选择“我要爆料”，根据提示上传事件照片，实时定位发现问题的位置，通过语音和文字进一步描述内容，最后“一键上报”，流程方便快捷。问题上报后由系统分派和人工分单相结合，流转至问题所属的各个职能部门处理。在“我爆的料”中，用户能查看到问题的反馈和处理结果，不用担心自己的投诉“石沉大海”。“全民社管”已成为城市治理的先锋队。

3. 越来越庞大的智慧数据

在以上所有“智慧无为”的背后，是数以亿计的大数据在运行和支撑。“互联网＋”如同一根纽带，一头连着政府，一头连着群众，中间则是越来越庞大的智慧数据。目前，无为县陆续整合和汇集了包括公安、民政、工商、质监、卫计等政府部门的数据，建成身份证、户口簿、结婚证、生殖保健服务证、出生医学证明等15大类电子证照，分类设置全县人口库、法人库、房屋库、地理信息和地名地址库、行政权力和公共服务库、信用库、电子证照库等17个专题库。这些看不见的数据每天还在不断更新，铺就了一张越来越大的服务网，“智慧无为”也在一路快跑。

无为县在2017年6月召开了“互联网+政务服务”工作推进会议，会议指出：“互联网+政务服务”工作是信息时代满足居民企业办事创业需求和促进信息惠民的重要途径，在县委、县政府的高度重视和全力推动下，无为县“互联网+政务服务”工作取得了阶段性成效，但与市政府的要求相比，与兄弟县区工作推进的情况相比，还存在一些问题。各镇、各单位要

① 参见2016年无为县政府工作报告。

针对问题，突出重点，瞄准年度目标，加强应用推广，提高群众知晓率。要压实责任，明确职责，创新机制，强化考核监督。

三、推进网络治政提升县域治理水平的建议思考

在党的十九大报告中，习近平总书记明确指出要“增强改革创新本领，保持锐意进取的精神风貌，善于结合实际创造性推动工作，善于运用互联网技术和信息化手段开展工作”。他还多次强调要进一步强化互联网思维，推进政府决策科学化、社会治理精准化、公共服务高效化。这一重要论述不仅为县域运用网络技术提升县域治理水平，也为进一步探索网络治政指明了方向。也就是说，必须运用现代互联网载体，优化政府部门的服务水平，打造一批活跃、亲民，能有效服务民生的信息交流和政务处理的平台，才是改变行政管理方式，实现从网络问政到网络治政的最重要的基石。

（一）以“互联网＋”搭建“智慧”政务服务体系

根据国务院《关于加快推进“互联网+政务服务”工作的指导意见》，到2020年年底，实现互联网与政务服务深度融合，建成覆盖全国的整体联动、部门协同、省级统筹、一网办理的“互联网+政务服务”体系，大幅提升政务服务智慧化水平，让政府服务更聪明，让企业和群众办事更方便、更快捷、更有效率。按照中央政府部署要求，各级县政府积极探索网上办事和服务，取得了一定成效，但总体来看，还存在网上服务事项不全、信息共享程度低、可办理率不高、企业群众办事仍然不便等问题，还有一些地方和部门尚未开展相关工作，亟须改进和加强。

1. 明确网络治政的重点任务

其一，要优化再造政务服务，便利群众网上办事。全面梳理直接面向社会公众提供的具体办事事项，编制发布全县统一的政务服务事项目录。优化再造网上办理流程，简化环节，缩短时限，不断提高网上服务实效。大力推进服务事项网上办理，不断提高网上可办理率，创新网上服务模式，便利企业和群众网上办事。全面公开服务信息，集中公开与政务服务事项

相关的信息，实现办事全过程公开透明。其二，要融合升级平台渠道，提供多样化便利化服务。规范网上政务服务平台建设，统筹建设权威、便捷的一体化互联网政务服务平台。推进政务服务中心与网上服务平台融合发展，统一服务标准，做到无缝衔接、合一通办，形成线上线下功能互补、相辅相成的政务服务新模式。推动基层服务网点与网上服务平台无缝对接，充分利用共享的网上政务服务资源，贴近需求为基层群众做好政策咨询和办事服务。其三，要夯实支撑基础，完善配套措施。加快推进政务信息共享，构建我省统一的数据共享交换平台体系，打通数据壁垒，实现各部门、各层级数据信息互联互通、互认共享。建立健全相关配套制度和标准规范，推动基础网络服务提速降费，加快新型智慧城市建设，加强网络和信息安全保护。

2. 推进网络治政的保障措施

第一，强化组织领导。明确要求各级政府主要负责同志部署，狠抓落实，并明确一位负责同志具体分管，协调督促，常抓不懈。县政府成立加快推进“互联网+政务服务”工作协调小组，负责协调解决工作中的重大问题。第二，强化考核监督。县政府将“互联网+政务服务”工作纳入县政府目标管理绩效考核和县政府部门效能考核，单列分值，加大权重，并列入重点督查事项，定期通报并公开工作进展和成效。第三，加大培训推广力度。要求县级机关和下属乡镇村将“互联网+政务服务”工作纳入教育培训内容体系，把面向公众办事服务作为政务服务人员培训的重要内容。同时，加大宣传推广和社会引导，提高“互联网+政务服务”的社会认知度和群众认同感。

（二）以“互联网+”加强基层社区治理

在社区治理中，“互联网+”通过远程教育和网络系统重构社区组织形态和行为模式，实现居民自我服务、自我教育、自我管理和自我监督的目标。一方面，互联网、大数据及云计算技术的运用能帮助政府作出决策，有效提升应急管理能力，实现提前预警和快速响应；另一方面，互联网还重构了我国的媒体秩序，影响了舆论场生态、社会结构等，吸引网民参与社会治理。通过建构多元参与治理的体制机制以及互联网技术的有效应用等途径，完善以多元参与为主的城乡基层社会治理模式，加强城乡基层社区建设、自治组织建设。

互联网和大数据的运用大大提高了治理效率，其中“云治理”的创新模式发挥了政府的主体作用，调动了普通民众、非政府组织参与“云治理”的积极性；社区微治理作为社会治理创新的重要载体，能够运用互联网正确处理政府与社区的关系、顶层设计与社区探索的关系；在意识形态和社会舆论领域，互联网让传统文明进一步令人关注，政府网站、虚拟社区、社交媒体等信息流通途径影响了网络舆情的发展，从而影响群体性事件的发展方向。“互联网+社区治理”的开展成果显著，小区业主微信公众号、智慧社区App软件、客户端等互联网技术手段，让居民获取管理信息更加方便、参与社区治理更加便利。“移动业委会”“掌上社区”的形式，也搭建起了基层政府部门、物业公司与业主良性互动的“云上互动平台”，实现基层社会治理的现代化。

总之，县域治理应该“以‘治理就是服务’为引领，以为民利民惠民便民为导向，以互联网大数据信息新技术为抓手，以创新地方基层治理为主线，大胆尝试，积极探索，不断优化创新地方基层治理，不断推动互联网大数据信息新技术与基层社会治理的高度深度融合，不断探索提升政府治理能力以实现技术革新与政策创新协同推进、与时俱进、无缝对接”①，提高县域科学化、精细化、智能化治政水平。

① 王礼鹏.基层社会治理创新的“互联网+”思维——对地方实践的比较、分析与总结[J].国家治理，2017(9):39-48.

依法治县能力建设

YIFA ZHIXIAN NENGLI JIANSHE

充分发挥县级人大在法治建设中的作用

——基于全椒县人大法治建设实证分析

李宗楼[①]

摘　要： 县级人大作为地方国家权力机关，是保障和促进依法治国的重要力量，在县域法治建设中处于十分重要的地位，担负着重要职责。全椒县人大及其常委会积极探索，勇于实践，把依法履行职权与法治建设有机结合，在促进法律有效实施、规范权力运行、依法行政、公正司法、服务发展大局等方面发挥了重要作用，积累了有益经验。面对深化依法治国实践和决胜全面建成小康社会，县级人大必须以十九大精神为指导，以宪法为准绳，科学把握和精准分析新时代县域法治建设中出现的新变化，积极作为，将法治建设引向深入，充分发挥好在法治建设中的作用，提高法治满足人民需要的能力。

① 李宗楼：安徽师范大学法学院公共管理系教授，安徽师范大学法治中国建设研究院研究员。

关键词：　县级人大　常委会　依法治国　法治建设　全椒县

党的十九大报告中明确指出，“全面依法治国是中国特色社会主义的本质要求和重要保障。必须把党的领导贯彻落实到依法治国全过程和各方面，坚定不移走中国特色社会主义法治道路。坚持依法治国、依法执政、依法行政共同推进，坚持法治国家、法治政府、法治社会一体建设”。这里既进一步强调了我国全面依法治国的目标任务和措施，又指明了法治建设顶层设计的方向和道路。作为基层法治建设的县级人大，如何以十九大精神为引领，全面担负起宪法法律赋予的各项职责，发挥好在依法治国中应有的作用，“成为全面担负起宪法法律赋予的各项职责的工作机关，成为同人民群众保持密切联系的代表机关”，显得尤其重要，必须高度重视与深入研究。本文基于全椒县人大法治建设的主要实践，就如何充分发挥县级人大在法治建设中的重要作用与相关问题作出分析与思考。

一　县级人大在法治建设中的担当和必须坚持的原则

党的十八届四中全会通过的《关于推进全面依法治国若干重大问题的决定》，提出了推进全面依法治国的指导思想、总目标、基本原则、总体部署和重大举措，为我国加速推进全面依法治国进程，包括全面依法治县指明了方向。县级人大及其常委会如何充分发挥在法治建设中的重要作用，努力把依法治国落到人大工作的实处，对发展完善人民代表大会制度，全面实施依法治国方略，推进依法治县进程，具有十分重要的意义。

在推进全面依法治国实践中，发挥好县级人大及其常委会在法治建设中的重要作用，必须依据县级人大及其常委会在国家治理体系中的地位和法律赋予的职权，这是发挥作用的前提。根据宪法和法律规定，县级人大及其常委会是地方国家权力机关，归纳起来主要有“三权”，即重大事项决定权、人事任免权和监督权。重大事项决定权，在人大各项职权中，处于核心地位，是其他职权的前提和基础。因而，行使好决定权，对行政区域内法治建设中带有根本性、全局性、长远性的问题和人民群众关注的问题及时作出决议决定，对促进本地区经济健康发展和各项社会事业的进步至关重要，这既是行使职权的要求，也是法治建设的重要内容。人事任免权是人民行使管理地方国家事务权力的具体体现，也是使地方国家机关权力合法化的重要举措。规范和完善人事选举和任命程序，保障人大代表和常委会组成人员的知情权，加强对人大选举和任命人员的监督，是加强法治建设与县级人大及其常委会依法行使任免权的必然要求。监督权主要是人大及其常委会通过听取并审议政府工作报告和专题工作汇报、执法检查、组织专题询问、备案审查等方式开展法律监督，是行使法定职权的直接体现，也是推动有关方面改进工作、解决问题、积极回应社会关切的重要举措，是保证国家机关对人民委托的权力不被滥用，忠实于人民的利益和意志，体现人民当家作主的社会主义本质。因而，人大及其常委会依法行使监督权与行使决定权和任免权一样，是县级人大及其常委会的主要职权和职责。切实依法履行好这三项权力，既是人大及其常委会工作的根本遵循，也是发挥其在法治建设中作用的最重要、最直接的形式与实践。

作为基层国家政权机关的县级人大及其常委会，在依法治国实践中能否正确运用和履行职权有效实施法律，促进法治建设，“最关键的是方向是不是正确、政治保证是不是坚强有力”。①有了正确的方向和必须坚持的原则，才能引领和保障县级人大及其常委会在法治建设中尽职尽责、发挥作用。依据全面依法治国战略要求和县级人大工作实际，我们认为县级人大及其常委会在法治建设中必须坚持以下原则：

其一，坚持基层法治建设作为坚持党的领导的重要载体。党的领导是中国特色社会主义最本质的特征，是社会主义法治最根本的保证。坚持中国特色社会主义法治道路，最根本的是坚持党的领导，这是我国社会主义法治建设的一条基本经验。我国宪法确立了中国共产党的领导地位，坚持党的领导是宪法的根本要求，是依宪治国、依宪执政的根本体现，是党和

① 中共中央宣传部.习近平总书记系列重要讲话读本[M].北京：学习出版社，人民出版社，2014:96.

国家的根本所在、命脉所在，是全国各族人民的利益所系、幸福所系，是全面推进依法治国的题中应有之义。在党的十九大报告中，习近平总书记再次强调指出：“坚持党的领导、人民当家作主、依法治国有机统一是社会主义政治发展的必然要求”，“党的领导是人民当家作主和依法治国的根本保证”，“必须把党的领导贯彻落实到依法治国全过程和各方面。”我国人民代表大会及其常委会是党领导人民创立的符合中国实际、实现人民当家作主的权力机关，县域民主法治建设是县级人大及其常委会的重要职责，理所当然要在党的领导下进行，才能有坚强的政治保障，才能发挥好人大工作的政治优势。法治作为实现党的领导有效途径之一已经被实践证明。通过法治这个载体把党的主张和人民的意志有机统一起来，最终落脚到实现党的宗旨上来。2015年以来，从党中央到省、市党委逐级出台“加强县乡人大工作和建设的意见”系列文件，高度重视加强基层人大工作和建设，充分体现了党对基层人大及其法治建设的正确领导。作为县级人大必须行使好宪法和法律赋予的职权职责，发挥好在基层法治建设中的作用，保证和巩固党对基层法治建设的领导。

其二，坚持把基层法治建设作为建设社会主义法治国家的基础。改革开放以来，我国法治建设取得了显著成就，中国特色社会主义法律体系已形成，执法体系已建立，有法可依、有法必依、执法必严、违法必究的社会主义法治要求不断深入贯彻落实，全民学法、知法、守法、用法氛围日益浓厚。从依法治国的基本方略到全面依法治国的制度安排，充分说明我国明确全面依法治国的总目标是建设中国特色社会主义法治体系，建设社会主义法治国家。要实现建设中国特色社会主义法治体系、建设社会主义法治国家的总目标，必须要从基层基础抓起。基层是各类社会活动的主要场域，也是法治建设整体推进的基础环节，有了坚实的基层法治建设基础，就能更好地推进法治中国建设，实现全面依法治国。当前我国正处于实施“四个全面”战略的关键时期，深化改革进入攻坚期，小康社会建设进入决胜期，各类社会矛盾叠加，经济形势错综复杂，尤其是面对一些法律制度尚待完善、法律权威还未真正确立的社会现实，不断加强基层法治建设，充分调动人民群众投身依法治国实践的积极性和主动性，使基层人民群众都成为法治的忠实崇尚者、自觉遵守者、坚定捍卫者，从而筑牢建设社会主义法治体系的坚实基础，显得特别紧迫和重要。县级人大在基层法治建设中必须将此作为一项原则予以坚持，不断推进全面依法治县进程。

其三，坚持把基层法治建设作为实施乡村振兴战略和全面建成小康社会的保障。党的十八大提出到2020年全面建成小康社会的奋斗目标，十九大提出实施乡村振兴战略，走中国特色社会主义乡村振兴道路，这是我们党向人民、向历史作出的庄严承诺。十八大以来，在统筹推进“五位一体”总体布局、协调推进“四个全面”战略布局中，农村改革取得新突破，城乡发展一体化迈出新步伐，农村公共服务和社会事业达到新水平，脱贫攻坚开创新局面，农村社会焕发新气象。然而，城乡发展不平衡，农村发展不充分，在农村、特别是在贫困地区，农村基层改革的任务和扶贫攻坚任务艰巨复杂、政策性强、涉及面广，很多工作都是牵一发而动全身，需要妥善调整和处理很多的利益关系。特别是面对农村集体产权制度改革，农业供给侧结构性改革，农产品收储制度和价格形成机制改革，农业农村“放管服”改革，以及收入分配、社会保障、医药卫生、均衡教育、户籍身份等改革任务时，迫切需要加快基层法治建设，把法治作为深化改革的基本方式和重要载体，在法治下推进改革，重塑城乡关系，建立健全城乡融合发展体制机制和政策体系，巩固和完善农村基本经营制度，在改革中完善法治，在法治轨道上化解矛盾，有效保障改革平稳推进，确保2020年如期实现小康社会，实现“十三五”规划目标，开启全面建设社会主义现代化国家的新征程。

其四，坚持把基层法治建设作为加强基层民主政治建设和维护广大人民群众根本利益的途径。理论和实践反复证明，民主为法治奠定基础，法治为民主提供保障，必须协调推进民主与法治进程。民主和法治是宪法机制良性运行的双翼，联为一体，不可分割。党的十八届四中全会作出全面依法治国部署，党的十九大对深化全面依法治国实践提出新的要求，都是为了更好地发扬社会主义民主，更有效地实现和保障人民当家作主。加强县域基层法治建设，就是要保证人民群众有效参与民主决策、民主管理、民主监督，让群众依法参与到基层民主政治建设中来，不断促进基层群众自治组织建设，提高基层民主监督的能力与水平。只有扎实抓基层法治建设，才能丰富基层民主形式，拓宽基层民主渠道，扩大公民有序政治参与，发展和健全人民民主。显然，基层民主政治建设需要通过基层法治建设来促进发展。同样，最广大人民的根本利益，必须通过基层法治建设更好地实现和维护。党的十八大以来，习近平总书记始终把人民放在心中最高的位置，强调把体现人民利益、反映人民愿望、维护人民权益、增进人民福祉作为治国理政的根本宗旨。十八届四中全会《关于全面推进依法治国若干重大问题的决定》把“以人民为主体”作为中国特色社会主义法治的基本原则，强调“必须坚持法治建设为了人民、依靠人民、造福人民、保护人民，以保障人民根本权益为出发点和落脚点，保证人民依法享有广泛的权利和自由、承担应尽的义务，维护社会公平正义，促进共同富裕”。然而，在现实生活中，一些地方因征地拆迁、土地流转、资源开发、环境污染等问题，引发利益冲突，有的是管理部门对发展进程中的相关问题处理不当，损害群众切身利益导致群体性事件发生。群众的民主意识、权利意识、法律意识、监督意识在不断增强，对依法行政、公正执法和司法、党务政务财务公开的要求日益提高。因此，要维护好广大人民群众的切身利益，必须充分发挥法治的作用，真正形成办事依法、遇事找法、解决问题用法、化解矛盾靠法的良好法治环境，让法治成为人民群众维护合法权益的正确途径，让法治成为社会治理的重要办法。

二　全椒县人大积极推进与加强法治建设的主要实践

全面推进依法治国战略，关系到加快建设社会主义法治国家和中国特色社会主义事业长远发展。基层社会法治建设的程度和状况如何，直接影响着整个国家依法治国的进程和水平，因此，积极推进县域法治建设是国家法治建设中的重要目标任务。发挥好县级人大在法治建设中的作用，实现依法治县和建设法治国家的目标，成为县域推进法治建设的重要实践。近年来，全椒县人大及其常委会依据宪法和法律规定行使职权，在法治建设实践中发挥了重要作用。

（一）依法决定重大事项，促进决定权的有效实施

党的十八届四中全会明确提出，依法治国，首先是依宪治国。根据我国宪法和地方组织法相关条款的规定，县级人大及其常委会有对本行政区域内各种重大事项作出决议决定的权力。这项决定权，是人民群众通过自己的代表参与管理国家事务的重要体现。县级人大及其常委会对本行政区域内法治建设中带有根本性、全局性、长远性的问题和人民群众关注的问题及时作出决议决定，是发挥县级人大在法治建设中作用的重要体现，也是落实宪法法律规定、推动依法治县的必然要求。全椒县为保障县人大常委会行使讨论、决定本行政区域内重大事项的职权，根据《中华人民共和国宪法》和《中华人民共和国地方各级人民代表大会和地方各级人民政府组织法》以及《中华人民共和国各级人民代表大会常务委员会监督法》等有关法律法规的规定，并结合实际，于2012年2月在全椒县第十五届人大常委会第一次会议上通过了《全椒县人民代表大会常务委员会讨论决定重大事项的规定》，明确在本行政区域内的政治、经济、教育、科学、文化、卫生、环境和资源保护、民政、民族等方面，带有根本性、全局性、长远性以及涉及人民群众切身利益和人民群众普遍关心的重大事项应当由县人大常委会讨论决定。其中，本行政区域内的重大事项，应当提请县人大常委会会议审议，并作出相应的决议、决定的有9项；本行政区域内的重大事项，应当向县人大常委会报告，由县人大常委会会议审议，并根据情况提出审议意见或作出决议、决定的有15项。如对批准国民经济和社会发展计划、预算执行情况，对“一府两院”行使职权情况的评价及确定而形成的决议；为全面贯彻落实《中共全椒县委关于开展“法治全椒”创建工作的决定》，着力推进“法治全椒”创建工作健康有序开展，十四届人大常委会第十五次会议听取了县政府关于开展“法治全椒”创建工作情况的报告，经过认真审议，作出《关于开展“法治全椒”创建工作的决议》；全椒县第十四届人大常委会第十九次会议通过《全椒城市总体规划（2008—2030）的决议》，全椒县第十五届人大常委会第十八次会议审议批准了《全椒县生态县建设总体规划（2012—2020）》。县人大常委会还围绕人民群众反映强

烈的热点问题，针对代表建议作出决议办理，如人大常委会《关于批准县政府实施新龙河防洪治理工程》的决定等。在全椒县十五届人大常委会五年任期内共作出财政预决算、城乡规划、法治建设、民生事业等方面决议决定92项①。依法行使人大的重大事项决定权，既体现了人大积极履行职责，有力推进决策的科学化、民主化，也有利于并推动法律的有效实施。

（二）严格选举任免程序，促使选举、任命的干部依法履职

选举任免是县级人大及其常委会根据宪法和法律规定的权限和程序，依法对本级国家机关领导人员及其组成人员进行选举、任命、罢免、免职、撤职、接受辞职等诸种权力。如何正确行使这项权力关系到县域发展等重大问题，而依法制定选举任免程序是保证这项权力能否正确行使的前提。因此，为了任命和选举政治坚定、业务精通、作风过硬，能够担当严格执法、依法行政、依法办事责任的国家机关相关工作人员，县人大及其常委会在行使干部选举任免权时，要始终坚持党管干部和人大依法选举任免相统一的原则，正确履行人大人事选举任免的权力。党的十八大以来，全椒县人大常委会依法采取积极举措，任命前对“一府两院”提请任命的人员进行调查了解，对其任职条件进行审查，全面掌握德能勤绩廉的情况；严格按照任免程序，避免个别领导干部“带病”交流、提拔；加强对选举、任命人员的任后监督，对他们依法行政、公正司法、勤政廉政情况开展述职评议。通过听取履职报告、干部谈话、填写履职满意度测评表、召开反馈会等方式，监督政府职能部门负责人及两院副职领导在贯彻执行宪法、法律、法规、政策和县人大及其常委会的有关决议、决定，以及履行职责等方面的情况。通过评议测评检查，既不断增强了选举或任命领导干部的公仆意识，提高了正确行使权力、严格依法行政、科学从政、廉洁从政的自觉性，也增强了政府职能部门的服务意识和工作效率。

① 参见全椒县人民代表大会常务委员会工作报告（2017年1月）。

（三）加强和改进人大监督工作，促进权力规范运行

人大监督工作是宪法和法律赋予人大的监督权，因而人大及其常委会实施的监督，是国家监督体系中最高层次的、最具权威的、具有法律效力的监督。其实质就是在党的领导下，通过完善监督机制，从制度上保证国家权力按照人民的意志和需要运行。全椒县人大常委会致力于不断完善监督工作机制，制定了《全椒县人大常委会审议意见交办督办办法》《全椒县人民代表大会常务委员会开展专题询问实施办法》《全椒县人大常委会年度听取和审议专项工作报告并进行工作评议实施方案》《全椒县人大常委会2017年度县政府部分工作部门人员履职点评对象确定办法》等规范性文件，使人大及其常委会监督工作进一步走向制度化、程序化和规范化；在开展监督之前要作深入细致的调查研究，彻底了解清楚事情的真相，弄清事实发展的来龙去脉、前因后果，做到监督有的放矢，提高监督实效；敢于和善于在依法依规监督上下功夫。比如为推动县人大常委会主任会议组成人员领衔督办的重点代表建议落到实处、办出结果，提高代表对建议办理工作满意率，根据县人大常委会统一安排，2017年8月，县人大常委会一名副主任带领部分县人大常委会委员、提出建议的县人大代表以及县政府督查室负责同志对县卫计委主办的“深入推进农村医药卫生体制改革”建议进行督查。督查组深入二郎口镇中心卫生院、县妇幼保健计划生育服务中心进行了实地察看，详细了解了基层卫生队伍建设、基本医疗和公共卫生服务开展、分级诊疗、财政投入、村医待遇改革中面临的困难和问题，以及下一步深化医改工作安排，走访征求了县人大两名代表对建议办理情况的意见，听取了县卫计委主任办理重点代表建议的工作汇报。督查组此次督查充分肯定了县卫计委的代表建议办理工作，提出建议代表表示非常满意，有利于在深化农村医改中进一步坚持问题导向，把群众利益放在心上、抓在手上，不断推进全县农村医改工作再上新台阶。当然，监督要寓于支持之中，监督的目的是督促“一府两院”依法行政、公正司法，共同推进县域经济社会又好又快发展。历年来尤其是近几年来，全椒县人大常委会把保障宪法和法律在全县的实施作为法律监督的重点，围绕人民群众普遍

关注的热点问题，采取听、查、看、访等方式，集中代表先后对《食品安全法》《安全生产法》《加强镇级自来水厂管理，逐步实施城乡一体化供水工程》等多部法律法规的实施情况进行检查，充分发挥法律监督在保障民生、落实民权、维护民利方面的作用，有力地促进“一府两院”依法行政、公正司法，推动形成良好法治环境，加快依法治县进程。

（四）充分发挥人大代表主体作用，促进法律和人大决议决定的贯彻实施

人大代表的作用，主要是围绕人民代表大会的职权，充分行使法定的权利，努力把人民的意志及时转变为国家意志，更好地体现人民的根本利益，实现人民当家作主。人大代表是我国民主政治建设中一支重要的力量，在依法治国、建设社会主义法治国家的进程中，肩负着重要使命。全椒县第十六届人民代表大会有200多名人大代表分布在全县10个镇[①]，这些代表都是通过直接选举产生的，与老百姓的联系也最为紧密。发挥好人大代表的主体作用，促进法律和人大决议决定的贯彻实施极为重要，也成为人大在法治建设中发挥作用的重点工作。从2012—2017年的五年间，县人大共督办代表意见建议392件，代表满意率超过95%；邀请代表列席常委会会议76人次，参加视察调研、执法检查等活动305人次[②]。根据《中华人民共和国全国人民代表大会和地方各级人民代表大会代表法》的有关规定和落实滁州市人大关于“一个载体、两项制度”[③]建设工作会议精神，充分发挥代表作用，扎实推进“一个载体、两项制度”建设，县人大制定关于扎实推进“一个载体、两项制度”建设的实施意见。为密切县、镇人大代表同原选区选民的联系，制定人大代表活动室、人大代表联系选民等办法。现已将人大代表活动室改为“代表工作室”，并规范其建设，使人大代表联系选民等各项工作规定化、常态化，不断增强代表的责任感和使命感，在实施依法治理、建设法治村（居）过程中发挥模范带头作用。如该县大墅镇有

① 全椒县第十六届人民代表大会、第十五届人民代表大会代表名单[EB/OL].[2017-03-08].http://www.ahqjrd.gov.cn/rendagaikuang/daibiaominglu/2017-03-08/2367.html.

② 参见2017年全椒县人民代表大会常务委员会工作报告。

③ “一个载体”即人大代表活动室，“两项制度”即代表接待选民制度和代表向选民述职制度。

县、镇人大代表共88人，分别编在原选区10个小组参加活动[1]，既便于代表把选民的建议、意见、批评、诉求等通过代表工作室定期集中反映上来，又能使选民的意见或利益诉求及时得到解决。不仅如此，全椒县注意组织代表学习宪法以及组织法、代表法、选举法等有关人民代表大会制度的基本法律，掌握行使代表权利、履行代表职责的必备知识，以便在参与制定、审议通过以及监督实施某个具体法律法规的过程中，能够运用这些基本精神和原则作出自己的判断，发挥应有的作用；积极为代表执行代表职务提供必要的条件和服务；促进人大代表自觉地、主动地发挥自己在基层法治建设中的作用。

（五）全力支持司法体制改革，促进司法公正

“深化司法体制综合配套改革，全面落实司法责任制，努力让人民群众在每一个司法案件中感受到公平正义。”这是习近平总书记在党的十九大报告中对司法体制改革提出的努力目标和明确要求，也是人民群众的殷切期盼。长期以来，由于多种因素影响，司法不公、冤假错案、司法腐败以及金钱案、权力案、人情案等时有发生，人民群众反应强烈，司法管理体制和司法权力运行机制积累不少问题，影响社会公平正义的实现和全面依法治国进程。作为县级人大，在履行宪法和法律规定职责，全力支持司法体制改革，促进司法公正方面，责任重大。为此，全椒县人大常委会制定了《全椒县人大常委会人大代表旁听法院庭审制度》《全椒县人大常委会关于加强县检察机关人民监督员试点工作的决议》《全椒县人大常委会司法类案评议暂行办法》等，规定每年随机选择25名代表旁听案件庭审，适时听取和审议县法院、县检察院专项工作情况报告，配合滁州市人大来全椒县调研不捕不诉案件办理工作，调研县检察院民事行政检察工作，强化司法监督，规范司法行为，促进司法公正[2]。同时，全椒县人大常委会按照县委安排，积极创新对政法部门目标任务的精准化个性化考核监督机制，寓监

---

① 全椒县大墅镇完善代表活动室建设[EB/OL].[2012-06-15].http://www.ahqjrd.gov.cn/rendadaibiao-huodong/qita/2012-06-15/725.html.

② 参见2016年全椒县人民代表大会常务委员会工作报告。

督于全力支持该县司法体制改革过程中。根据滁州市委全面依法治市领导小组近几年工作要点中“严格公正执法，维护社会公平正义”所包含的“推进司法体制改革、加强司法规范化建设、提高司法公信力”精神，制定全椒县人民法院、人民检察院、司法局专项目标管理考核方案，把进一步建立完善公正司法和严格执法的体制机制作为县重点法治改革工作并不断推进。全椒县人大常委会积极发挥法律监督职能特点和优势，紧紧围绕工作要点，针对司法机关的工作特点，在规范执法行为、实施司法改革试点方面设计精准化个性化的考核机制，有力促进司法部门的严格执法、公正司法和全面加强依法治县工作。主要考核内容包括队伍建设、推进司法体制改革、强化审判质效、提升办案质量和案件执行成效、法律宣传教育等。把对司法部门年度专项工作考核的结果按一定比例列入年度综合目标任务管理考核的总分值，作为年终奖惩依据。

由于监督和支持到位，全椒县的司法体制改革取得了初步成效。如全椒县人民法院在近年巩固改革成果取得较好成效的基础上进一步推进司法改革，提升司法公信力，包括以司法责任制为重心，推进审判权运行机制改革；以落实员额制为重点，推进人员分类管理改革；以保障当事人诉权为目标，推进立案登记制改革；以动员社会力量化解矛盾为引领，推进多元化纠纷解决机制改革；等等。通过改革，案件平均审理天数减少，法定审限内结案率和当庭裁判率、陪审率同比上升，发回改判率同比下降，司法改革成效明显[①]。该县人民检察院牢牢把握“强化法律监督、维护公平正义”的检察工作主题，忠实履行宪法和法律赋予的职责，强化监督制约机制，着力解决执法不规范的突出问题，不断提升司法公信力，不断推进案件管理体系建设，扎实开展规范司法行为专项整治工作，如积极推进“三个清单”工作措施，将办案流程操作清单、办案时限清单、法律文书统一格式清单统一制作成办案指导，推进减少案件审批层次等改革措施，提高办案效率。这些做法和措施使县检察院司法更加规范、公正、高效，司法公信力明显提升，获得“全省先进基层检察院”等多项荣誉[②]。全椒县司法

① 参见2017年全椒县人民法院工作报告。

② 参见2017年全椒县人民检察院工作报告。

局在全椒县人大常委会的支持与督促下，积极开展规范化司法所创建工作，制定《全椒县“省级示范司法所”考评细则》，推进司法所“六室”标准，建立司法所和律师事务所“双所联动”机制，提升司法所人员的素质。注重开展好法治宣传、社区矫正、法律援助、人民调解、法律服务等业务工作。法治宣传网络进一步扩大，在各社区、学校布建法治辅导，随时提供为群众解忧、解困、解难的平台。截至2017年，全县建成各类调解组织137个，其中县级调解中心1个，镇调委会10个，村（社区）调委会114个，专业调委会12个。2017年1—8月，全县各级调解组织接待受理各类矛盾纠纷2944件，调解成功2885件，调解成功率98%[①]。

三　全椒县人大重视与加强法治建设的主要经验

加强县域法治建设是推进全面依法治国的根本要求，也是县级人大的最主要职责。党的十八大以来，在以习近平同志为核心的党中央的领导下，以新时代中国特色社会主义思想为指导，在贯彻落实《中共中央关于全面推进依法治国若干重大问题的决定》和《中共全国人大常委会党组关于加强县乡人大工作和建设的若干意见》过程中，全面推进依法治国不断取得新成效。全椒县人大紧密结合该县实际，积极探索，勇于实践，积累了县级人大推进法治建设的有益经验。

（一）自觉接受县委领导，确保并促进人大在法治建设中的作用发挥

坚持和依靠党的领导，是坚持和完善人民代表大会制度的根本原则，也是发挥县级人大在法治建设中作用的根本要求。十二届全国人大三次会议人大常委会工作报告强调，要始终把坚持党的领导贯彻于人大工作各方面、全过程。这是加强县级人大组织建设和提高人大及其常委会工作水平，有效履行职权的基础和首要环节。近年来，全椒县人大及其常委会严格遵循党的领导的原则，摆正党的领导与依法行使职权的关系，从巩固党的执

① 全椒县司法局多举措加强人民调解工作[EB/OL].[2017-08-21]. http://www.ahsft.gov.cn/4229047/6380268.html.

法地位的高度，按照县委的意图和人民的意志开展工作，保证人大在法治建设中的正确方向。首先，认真领会和贯彻县委关于全县事务的重大政策和意图，把握县委决策精神，主动融入，主动对接，及时把县委的主张通过法定程序变成人民意志，动员和组织全体人民去实现。在干部任免工作上坚持把贯彻县委意图和充分发扬民主、严格依法办事统一起来，正确行使权力。其次，建立健全向县委请示汇报制度。人大及其常委会开展的法治工作以及重大问题的决定决议，都事先向县委请示，在行使职权中遇到的问题，及时向县委报告，县委定期听取人大常委会工作汇报，研究解决人大工作中的重要问题。县委的重视、关心和支持，保证了人大工作有位有为。最后，人大及其常委会党组在贯彻落实县委决策和意图中发挥政治保证作用，把保证县委重大决策的贯彻落实作为自己的重要职责，以实际行动维护县委的领导，保证县委对人大工作领导的实现。

（二）用法治思维引领改革，坚持服务发展大局，推进法治建设进程

坚持用法治思维和法治方式推进改革、服务大局、促进发展，大力弘扬法治精神，全力承担推动依法治县的职责，奋力当好宪法法律的维护者、遵纪守法的带头者、法治全椒建设的服务者和推动者，这是全椒县人大法治建设的又一经验。多年来，全椒县人大及其常委会在改革与法治进程中，以宪法和法律法规为准绳，致力于把县级人大工作与全面依法治县工作有机结合，始终把推进依法治县、服务发展大局作为人大工作第一责任。在经济形势分析评估中，突出有关审议意见和决议决定的跟踪督办，关注对重点项目建设、重点领域改革、民生工程等方面的法律法规实施情况督促检查。不断强化法制宣传教育，把法制教育与法治实践紧密结合起来，广泛开展法治治理活动，提高社会治理管理水平。把法制教育与法律监督工作紧密结合起来，使法制宣传教育、法律监督的过程成为普法宣传、普及宪法法律、弘扬法治精神的过程。“七五”法制宣传教育开局之年，就提出要丰富创新法治宣传教育的形式和方法，加强重点对象的法治宣传教育，充分运用执法检查、听取审议专项工作报告及代表视察调研等形式，加强对法治宣传教育工作的监督检查，保证“七五”普法教育决议得到贯彻

落实。

（三）凸显法治建设与依法治县的重点，把加强依法监督作为人大工作第一任务

认真履行宪法法律赋予的监督职责，依法加强对法律法规实施情况的监督，切实加强对“一府两院”的监督和支持，确保依法行政、公正司法，确保法律法规得到有效实施，这是县级人大及其常委会依法行使职权和履行职责的重要内容，也是全椒县加强法治建设与依法治县工作的重中之重。近年来，全椒县将全面小康社会建设、精准扶贫和精准脱贫工作纳入县人大重点监督的工作内容，通过调研、培训、审议专题报告、专题询问等方式，监督政府及其部门履行职责，为打赢扶贫攻坚战奠定了坚实基础；针对依法行政过程中出现的不规范问题，及时向政府提出整改意见和建议，监督政府着力加强依法行政工作，对群众反映强烈、社会影响大的典型违法案件，监督“两院”依法纠正；还针对县域重大项目加强跟踪性的工作监督。不仅如此，人大常委会通过召开专题督办会、现场督办、对口督办、定期听取代表意见建议办理情况报告等方式，督促县政府及有关单位认真办理代表意见建议，推动代表意见建议落实。全椒县第十五届人民代表大会期间，县人大共听取审议“一府两院”专项工作报告125项，对19个单位开展工作评议，对县卫生局、民政局、人社局3个部门主要负责人履职情况开展点评，并进行满意度测评，对21部法律法规实施情况开展执法检查，开展视察调研131项，备案审查规范性文件146件，配合上级人大视察调研、执法检查等79批次①。可以说，全椒县人大始终把加强依法监督作为人大工作第一任务，有力推进了依法治县进程，维护了社会和谐稳定与公平正义。

（四）重视人大常委会自身建设，提高常委会履职能力和治理水平

县级人大在县域法治建设中处于十分重要的地位，其重要的职责是保证宪法、法律、法规在本行政区域内贯彻实施，在法治建设中的作用发挥

① 参见2017年全椒县人民代表大会常务委员会工作报告。

得如何，在很大程度上取决于人大常委会组成人员的法治水平。党的十九大报告明确指出，要“使各级人大及其常委会成为全面担负起宪法法律赋予的各项职责的工作机关，成为同人民群众保持密切联系的代表机关”，必须加强人大常委会的自身建设，这是提高人大履职和依法治县水平的关键。近些年来，全椒县人大坚持常委会中心组学习制度和机关学研例会制度，带头尊法、学法、守法、用法，把学习法律知识与增强法治理念结合起来，修订常委会会议议事规则、主任会议议事规则、常委会组成人员联系代表办法、审议“一府两院”工作报告办法、讨论决定重大事项办法等16项规章制度，使常委会依法履职的制度体系进一步完善，保证了人大常委会的各项工作有章可循、有序开展①。建立专项工作报告票决制，并改进和完善会议制度、联系代表制度以及代表视察调研、培训学习和议案建议办理制度，提高人大工作规范化、程序化、制度化水平，为推进民主法治建设、加快依法治县进程发挥了能动作用。

四　充分发挥县级人大在法治建设中作用的几点思考

全椒县人大及其常委会依法治县，在基层法治建设中取得了显著成效，并积累了有益经验。但在深化依法治国实践，实施乡村振兴战略，决胜全面建成小康社会，开启全面建设社会主义现代化国家新征程中，县级人大及其常委会如何将法治建设引向深入，解决依法治县实践中存在的一些问题和不足，进一步提升基层法治建设成效，有力推进建设社会主义法治国家进程，还需要在理论与实践上作出深入探讨与思考。

（一）用习近平新时代中国特色社会主义思想引领法治建设新实践

习近平总书记在十九大报告中用八个“明确”精辟概括和深刻阐述了新时代中国特色社会主义思想的精髓，每一个“明确”都从理论和实践结合上言简意赅地回答了新时代坚持和发展什么样的中国特色社会主义、怎样坚持和发展中国特色社会主义的重大问题，求真务实地回应了人民对党

① 参见2017年全椒县人民代表大会常务委员会工作报告。

的创新理论期盼。八个“明确”中的每一项都与法治有着紧密的逻辑关联，都对依法治国和法治建设有着重大而深远的指导意义，也是县域法治建设和依法治县的根本遵循、指导思想。因此，县级人大及其常委会要想充分发挥好在法治建设中的作用，就必须深入学习和领会习近平的新时代中国特色社会主义思想，以此指导人大及其常委会工作的整个过程和法治建设的各个方面。尤其是习近平总书记关于“我国社会主要矛盾是人民日益增长的美好生活需要和不平衡不充分的发展之间的矛盾”的论断，对我国新时代法治建设具有根本性、决定性指导意义。我国总体上已经实现小康，不久将全面建成小康社会，人民美好生活需要日益广泛，不仅对物质文化生活提出了更高要求，而且在民主、法治、公平、正义、安全、环境等方面的要求日益增长。也就是说，随着新时代社会主要矛盾的变化，人民日益增长的对民主法治的需求、对法治品质的要求、对公平正义的期待、对安全保障的法律依赖与法律优质产品供给不足、执法不严、司法不公、监督不力、权力制约失衡、权利保护缺位、法治发展不平衡之间的矛盾凸显①。这些发展不平衡、不充分矛盾的存在，不仅关联决胜全面建成小康社会和实施乡村振兴战略，也给县级人大及其常委会法治建设工作提出了更多挑战和新的要求，在统筹推进“五位一体”总体布局、协调推进“四个全面”战略布局中，必须以党的十九大精神为指导，深入贯彻习近平新时代中国特色社会主义思想，科学把握和精准分析新时代县域法治建设中出现的新变化，以提升对法治现代化建设重要性的认识，提高法治满足人民需要的能力。

（二）完善机制、规范程序，优化重大事项决定权的有效行使

重大事项决定权是人大及其常委会的基本职权，也是政治民主化、法治化的重要载体。依法、全面、有效、正确地行使决定权，对于引领和保障改革，推进经济社会全面协调发展，贯彻依法治国方略，完善县人大职能和发挥其应有作用至关重要。然而重大事项决定权在实践中缺乏有效的

① 张文显.新思想引领法治新征程——习近平新时代中国特色社会主义思想对依法治国和法治建设的指导意义[J].法学研究，2017(6)：3-20.

运行机制，急需进一步探讨和改进。

一要完善科学高效的权力运行机制。建立和完善科学高效的权力运行机制，对于确保县级人大真正成为讨论决定重大事项的权力机关具有重要作用，这就需要进一步理顺人大与县委县政府三者之间的关系。而处理好人大与县委决策权的关系，是建构权力运行机制的关键所在。县委决策是人大确定重大事项的政治依据、指导原则和行动方向，要始终把重大事项决定权的行使置于党委的领导下。人大对县委的重大决策部署，要主动地有所“呼”、有所“应”，通过法定程序及时转化为人大的决议决定。县人大常委会党组要发挥领导核心作用，建立健全向党委请示汇报制度，把执行党委决策和依法履行职责结合起来，使党的决策部署转化为国家意志的法治途径更加畅通。政府要尊重并依法执行人大及其常委会作出的决定决议，人大行使重大事项决定权，是代表人民管理国家事务的体现，不是要对行政工作进行直接干预。属于政府行政权范围的事项，政府可自行履行，人大不得代为履行；应由人大讨论、决定的重大事项，政府不能以“提高效率”为由，自行决定，要按照法定程序提交人大进行讨论、决定。

二要科学界定重大事项的范围。界定好重大事项范围是有效行使这项决定权的前提和基础，这是理论问题，也是实践问题。是否构成重大事项决定权的范围，既要看是否是宪法、法律、法规明确规定的事项，又要看是不是县域内经济社会发展全局性、长远性、根本性的事项和人民群众普遍关注、迫切要求解决的事项，还要看是否是人大认为需要讨论、决定的其他事项。在此基础上，从县域内实际出发，建立和完善界定重大事项范围和确定重大事项的制度和机制，并编制应由人大讨论、决定的重大事项目录，设置重大事项项目库，明确权属。

三要进一步规范重大事项决定的程序。决定权的有效行使离不开程序的规范，程序合法规范为决定权行使提供保障。规范重大事项决定权的程序，主要涉及提出重大事项的启动程序、调研程序、审议决定程序和督促检查程序。启动程序主要是明确有权提出重大事项的主体范围，以及设定重大事项的初审程序；规范重大事项调研程序，是对拟决定的重大事项的调查部门与人员组成，调研论证后形成报告并拟出决议决定草案稿等的规范；规范审议决定程序，主要是对报告的合法性、必要性和可行性进行审查后决定是否提交人大常委会会议审议，人大常委会对重大事项审议后作出决议决定后，应及时予以公布；规范督促检查程序，主要是规范在决议决定执行过程中，运用听取审议专项工作报告、执法检查、视察等多种监督手段，确保决议决定得到有效落实，以维护人大决议决定的严肃性、权威性和法律效力。

（三）加强和改进人大监督的执法力度，提高监督的实效性

人大监督是代表国家和人民进行的具有法律效力的监督，是国家监督体系的重要组成部分，是县域法治建设的最直接体现和重要部分。近年来，县级人大及其常委会认真贯彻实施《监督法》[①]，积极探索，大胆创新，务实求效，监督工作取得了明显成效，为加强社会主义民主和法治建设，保障和促进地方经济社会发展发挥了重要作用。面对新时代新形势新要求，必须认真履行好宪法和法律赋予的职责，进一步加强和改进人大监督的执法力度，提高法律监督的实效性。

一要规范备案审查，进一步确保法制统一。县级人大及其常委会没有立法权，但有规范性文件的备案审查权。规范性文件备案审查制度是法律赋予地方各级人大常委会的一项监督职权，是维护社会主义法制统一、增强监督效能的一项重要制度，也是加强与改进县级人大监督执法工作的明确要求。由于种种原因，一些县级人大常委会在积极稳妥开展备案审查工作中，不同程度地存在着程序不完善、对象不明确、审查不严格以及报备不及时和备而不审的问题，也就是说在推进依法治国进程中应有的积极作用没有得到真正有效的发挥。党的十八届四中全会《关于全面推进依法治国若干重大问题的决定》指出，加强备案审查制度和能力建设，把所有规范性文件纳入备案审查范围，依法撤销和纠正违宪违法的规范性文件，禁止地方制发带有立法性质的文件。因此，县级人大常委会要根据中央的要求，必须对规范性文件备案审查制度加以重视和改进。既要积极健全备案

① 全称为《中华人民共和国各级人民代表大会常务委员会监督法》（2006年8月27日第十届全国人民代表大会常务委员会第二十三次会议通过）。

审查机构，充实备案审查力量，完善规范性文件备案审查机制和程序，又要加大主动审查力度，增强审查刚性要求。“一府两院”出台的规范性文件要及时向县人大常委会报备，县人大常委会应与政府法制工作机构一起，推动建立规范性文件的备案审查衔接联动机制，建立备案审查线索转送、征求意见、联合审查、信息沟通等制度，形成审查监督合力，为维护国家法制统一提供可靠的制度保障，也为提高法律监督成效奠定基础。

二要加强执法检查，进一步推进严格执法。要进一步加强对法律法规实施工作的监督，坚持围绕县委工作中心，围绕影响决胜全面建成小康社会、经济建设和全面深化改革发展中的重大问题，围绕人民群众普遍关心、反映强烈的热点难点问题，选准项目，如行政审批制度改革、养老服务体系建设、生态环境治理、精准扶贫等，综合运用执法检查、专项审议、专题询问等方法。要坚持创新监督方式方法，通过听取汇报、召开座谈会、实地走访、问卷调查、民意测验等形式，更加全面地了解和掌握真实情况，扩大监督影响的广度和深度，保障宪法和法律的正确实施，推动县级各单位、各部门在法治轨道上开展工作，严格遵循法律，自觉运用法律，在法律的框架内依法行权、依法履职、依法办事，善于运用法治的手段推进法律的实施，善于运用法律的方式维护法律的尊严和权威。

三要强化司法监督，进一步维护司法公正。围绕推进公正司法、深化司法体制改革，改进和创新人大对司法工作的监督。要加强工作监督，除了听取专项工作报告外，还要加强工作视察，必要的时候可以开展询问，通过人大监督司法机关公正执法办案，进而树立司法机关的权威，维护司法公信力。要加强人事监督，做好司法机关拟任人员的任前考试考核工作，把握好任职条件和标准，规范司法队伍。要督促落实推进司法体制改革的各项措施，健全司法权力运行机制，着力监督司法机关阳光司法、廉洁司法、高效司法，促使司法机关公正司法，“让人民群众在每一个司法案件中感受到公平正义”。

四要推进监察体制改革，确保监察全覆盖。党的十九届二中全会公报指出，“国家监察体制改革是事关全局的重大政治体制改革，是强化党和国家自我监督的重大决策部署，要依法建立党统一领导的反腐败工作机构，构建集中统一、权威高效的国家监察体系，实现对所有行使公权力的公职人员监察全覆盖”。在中央统一部署下，已由各地人民代表大会选举产生了县级监察委员会。依据十三届全国人大一次会议通过的《国家监察法》的规定，国家监察委员会成员由人民代表大会选举或者任命，人民代表大会可以质询、罢免、监督监察委员会成员。监察委员会由人大产生，对人大负责，接受人大监督，这是把党的监督和人民的监督有机结合在一起的重要方式。作为合署办公机构，纪委接受上级党委、上级纪委的党内监督，监察委员会接受人大的监督，本质上它是一个权责一致、接受监督制约的机构。监察委员会履行监督、调查、处置职责，与执法、司法机关有机衔接、相互制衡，实现依规治党和依法治国有机统一，把人大的监督权落到实处。在推进国家监察体制改革中正确行使职权，保障监察体系改革目标与任务的实现，以及监督和制约监察机关，是县级人大及其常委会面临的新课题，需要依据法律积极探索，从而改进和提高人大法治监督的实效性。

（四）抓牢法治建设中的“关键少数”，筑牢法治建设基础

发挥好人大在法治建设中的作用，必须用习近平新时代中国特色社会主义思想作指导，全面贯彻和深入推进依法治国战略，在积极履行人大职权职责中发挥好作用。而人大职权的行使和作用的发挥，是在人的主观能动作用下实现的。加强人大及其常委会自身建设，特别是抓好常委会组成人员“关键少数”，直接关系到县域整体法治水平的提升，也成为法治建设中的关键环节和重要任务。

一要进一步加强“关键少数”的自身建设，提升法治意识和领导力。2015年2月，习近平总书记在省部级主要领导干部学习贯彻十八届四中全会精神专题研讨班上特别提出了“关键少数”这一概念。他强调，各级领导干部在推进依法治国方面肩负着重要责任，全面依法治国必须抓住领导干部这个“关键少数”。领导干部对法治建设既可能会起到关键推动作用，也可能会起到致命破坏作用。如果我们的领导干部不能尊法学法守法用法，不要说全面推进依法治国、实现“两个一百年”奋斗目标、实现中华民族伟大复兴的中国梦，就连我们党的领导、我国社会主义制度都可能受到严

重冲击和损害。习近平还指出，领导干部提高法治思维和依法办事能力，关键是要守法律、重程序，这是法治的第一位要求。要牢记职权法定，明白权力来自哪里、界线划在哪里，做到法定职责必须为、法无授权不可为。要保护人民权益，这是法治的根本目的。要受监督，这既是对领导干部行使权力的监督，也是对领导干部正确行使权力的制度保护。习近平总书记强调，领导干部"关键少数"要尊法学法守法用法，是实现全面推进依法治国目标和任务的关键所在。作为县级国家权力机关的人大常委会是人大的领导机构，其组成人员就是国家权力机关的"关键少数"，能否抓住常委会组成人员这个"关键少数"，直接关系到整个县域法治建设的成败。因此，必须重视县级人大及其常委会自身建设，提升"关键少数"的法治意识。首先，要有组织、有计划地学习十三届全国人大一次会议通过的宪法修正案和法律法规，增强宪法观念，依照宪法法律行使职权，履行职责，开展工作，恪尽职守，廉洁奉公，提高自身履职水平。其次，加强制度建设，改进和完善会议制度、联系代表制度以及代表视察调研、培训学习和议案建议办理制度，努力使人大工作规范化、程序化、制度化。最后，转变作风，深入基层调查研究，听取群众和代表的意见，自觉接受人民群众监督。要把学习法律知识与增强法治理念结合起来，为推进民主法治建设、加快依法治县进程发挥自己最好的能动作用。

二要进一步提高人大代表履职水平，发挥好代表在法治建设中的主体作用。人大代表是国家权力机关的组成人员，是人大工作的主体，是人民利益和意志的代言人，是人民行使国家权力的实际承担者。人大代表的履职能力决定人大工作和法治建设的水平。只有不断提高人大代表的履职能力，才能使其在法治建设中起到促进和保障作用。习近平总书记曾经深刻指出："中国260多万各级人大代表，都要忠实代表人民利益和意志，依法参加行使国家权力。"[①]这是对人大代表履职的要求，也是对发挥人大代表在推进法治建设和实现全面建成小康社会中的作用的要求。作为在全国各级人大代表中占比最多的县乡人大代表，绝大多数是普通公民而不是领导

① 习近平在庆祝全国人民代表大会成立60周年大会上的讲话[N].人民日报，2014-09-06.

干部，但在几十万甚至上百万人口的县域也算是公民中的“关键少数”，他们是通过直接选举产生的，与老百姓的联系也最为紧密，是具有特殊政治身份的人，在建设法治社会中具有重要地位，发挥着不可替代的作用。因此，必须加强基层人大代表素质能力建设，通过组织集中培训、以会代训等形式，提高代表履职的法治意识，尊法学法守法用法，忠实代表和服从最广大人民的根本利益，从而卓有成效地履行职务。重视代表履职平台搭建，建立代表联系人民群众工作室制度，坚持邀请代表列席常委会会议，参与执法检查、评议、视察、调研等制度建设，有序扩大代表履职渠道。还要重视代表议案建议督办，建立健全代表议案处理和建议办理制度，通过建立办理工作责任制、确定重点建议办理、听取汇报、调查视察和征求代表意见等形式，完善督办机制，加大督办力度，提高办理实效。

总之，走中国特色社会主义法治道路，建设社会主义法治国家，必须坚持依法治国、依法执政、依法行政共同推进，坚持法治国家、法治政府、法治社会一体建设，这是党的十九大对坚持全面依法治国与深化依法治国实践提出的总要求，也是基层法治建设、提高依法治县实效的原则和目标。作为县级人大及其常委会，要在党的十九大精神指引下，以宪法、法律规定为根据，依法行使好法律赋予的各项职权，开拓进取，扎实工作，积极探索，发挥好在法治建设中的作用，为推进依法治县进程，建设社会主义法治国家不懈努力。

论县域治理现代化的法治路径

——基于长丰县个案分析①

郇旭东　杨维成②

摘　要： 县域治理现代化是国家治理现代化最直观的体现。国家治理法治化是国家治理现代化的必由之路。依法治县是依法治国最直接、最具体、最重要的实践。本文选取长丰县作为研究对象，总结该县依法治县的生动实践，肯定成绩、查摆问题，为新形势下深入推进依法治县，实现县域治理现代化提出对策和建议。

关键词： 治理现代化　依法治县　法治路径

党的十九大报告明确指出，全面深化改革总目标是完善和发展中国特色社会主义制度、推进国家治理体系和治理能力现代化，这是新时代中国特色社会主义思想的重要内容。在现代国家，法治是国家治理的基本方式，是国家治理现代化的重要标志，法治化是国家治理现代化的必由之路。通过健全和完善国家治理法律规范、法律制度、法律程序和法律实施机制，形成科学完备、法治为基的国家治理体系，使中国特色社会主义制度更加成熟、更加定型、更加管用，并不断提高运用社会主义法治体系有效治理国家的能力和水平。党的十八届四中全会提出推进法治社会建设的重大任

---

① 基金项目：安徽省高校人文社会科学研究重大项目《政府与市场关系重构下的当代中国民生问题研究》(SK2016SD36)阶段性成果。

② 郇旭东：毕业于安徽师范大学思想政治教育专业，现为蚌埠学院教授，马克思主义学院院长。杨维成：长丰县司法局局长、普法办主任。

务，强调推进多层次多领域依法治理，提高社会治理法治化水平①。

县是国民经济和社会发展的基本单元，也是国家治理体系中的基本单元，扮演着承上启下、沟通条块的重要作用。县域治理现代化是国家治理现代化的应有之义，是国家治理现代化最直观的体现。依法治县是依法治国最直接、最具体、最重要的实践，对于扎实推进多层次多领域依法治理，推进法治社会建设，加快建设社会主义法治国家奠定坚实基础具有重要意义。

长丰县位于合肥市北部，跨越江淮分水岭两侧，居合肥、淮南、蚌埠三市之间，近几年来异军突起，在全省县域经济千帆竞发、百舸争流的竞争队伍中，走出了一条在全省贫困县中率先崛起的发展之路，进入了安徽省科学发展先进县、中部十强县行列，2016年成功跻身全国百强县。特别是依法治县、建设法治政府工作成效明显，3次被省委、省政府授予“全省平安县”称号，被评为“安徽省法治县（区）创建活动先进集体”和“安徽省社区矫正示范县”；县委政法委员会被评为安徽省“六五”普法先进集体；县人民检察院等5家单位被评为合肥市“六五”普法先进集体。认真调研和分析长丰县依法治县的实践成效，为推进依法治县提供了有益启示。

一　长丰县在依法治县过程中的实践探索

依法治县是依法治国在县级行政区划的体现，在县一级实施法律法规，制定规范性文件，从而推动县级经济、政治、文化等事业纳入法治轨道健康发展，为依法治国的实现奠定坚实的基础。简而言之，依法治县是依法治国的关键，依法治县能否实现决定着我国依法治国的进程。因此，依法治县问题的研究就显得尤为迫切。习近平总书记曾说：“现在，县级政权所承担的责任越来越大，需要办的事情越来越多，尤其是在全面建成小康社会、全面深化改革、全面依法治国、全面从严治党进程中起着重要作用。”②

① 汪永清.推进多层次多领域依法治理[N].人民日报，2014-12-11.

② 习近平.做焦裕禄式的县委书记[N].学习时报，2015-09-07.

自第六个五年法制宣传教育规划启动以来，长丰县依法治县工作取得了长足进步，“法治长丰”建设活动稳步推进，全县广大干部群众的法律意识和法律素质明显提高，法治化管理水平进一步增强，为加快经济社会跨越发展提供了有力的法治保障。

（一）建立健全工作机制，协调推进依法治理普法教育工作深入开展

（1）加强组织领导。县委、县政府高度重视“六五”依法治县普法教育工作，县委常委会、县政府常务会议多次对全县的依法治县普法教育工作进行专题研究。强化对普法工作的领导，成立了由县长任组长，县四大班子分管领导任副组长，有关部门主要负责人为成员的县依法治县普法教育领导小组。各乡镇、开发区、县直各单位也相应成立了组织机构和办事机构，明确专人具体负责，形成了全县严密的组织机构网络，为“六五”普法规划的顺利实施提供了组织保障。

（2）健全制度规范。结合工作实际，县委、县政府相继出台了《中共长丰县委关于“十二五”期间法治长丰建设的意见》《中共长丰县委转发〈县委宣传部、县司法局关于在全县公民中开展法制宣传教育的第六个五年规划〉的通知》，县人大常委会通过了《县人大常委会关于开展第六个五年法制宣传教育的决议》，县普法办制定了《关于贯彻落实“谁执法谁普法”普法责任制的实施意见》等制度规定。全县其他各部门也制定出台了一系列的制度和保障措施，有效促进了法治宣传教育的规划化发展。

（3）强化督查考核。始终坚持以考核增成效，以督查促落实。县委政法委把普法工作任务作为政法综治工作目标考核重要内容，全年实行一票否决。2013年开始将法治宣传教育工作纳入县政府年度综合目标考核之中，并严格奖惩。县人大、县政协高度重视“六五”普法工作，把对全县普法工作进行视察、督查作为重点工作，县政协、县人大先后3次分别对全县“六五”普法工作进行了督查、视察，有力地推动了普法工作的深入开展。

（4）深化队伍建设。始终注重抓好普法骨干和有关人员的培训工作，以点带面促宣教。依托安徽警官职业学院等高校举办了长丰县“六五”普法骨干培训班。为进一步加强专兼职法治宣传教育队伍建设，成立了长丰

县“六五”普法讲师团。全县先后组织参加和举办各级、各类法律知识培训班50余期，组织村（居）书记专题培训班4期，参训人员累计达5000人次。各乡镇也都采取了以会代训的方式对普法骨干和普法宣传员进行辅导培训，基层普法力量不断加强。

（5）增强经费保障。把普法经费列入县财政预算，足额拨付，专款专用。随着法治宣传教育工作的深入开展，经费保障进一步增强，由“六五”普法初期的人均0.2元提高到人均0.55元，解决了普法工作的许多实际问题。县直各单位、各乡镇也充分解决了普法经费，做到实报实销，为普法工作的顺利开展提供了有力保障

（二）以“法律八进”为主载体，开展形式多样的法治宣传教育

（1）以“法律八进”活动为抓手，法治宣传教育活动深入开展。全县各地、各部门紧紧围绕县委、县政府中心工作，结合各自的工作实际，分别制定相应的“法律八进”活动实施计划（普法依法治理机关提出并推进的法律进机关、法律进单位、法律进企业、法律进学校、法律进乡村、法律进社区、法律进家庭、法律进宗教场所，统称为“法律八进。”），充分利用“3·15”消费者权益保护日、“江淮普法行”、“6·5”世界环境日、“6·26”国际禁毒日、安全生产月、“12·4”国家宪法日暨全国法制宣传日等大型法制宣传节点开展一系列普法宣传教育活动。2011年以来，全县开展各类“法律八进”活动300多场次，开展“12·4”全国法制宣传日等大型主题宣传活动30多场次，散发宣传单20万余份，解答法律咨询5000余次，受教育面达30万人次。

（2）积极打造法治文化建设品牌，多渠道开辟法治宣传教育阵地。始终把法治文化建设与普法教育活动相结合，充分发挥法治文艺在法治长丰建设中的作用，把法治宣传教育寓于群众文化之中，让广大人民群众更加轻松、更加愉快地接受法制教育。先后举办了庆“三八”妇女维权、环境保护活动以及全县村（居）干部等法律知识竞赛；成功举办了“成长路上，与法同行”长丰县青少年法制宣传教育书画作品大赛；精心打造了“六五”普法文艺节目在全县巡演，并举办了“12·4”国家宪法日、综治宣传月和

“远程教育法治宣传进万家”等专场演出；开通了普法手机报和普法微博，建设了县法治文化公园；同时在《长丰报》上开辟“法治长丰”宣传专栏，在长丰电视台开播“法治长丰”普法宣传教育节目，充分利用各种媒体进行广泛宣传。人民网、《安徽日报》、《合肥晚报》、《合肥日报》和安徽电视台等媒介也对依法治理普法教育工作进行了宣传报道。《法制日报》头版头条报道了基层司法行政工作。

（3）积极构建公共法律服务体系，服务民生发展。紧紧围绕“十二五”经济社会发展大局，积极构建公共法律服务体系，针对一些社会重点、难点、热点问题，深入开展多层次、多形式的法治宣传和法律服务活动，服务民生发展。积极组织开展法律援助、社区矫正、公证法律服务进社区等专项普法教育活动，大力宣传社会保障、社会救助等民生领域法律法规，在实践中增强群众法律意识，在服务中提高群众法律素质。不断扩大法律援助事项范围，降低援助对象困难标准，做到“普援并举，应援尽援”，全县共开展各类法律援助案件2000余件，为农民工追讨工资500余万元，开展专题工作督查20余次，化解各类矛盾纠纷9000余件。

（三）以“五类人群”为重点，强化措施，切实抓好重点对象的法治宣传教育

（1）切实加大领导干部和公务员的学法用法力度，不断提高行政人员法律素质。建立各级党组织理论中心组学法制度以及县政府常务会议学法制度，开设长丰讲坛，邀请专家开展讲座。先后举办了长丰县领导干部集中学法培训班、县委中心组专题法制讲座和长丰县人大工作法律知识培训班，组织副处级以上领导干部参加合肥市领导干部和公务员网上法律知识考试。统一印制了长丰县“六五”普法领导干部学法笔记本。全县各部门组织开展专项法律知识考试20余次，开展学法活动100多场次。

（2）切实抓好司法和行政执法人员的学法用法工作，大力推进依法行政。坚持业务培训紧跟法制建设和经济社会发展步伐，积极组织司法和行政执法人员参加各类专业法规考试，进一步提高法律素质和依法办事能力。建立司法和行政执法机关执法责任制、执法公示制、执法监督制和过错责任追究制，全面推进依法行政。

（3）切实抓好企业经营管理人员的学法用法工作，行业依法治理逐步深入。“六五”普法期间，县环保局、安监局、人社局等部门通过法律培训、法治讲座和法律知识竞赛等多种形式对广大个体工商户和企业管理人员及从业人员开展法治教育，不断增强他们学法用法、守法经营和依法维权的意识。五年来，全县共组织开展企业各类法律知识培训30多场次，开展法律宣传活动50多场次。

（4）切实抓好青少年法治教育工作，积极探索青少年普法教育和依法治校新途径。充分利用各种阵地，加强青少年法制宣传教育，把青少年法治教育纳入全县中小学的教育计划，结合各校实际购置了必要的教材，做到计划、师资、教材和课时“四落实”。积极组织开展“关爱明天、普法先行”普法教育和“依法治校示范校”创建等活动。“六五”普法期间，全县各级、各部门开展“送法进校园”和依法治校活动共200多场（次），共有38所学校获得市级“平安校园”荣誉，42所学校获得县级“依法治校示范校”的称号。

（5）切实抓好农民群众的法治教育，不断增强农民群众的法律意识。及时制定出台农村法制宣传教育活动实施意见，整合148法律服务热线和法律援助中心平台，为群众答疑解惑，并组织援助律师和志愿律师及时为群众提供相关法律服务和法律援助，帮助群众解决具体法律问题，注重培养农村学法带头人和明白人，积极带动群众学法用法。同时，积极加强对外出务工人员和新市民的法治宣传教育活动。

（四）以依法治理为主线，加快建设“法治长丰”

（1）努力实现依法行政。“六五”普法期间，先后制定了《长丰县依法行政和法治政府建设规划纲要（2013—2017）》《长丰县人民政府重大行政决策程序规定》等文件，实行重大行政决策风险评估等制度。组建了县政府法律顾问组，聘请4名专职优秀律师参与县政府重大行政决策专家论证和合法性论证。同时积极开展行政处罚案件群众公议和行政执法案件评查工作，几年来共公议案件125件。

（2）努力创建“平安长丰”。一是进一步创新社会管理，县人民检察院与县司法局联合出台《轻微刑事案件捕前、诉前委托人民调解组织调解实施意见》，实行“检调对接”。二是进一步加强社会治安综合治理，全面启动“天网”工程，依法严厉打击各类犯罪。三是加强和改进信访工作，成立群众工作部，将人民群众通过来电、来信、来访、网络等四个渠道反映的问题集中受理。四是健全矛盾纠纷排查调处机制，采取多种措施和手段化解矛盾。2013年，建立了全省首家行业纠纷调处中心，集交通事故、医疗纠纷和劳动争议为一体，受到了省、市有关部门和领导的充分肯定。自成立以来，该中心共受理调处各类疑难复杂矛盾纠纷878起，涉及金额1568万元。

（3）进一步夯实基层民主法治基础。积极组织开展“依法行政示范单位”“民主法治示范村（居）”等创建活动，探索城镇社区依法治理，不断提高法治化管理水平。陶楼乡高塘社居委、双墩镇花园居委会、岗集镇桃山、水湖镇锦湖社区先后被评为合肥市“民主法治示范村”，陶楼乡陶西村、下塘镇南圩社居委先后被评为安徽省“民主法治示范村”。目前，全县共有全国“民主法治示范村”1个，省级“民主法治示范村”5个，市级“民主法治示范村（社区）”32个，市级“依法行政示范单位”3个。

二　深入推进依法治县的建议

通过调研发现，长丰县依法治县工作取得了一些积极的进展，但是我们也要清醒地看到，有关部门及部分领导干部思想认识仍存在偏差，对依法治县工作认识不足，重视不够，没有把依法治县工作摆上重要位置。仍然有一些行政执法部门和乡镇对依法治理的实质认识模糊，对依法治县工作没有资金、物质保障，流于形式；监督相对乏力，效果相对弱化；检查指导力度不够，导致监督效果相对弱化，造成党委监督刚性不够、人大监督渠道有限、社会监督流于形式的局面，监督效果不佳；普法工作还不够细致、深入，一些群众对普法的认识停留在表面，群众法治意识不强。一些群众在自己的人身权益或合法利益受到不法侵害时，首先想到的不是法律而是关系、“后门”，导致“信访不信法”，认为“大闹大解决、小闹小解决、不闹不解决”，给社会稳定带来诸多影响，影响了依法治县的进一步深入开展。

新形势下，面对存在的问题，为进一步加强全县法治宣传教育工作，不断增强全民法治观念，要进一步做好下一步的依法治县工作，必须高举中国特色社会主义伟大旗帜，全面学习贯彻习近平新时代中国特色社会主义思想和习近平总书记视察安徽重要讲话精神，坚持“四个全面”战略布局，坚持创新、协调、绿色、开放、共享的发展理念，按照全面推进依法治县新要求，深入开展法治宣传教育，推进法治宣传教育与法治实践相结合，充分发挥法治宣传教育在全面推进依法治县中的基础作用，为经济社会发展营造良好的法治环境。

（一）维护宪法权威，培育法治精神

深入学习宣传习近平总书记关于全面依法治国的重要论述和系列讲话精神，增强走中国特色社会主义道路的自觉性和坚定性，增强全社会厉行法治的积极性和主动性。深入宣传党中央关于全面依法治国的重要部署，宣传严格执法、公正司法、全民守法的生动实践，使全社会了解和掌握全面依法治国的重大意义和总体要求，更好地发挥法治的引领示范作用。

坚持把宪法学习宣传摆在首要位置，在全社会普遍开展宪法教育，弘扬宪法精神，树立宪法权威。深入宣传依宪治国、依宪执政等理念，宣传党的领导是宪法实施最根本的保证，实行宪法宣誓制度，要认真组织好“12·4”国家宪法日集中宣传、“江淮普法行”等活动，提高公民特别是各级领导干部和国家机关工作人员的宪法意识，教育引导一切组织和个人都必须以宪法为根本活动准则，增强宪法观念，维护宪法尊严。

大力宣传宪法相关法、民商法、刑法、行政法、社会法、诉讼与非诉讼程序法等方面的法律法规。大力宣传保障公民基本权利的法律法规，推动全社会树立尊重和保障人权意识，促进公民权利保障法治化。在传播法律知识的同时，更加注重弘扬法治精神、培育法治理念、树立法治意识，大力宣传宪法法律至上、法律面前人人平等，权由法定、权依法使、尊重和保障人权等法治观念和法律原则，让人民群众内心拥护和真诚信仰法律，自觉守法、遇事找法、解决问题靠法。

（二）抓住关键环节，建设法治政府

要按照“职能科学、权责法定、执法严明、公开公正、廉洁高效、守法诚信”的要求，加快法治政府建设，用法治思维图善治，用法治方式破难题。

（1）转变政府职能，依法全面履职。坚持法定职责必须为、法无授权不可为，推进机构、职能、权限、程序、责任法定化，履行好政府“宏观调控、市场监管、公共服务、社会治理、环境保护”五大职能，“必须为”的依法为、为到位，“不可为”的放开手、不干预。抓住简政放权这个核心，建立“有限政府”。减字当头，治字为本，取消和下放行政审批事项，做实行政审批、市场壁垒和各种“路障”的“减法”，做好开拓市场空间、扩大创业天地的“加法”，让政府从不该管、管不好、管不了的领域退出来，该管的管住管好，使政府更好归位、市场更大发力、群众更多受益。厘清权力边界，建立权力清单、责任清单和负面清单，及时公布行政许可、行政处罚、行政强制、行政征收等事项，坚决杜绝法外设权。

（2）健全制度机制，科学民主决策。要把公众参与、专家论证、风险评估、合法性审查、集体讨论决定，作为重大决策的法定程序。健全政府法律顾问制度，加强新型智库建设，切实提高决策质量；推行网上审批，坚持开门问政，建立公众代表、新闻媒体列席县政府常务会议、全体会议和重大决策在政府门户网站公示制度；建立重大决策终身责任追究制度及责任倒查机制，确保决策制度科学、程序正当、过程公开、责任明确；加强对行政决策执行情况的考核评估，确保决策落实到位、执行到位。

（3）推进执法改革，提高理政水平。坚持依法行事、程序正当、公正文明，积极探索和推行跨部门综合行政执法，着力解决“权责交叉、多头执法”和“看到管不到、管到看不到”的问题。建立健全重大执法决定合法性审核、执法全过程记录等制度，细化量化行政裁量基准，提高执法规范化水平。落实行政执法责任制，加强执法监督，坚决查处以言代法、以权压法、徇私枉法等行为。要切实提高执法人员的法治意识和执法水平，真正做到自觉遵法守法，公正文明执法，努力塑造良好的形象。

（4）突出重点对象，拓展法治宣传教育覆盖面。要把领导干部带头学法、模范守法作为树立法治意识的关键。切实抓好党委（党组）中心组集体学法、政府常务会议会前学法、国家工作人员日常学法用法、法治讲座，开展在线学法、网上法律知识测试活动，把法治观念、法治素养作为干部德才的重要内容。要全面加强青少年法治宣传教育，将法治教育纳入国民教育体系，创新方法和途径，发挥第一课堂教学的主渠道作用，同时充分利用第二课堂和社会实践活动开展青少年法治教育，强化学校、家庭、社会“三位一体”的青少年教育格局，加强青少年权益保护，预防和减少青少年违法犯罪。要进一步加强社会主义市场经济和与企业经营管理相关的法律法规宣传教育，增强企业经营管理人员诚信守法、依法经营、依法办事的观念。要大力宣传与农民生产生活相关的法律法规，加强农村“两委”干部和农村“法律明白人”教育培训，引导农民依法参与村民自治和其他社会管理活动，提高他们参与民主选举、民主决策、民主管理和民主监督的能力。要继续加强新市民法治宣传教育，进一步提高新市民遵纪守法的自觉性和依法维权、依法经营、依法办事能力，促进新市民在各方面更好地融入本地工作和生活。

（5）加强法治文化建设，满足群众实际需求。积极发挥法治文化的引领、熏陶作用，使人民内心拥护和真诚信仰法律。加强地域法治文化研究，充分挖掘和利用当地文化资源，创作一批反映地域文化特色、群众喜闻乐见的法治文化精品，形成区域法治文化品牌。依托现代公共文化服务体系，推动法治文化与地方文化、行业文化、企业文化融合发展。进一步完善法治文化传播体系，加速各类法治文化阵地建设，形成一批与村居、企业、街区、景点等相适应的法治文化宣传推广设施。大力开展群众性法治文化活动，组织开展法治文艺展演展播，满足人民群众日益增长的法治文化需求。

（6）普治结合，推进多层次多领域依法治理。要坚持法治宣传教育与法治实践相结合，进一步深化“法律八进”主体实践活动，完善工作标准，建立长效机制。继续深化基层组织和部门、行业依法治理，深化依法治县、依法治理示范单位等法治创建活动，充分发挥依法治理在法治社会建设中的积极作用。深入开展民主法治示范村（社区）创建，积极推动建立乡村（社区）法律顾问、法制副主任等制度，教育引导基层群众自我约束、自我管理。发挥市民公约、乡规民约、行业规章、团体章程等社会规范在社会治理中的积极作用，支持行业、协会、商会类社会组织发挥行业自律和专业服务功能，发挥社会组织对其成员的行为导引、规则约束、权益维护作用。

（7）法治德治并举，推进诚信体系建设。坚持依法治国和以德治国相结合的基本原则，以法治体现道德理念，以道德滋养法治精神，促进实现法律和道德相辅相成、法治和德治相得益彰。发挥法治在解决道德领域突出问题中的作用，健全公民和组织守法信用记录，完善守法诚信褒奖机制和违法失信行为惩戒机制。完善诚信建设协调会议制度，开展以诚信为重点的道德领域突出问题专项教育治理，使遵法守法成为全社会共同追求和自觉行动。

（三）保障改善民生，营造稳定环境

2012年11月15日，当选中共中央总书记的习近平率十八届中央政治局常委与中外记者见面时，郑重表示："人民对美好生活的向往，就是我们的奋斗目标。"党的十九大报告中，习近平总书记再次明确，以人民为中心，把人民对美好生活的向往作为奋斗目标，依靠人民创造历史伟业。如何使人民对美好生活的向往变为现实，成为新一届中央领导集体治国理政的核心理念，也是我们党做好一切工作的价值取向和根本标准。实现好、维护好、发展好最广大人民的根本利益是我们一切工作的出发点和落脚点，也是深入推进依法治县的重要内容。要牢固树立以人为本的法治理念，继续加大民生保障工作力度，全面提升人民群众幸福指数。着力抓好民生建设，为全面推进依法治县营造和谐稳定的环境。

十八届四中全会通过的《中共中央关于全面推进依法治国若干重大问题的决定》明确要求，要恪守以民为本、立法为民理念，贯彻社会主义核心价值观，使每一项立法都符合宪法精神、反映人民意志、得到人民拥护。群众利益无小事。每一部法律的制定，都应以民众的诉求和社会的关切为

出发点，以维护民众的合法权益为最终归宿。法律法规关乎社会关系调整，立法修法尤其应当注重民生导向。立足现实问题，积极“问法于民”“立法为民”，法律才能更充分体现民意，更顺畅抵达人心，释放出更多民生的红利①。

依法治县的探索与实践，必须围绕人民群众生产生活中的问题和困难，始终突出民生这个根本。要始终坚持法治为民的理念，将全面推进依法治县工作与保障改善民生有机结合起来，大力推进法律顾问、法律援助工作，深化社会治安综合整治，依法化解矛盾纠纷，充分赢得广大群众的肯定。

（四）加强党的建设，确保正确方向

坚持党的领导，是社会主义法治的根本要求，是党和国家的根本所在、命脉所在。党的十九大报告，旗帜鲜明地指出，要坚持党对一切工作的领导。党的领导和社会主义法治是一致的，社会主义法治必须坚持党的领导，党的领导必须依靠社会主义法治。《中共中央关于全面推进依法治国若干重大问题的决定》中把“坚持中国共产党的领导”作为“建设中国特色社会主义法治体系，建设社会主义法治国家”的基本原则，提出“党的领导是中国特色社会主义最本质的特征，是社会主义法治最根本的保证”的科学论断，确立了党全面推进依法治国的领导地位和作用。

坚持把依法治县与加强党的建设相结合，依法执政是新的历史条件下我们党执政的基本方式，是加强和改善党的领导、提高党的执政能力、巩固党的执政地位的必然选择。要加强和改进县委对依法治县的领导，把党的领导贯穿于依法治县全过程和各方面，把党总揽全局、协调各方同人大、政府、政协、法院、检察院依法依章程履行职能、开展工作统一起来，善于使党的主张通过法定程序成为国家意志，善于使党组织推荐的人选通过法定程序成为国家政权机关领导人员，善于通过国家政权机关实施党对国家和社会的领导，善于运用民主集中制原则维护党的权威。

---

① 贾壮.“民生导向”彰显法治进步[N].人民日报，2014-12-24.

权力法治化与县域治理

——怀远县行政机关法律顾问实施情况调查

朱德宏　周兰蓉[①]

摘　要： 法治的要义是限制国家权力。县域治理是中国社会治理现代化的基础。县域治理必须遵循法治化道路，才能摆脱权力不规则困境。调查发现，怀远县政府行政机关法律顾问制度的实施，有力地促进了政府行政权力的社会信任度，提升了政府权力的合法性公众认同。

关键词： 县域治理　权力运行规则　法治化权力

传统社会治理模式向现代社会治理模式的转变，在于治理方式的转变。党的十八届四中全会通过了《中共中央关于全面推进依法治国若干重大问题的决定》（以下简称《决定》），提出了全面推进依法治国的方略，实现了中国当代社会治理模式的现代化转型。十九大报告中指出："经过长期努力，中国特色社会主义进入了新时代，这是我国发展新的历史方位。"中国特色社会主义进入新时代，"明确全面深化改革总目标是完善和发展中国特色社会主义制度、推进国家治理体系和治理能力现代化；明确全面推进依法治国总目标是建设中国特色社会主义法治体系、建设社会主义法治国家"。我国进入新时代中国特色社会主义初级阶段，是党对现实社会的正确判断。坚持依法治国、依法执政、依法行政共同推进，坚持法治国家、

① 朱德宏：博士，蚌埠学院马克思主义学院教授。周兰蓉：蚌埠市委党校副教授。

法治政府、法治社会一体建设。十九大报告指出："依法治国是党领导人民治理国家的基本方式。"依法治国的核心是依宪治国，是约束国家公共权力，特别是政府权力。县级政府权力法治化对于实现中国社会县域治理具有重要的价值，对于实现社会治理现代化也具有基础性作用。

一 县域治理的法治化核心

县域治理，是指在县（县级市、市辖区）级行政区域内，通过承认并尊重公民的主体地位、转变政府职能、培育公民社会等措施，努力达成政府与公众在公共生活上的"协商治理"，在"官民和谐"的状态下实现县域公共利益最大化的一种地方行政管理模式①。中国历史上县域治理一直是中央权力关注的基层治理范围。历史上国家中央权力坚持垂直流动制度，县域政府的主官任命权收归中央，加强对县域权力的控制。这与县政的重心是农政的经济社会结构相一致。中华人民共和国在完成对中国的经济结构进行社会主义改造后，开始进入集权制经济和社会发展阶段，国家是企业和社会创新主体。在20世纪80年代开始实行经济结构调整，在资源配置方面充分发挥市场优势，把市场作为经济发展的补充动力源泉。相对应的，国家权力结构开始变化，县级权力成为经济和社会发展的基本动力源，在保持中央控制企业维护国家基本命脉外，其他经济都决定于县域经济。正是经过旧体制的分权，结合新的市场化，激发了全国各地地方政府的积极性，推动了他们之间的竞争，并且建立、形成了以扩增GDP为主要审核"政绩"的制度②。正是这种权力结构和权力与市场的关系，使中国经济发展与社会困境同步发生并且存在。在中国现阶段，从社会转型的角度来看，现阶段社会中的矛盾冲突大都因社会转型所致。最大最典型的社会转型就是从传统的乡土社会转型至工商社会，现代化大都市已经全然没有乡土气息，广大农村的些微变化仍然没有使其褪去乡土社会性质，县级就成为转

① 杨峰，徐继敏."治理体系与治理能力现代化"语境下的县域治理[J].学术论坛，2016(2)：20-24.

② 黄宗智.改革中的国家体制：经济奇迹和社会危机的同一根源[J].开放时代，2009(4)：75-82.

型期社会矛盾较为集中和频发的一级①。党的十八届三中全会确立了全面推进深化改革的方向和战略目标，十八届四中全会确立了改革的基本策略和途径，即依法治国，建设法治国家。依法治国的基本要求是依宪执政、以宪立法、依法行政、公正司法、诚实守法，其核心价值是限制国家权力，保障公民权利。现代化的社会治理必须依赖于法治化的治理之道，才能实现政府治理能力的现代化提升。法律是治理成本最高昂的一种规范，其他社会规范解决社会治理的成本低于法律，但社会秩序的形成功能弱于法律。人类社会发展史表明，只有法治化治理才能保持社会长治久安。

全面推进依法治国是一个系统工程，是国家治理领域一场广泛而深刻的革命，需要付出长期艰苦努力。法律的生命力在于实施，法律的权威也在于实施。各级政府必须坚持在党的领导下，在法治轨道上开展工作，创新执法体制，完善执法程序，推进综合执法，严格执法责任，建立权责统一、权威高效的依法行政体制，加快建设职能科学、权责法定、执法严明、公开公正、廉洁高效、守法诚信的法治政府。法治政府、有限政府需以政府守法为条件，政府行政机关和公务人员必须遵照法律法规的要求，严格依法行政，做全民守法的楷模，才能真正取得社会和谐的秩序效果。

为了保障政府行政权力的法治化运行，《决定》要求积极推行政府法律顾问制度，建立以政府法制机构人员为主体、吸收专家和律师参加的法律顾问队伍，保证法律顾问在制定重大行政决策、推进依法行政中能够充分发挥积极作用。十九大报告指出："建设法治政府，推进依法行政，严格规范公正文明执法。""各级党组织和全体党员要带头尊法学法守法用法，任何组织和个人都不得有超越宪法法律的特权，绝不允许以言代法、以权压法、逐利违法、徇私枉法。"县域治理的核心是县级政府行政机关和公务人员遵照法律法规，正确履行行政义务，行使行政权力。国家中央权力在政治上要求县域政府行政权力必须在保证社会和经济发展的同时，不能利用人治之途，而转为法治之道，将县域治理现代化的措施和方法归结为法治方法。特别是引入作为社会力量之一的专业律师等法律职业者参与政府

① 张浩.县域治理中的权力转换[J].人文杂志，2016(11)：115-122.

行政立法、行政决策、行政执法、行政复议、行政诉讼等，促进政府权力法治化运行，这是保障县域治理法治化的重要创新。

二　怀远县行政机关法律顾问制度的实施现状调查

（一）怀远县政府促进依法行政的具体措施

第一，以领导干部为引擎，强化学法用法。先后建立了怀远县委中心组学法制度和政府常务会议学法制度等新一轮的学法制度，将法治宣传教育纳入年度学习计划，同时将法律法规学习作为干部提拔任用的重要依据；县人大常委会出台了《怀远县领导干部任前法律知识考试办法》，县委组织部出台了《怀远县乡科级领导干部任前法律知识资格考试暂行办法》，对拟任的科级干部开展依法行政测试，在2012年以来组织部开展的科级资格考试中全县共700余人次参加考试，合格率达85.67%；举办全县“六五”普法骨干培训班，把各单位分管领导作为普法骨干的对象进行集中培训；举办怀远县2014年度副科级以上领导干部法律知识考试，全县各级领导干部和公务员参与率达100%。与此同时，各乡镇各部门将学习法律法规列为日常学习的重要内容，全县上下形成了自觉学法、用法、依法办事的氛围。

第二，以公务员、单位职工学法为重点，开展“法律进机关（单位）”活动，促进法治化管理进程。一是在学法用法上做到有计划、有组织、有制度、有内容、有考核，不断增强公务员、单位职工的法律意识和法治观念。二是按照省市法治机关建设的要求，结合该县实际，制定切实可行的工作措施和建设标准，明确在机关办公场所明显位置张贴或悬挂法治名言警句，开展丰富多彩的机关法治文化活动。目前，全县已建成县法院、县国税法治机关示范点5个。三是为更好地促进公务员和行政执法人员学法，县人大、县委组织部、县依法治县领导小组办公室先后多次联合开展公务员法律知识考试，在纪念现行宪法30周年法律知识考试和每年法律知识考试中，全县各级领导干部和公务员参与率都达95%，大大提高了单位工作人员的学法热情。

第三，县直行政机关和县乡（镇）政府聘用专业律师作法律顾问，为行政立法、行政决策、行政执法提供法律服务。

（二）怀远县政府行政机关法律顾问实施情况

1. 律师参与法治政府建设的意义

律师制度是我国清末变法中从西方引进的法律制度。经过一个多世纪的变革，我国现行的律师制度已经成为我国社会主义特色法治建设的重要生力军。律师作为职业法律实践者，对法律和法治秩序有着深厚的法律思维，能够运用法律方法解决社会问题。对于法治政府建设过程中的问题，律师可以运用法律手段，把行政权力运行中的问题转化为行政权力的法律问题加以解决，从而有效化解社会矛盾，化解政府与民众之间的利益对立。

2. 怀远县行政机关法律顾问制度实施情况

怀远县是中部地区的农业县，至今已注册设立律师事务所4所，专职律师38名，兼职律师1名，基层法律服务人员27名。近五年来，全县律师平均每年担任辩护人或诉讼代理人的案件共1300件以上，担任40家企业事业机关单位法律顾问。自2015年，怀远县开始推行行政机关法律顾问聘任制。具体做法是：

首先，县司法局向政府行政机关从县辖律师事务所中选择专业业务精、职业道德高尚、为人处世谦和的资深律师，列为推荐名册，由各行政机关和政府进行选择。在选择过程中，坚持德才兼备、以德为先、注重专业的原则，既保证法律服务能力，又避免选择对象过于集中形成垄断。截至2017年6月，全县县、乡（镇）两级政府及县直行政机关共有38家单位聘用律师作为法律顾问（见表1）。

表1　顾问单位及其顾问律师人数

	县、乡（镇）两级政府、县直行政机关聘用律师顾问单位数（单位：家）	被聘为法律顾问律师人数（单位：人）
2015	13	24
2016	20	36
2017	5	9

其次，怀远县创新法律顾问援助制度。根据律师法的规定，律师是利用自己的专业知识，为社会提供法律服务并收取一定费用的职业。由于律师不是国家司法人员，其工资、福利、社保等经费需要自己从服务费用中支付，因此律师提供法律服务是收费的。除了政府法律援助机构指派的法律援助诉讼案件的费用由政府财政列支外，其他诉讼和非诉案件的法律服务，接受服务的人员和单位都应当向律师事务所交纳规定的律师服务费用。为了减少政府行政机构的行政开支，怀远县实行行政机关首任聘用律师作为法律顾问义务服务制，即政府和行政机关聘用作为法律顾问的律师，实行免费制，法律顾问律师不从政府行政机关取得任何报酬。凡是涉及行政规范性文件起草、行政执法等法律问题，顾问律师必须参与该行政过程，或进行执法培训，或进行执法疑难问题解答。这些工作作为律师及其律师事务所参加社会公益活动的内容之一。顾问律师的工作绩效和劳动成果，作为县司法行政部门年度考核律师事务所的重要参考指标。表2所示为顾问律师服务费统计。

表2　顾问律师服务费统计

单位:万元

	顾问律师应收县、乡(镇)两级政府、县直行政机关顾问费用	顾问律师实收县、乡(镇)两级政府、县直行政机关顾问费用
2015	16.8	16.8
2016	21.8	21.8
2017	6.5	6.5

再次，顾问律师的工作业绩也是政府行政机关年终考核的一项重要指标。法律是一门专业的学问，政府行政机关公务人员并不需要全面掌握法律知识，公务人员在各自的专业领域内从事专业化的工作，不可能成为法律专业人员。即使是政府内设机构和行政机关内设机构的法规科室人员，也可能由于其工作对象和范围的差别，对法律体系中的其他部门法律法规了解不多，因此，要求政府行政机关公务人员都掌握法律知识，违背了社会分工的自然规律。顾问律师的作用恰恰弥补了政府行政公务人员在履行行政职务时如何遵守法律规则，守住法律底线的判断方面的知识不足。在

这个意义上，顾问律师也可以视为政府行政权力遵守法律规则的解释者。顾问律师参与政府行政机关法务工作见表3、表4。

表3 顾问律师为县、乡（镇）两级政府提供法律服务项目统计

单位：件/次

	规范性文件起草	参与行政决策	行政执法解答	参与行政复议	代理行政诉讼	参与处理涉及本单位信访	其他
2015	25	13	6	8	28	10	5
2016	30	18	8	12	25	15	2
2017	5	5	1	0	4	2	0

表4 顾问律师为县直行政机关提供法律服务项目统计

单位：件/次

	规范性文件起草	参与行政决策	行政执法解答	参与行政复议	代理行政诉讼	参与处理涉本单位信访	其他
2015	18	10	5	7	13	5	2
2016	20	12	4	6	16	0	3
2017	6	0	1	0	1	1	0

三 怀远县法治政府建设成效

党的十八届三中全会把“推进国家治理体系与治理能力”放到了首要位置。在社会转型时期，潜藏的各种社会矛盾和危机，使社会民众对国家刑事司法的合法性产生了国家无法控制的法律危机，包括法律信仰危机、法治建设意识认同危机、法律规范社会秩序危机等。对于我们现在的社会秩序的维护，政府主要通过创造治理的有效性来累积权力合法性。有学者认为“认同”可以分为对政治体系“特征”的认同和对政治体系“作为”的认同①。前者是指民众对国家权力获取的制度安排是否认同，后者是指民

① 林尚立.在有效性中累积合法性：中国政治发展的路径选择[J].复旦学报（社会科学版），2009(2)：46-54.

众对政府具体治理行为是否认同，显然这两种认同并不完全一致。县域政府通过经济的非常规化发展尽管获得了各种硬指标的提升，并借此显示出政府对社会治理的有效性，也确实能赢得某种“体系作为合法性”。但是，我们需要转变治理方式和策略，将人治下的非常规治理转化为常规化法治化治理模式。因为使用非常规化目标治理的策略越频繁，国家治理就越不经济，治理行为对有效性与合法性贡献的边际效益就越低，法制化、制度化、专业化的治理就越难以实现，最终距离实现“体系特征合法性”可能越远[①]。作为行政体制外的社会权利和社会力量的代表者，律师通过追求法律职业的崇高性，实现参与国家县域政府行政权力运行的法律服务过程，可以使社会群体对政府行政合法性高度认同，并逐步渐次地向社会传递法律权威和法律信仰的回应，提升政府行政权力的社会号召力。

1. 增进执政党执政的合法性

社会主义法治国家建设的领导力量是中国共产党，法治建设的组织保证是中国共产党。各级政府是党领导下的行政机关，是法治建设的主体力量。社会主义法治国家建设能否成功，关键在于政府能否守法，即在宪法法律的规范内，正确地行使政府的权力。政府行政权力是否合法，决定了执政党的执政合法性。如果一种合法秩序是值得认同的，那么这种秩序就是合法的。相反，如果一种秩序为民众所厌恶甚至逃避，那么这种秩序就失去了合法性。哈贝马斯认为，合法化的确立是由三个系统相互协调形成的，这三个系统即经济系统、政治系统、社会文化系统，它们时刻处于变动之中。因此，要维护合法化的稳定，必须在政治层面对三个系统的变动进行调整。党的十八届四中全会确立依法治国的政治决策，就是将政府权力合法性与政治稳定紧密联系起来，通过政府权力的合法性运行，增进执政党合法性，进而维护社会稳定，促进社会主义事业持续健康发展。十九大报告指出“全面依法治国是中国特色社会主义的本质要求和重要保障”。地方政府行政机关法律顾问制度的实践证明，法律顾问制度的有效实施可以密切党群关系、干群关系。

① 蔡禾.国家治理的有效性与合法性——对周雪光、冯仕政二文的再思考[J].开放时代,2012(2):135-143.

2. 增强政府权力的法治化运行

为了适应民众对国家权力合法化要求的需要，国务院提出全面推进政府行政体制改革，其中一项就是全面推进依法行政，先后颁布了《全面推进依法行政实施纲要》《关于加强法治政府的意见》等文件，并将公益律师制度建设和法治政府、有限政府建设相结合，在各级政府建立政府法律顾问体系。西方国家的政府律师与我国政府法律顾问的内涵不尽相同，但实际上都是代表法律，作为一种相对独立的、可以与行政权相制衡又相辅相成的力量介入国家公权力的活动中，其根本的价值在于维护公权力的依法、有效行使①。政府法律顾问制度是对多年来我国行政权力依赖行政首长个人决策式模式的反思，由此转向行政决策法律化模式，可以提高行政权力运行合法性的民众认同。政府法律顾问通过为政府重大决策、行政行为及其他行政决策提供法律意见，可以有效避免拍脑袋决策，放任行政作为和不作为的现象发生，保障一切行政行为法制化运行。

十九大报告指出，“全面依法治国是国家治理的一场深刻革命”，“必须坚持厉行法治”，将“法治思维”作为增强政治领导本领的一个方面，决定成立中央全面依法治国领导小组，以加强对法治中国建设的统一领导。政府权力运行合法化的前提是政府守法。依法治国本身要求加快建设守法诚信的法治政府，坚持把全民普法和守法作为依法治国的长期基础性工作，深入开展法治宣传教育，引导全民自觉守法、遇事找法、解决问题靠法。坚持把领导干部带头学法、模范守法作为树立法治意识的关键。政府守法是全民守法的根本保证。政府守法，才能为全社会树立法治意识的榜样。法律顾问有效地促进了政府守法的意识，增进权力法治化运行。

3. 改进政府机关工作人员的法律思维

政府法律顾问制度将逐步从“法律咨询者”迈向“法治守护者”，逐步以法律思维影响行政机关工作人员的法律思维，有助于公务人员以法治思维和法治方式履行行政职能。通过顾问律师制度，律师可以对政府的重大决策提供法律方面的意见，或者应政府要求，对决策进行法律论证；对

---

① 王进喜，程滔．政府律师[M]．北京：北京大学出版社，2007：4.

政府起草或者拟发布的规范性文件，从法律方面提出修改和补充建议；参与处理涉及政府的尚未形成诉讼的民事纠纷、经济纠纷、行政纠纷和其他重大纠纷；代理政府参加诉讼，保障政府依法行使行政职权和维护政府机关的合法权益；协助政府审查重大经济合同、经济项目以及重要的法律文书；协助政府进行法制宣传教育；等等。政府行政机关聘请法律顾问对法治政府具有很大的作用，其中，最显性的作用是政府行政人员在行使行政权力时，以法治思维为行为指向，自我审视即将从事的行政行为是不是符合法律规定，包括制定规范性文件或工作指导性文件等抽象行政行为。

党的十八届四中全会要求国家工作人员学法用法，把宪法法律列入党委（党组）中心组学习内容，列为党校、行政学院、干部学院、社会主义学院必修课。学法的目的是用法，用法的前提是懂法。行政机关各自具有不同的职能，机关工作人员不可能都是法律专家，这就需要具有专业知识的律师，作为机关工作人员行政行为合法性判断的咨询者、守护者、参谋人。只有每一个机关工作人员都能守法，行政权力才能法治化。法治政府建设离不开机关工作人员的法治化行政能力的提升，更离不开顾问律师的积极参与。

公共服务能力建设

GONGGONG FUWU NENGLI JIANSHE

以人民为中心全面提升政务服务效能

——以明光、天长、定远等县市为例[①]

李宗楼[②]

摘　要： 坚持以人民为中心，加强县级政务服务中心建设，优化政务服务，是决胜全面建成小康社会和建设人民满意的服务型政府的目标任务。党的十八大以来，明光、天长、定远等县市不断夯实服务载体，优化环境，积极推进审批制度改革，努力开展审批流程再造，认真落实“放管服”改革措施，注重服务规范化标准化和县乡村一体化服务体系建设，有序推动“互联网+政务服务”，使政务服务效能得到明显提升。在决胜全面建成小康社会新的征程中，必须以党的十九大精神为指导，以深化党和国家机构改革为契机，进一步推进“放管服”改革，努力打造“一门式办理”

① 本研究得到滁州市政务服务中心张显忠主任的大力支持，滁州市政务服务中心提供了具体研究材料，在此表示衷心感谢。

② 李宗楼：安徽师范大学法学院公共管理系教授，安徽师范大学法治中国建设研究院研究员。

“一站式服务”综合服务平台，为提升城乡基本公共服务均等化水平和县域治理能力作出积极探索。

关键词： 政务服务　以人民为中心　服务效能

随着我国经济社会的不断发展，人民群众对政务服务的期盼和要求越来越高，政务服务的质量效能显得尤为重要。基层县乡政府加快转变政府职能，加强政府自身建设，向社会和群众提供高效、便捷的政务服务，是决胜全面建成小康社会，夺取中国特色社会主义伟大胜利的目标任务，也是深化党和国家机构改革，调整优化政府机构职能，全面提高政府效能，建设人民满意的服务型政府的目标要求。认真学习和全面贯彻党的十九大精神，以以人民为中心的发展思想为引领，着力探讨基层政府政务服务中心建设的实践以及有益经验，对提升政务服务效能以及推进县域治理有着重要的现实意义。

一　坚持以人民为中心是提升政务服务效能的根本遵循

“人民是历史的创造者，是决定党和国家前途命运的根本力量。必须坚持人民主体地位，坚持立党为公、执政为民，践行全心全意为人民服务的根本宗旨，把党的群众路线贯彻到治国理政全部活动之中，把人民对美好生活的向往作为奋斗目标，依靠人民创造历史伟业。”这是习近平以人民为中心思想的重要阐述，是保障实现社会主义现代化强国目标对全党提出的使命要求，也是为完成这一使命强调各级政府组织必须承担的历史责任。

（一）以人民为中心的发展思想是习近平新时代中国特色社会主义思想的重要内涵

党的十八大后，我国进入决胜全面建成小康社会，奋力夺取中国特色社会主义伟大胜利的新时代。面对错综复杂的国际环境和艰巨繁重的国内改革发展稳定任务，为开拓创新，奋力开创党和国家事业发展新局面，如期实现全面建成小康社会奋斗目标，习近平总书记在党的十八届五中全会首次提出“以人民为中心的发展思想”，强调党和政府的一切工作都必须坚持以人民为中心，把增进人民福祉、促进人的全面发展作为发展的出发点和落脚点。坚持人民主体地位，顺应人民群众对美好生活的向往，不断实现好、维护好、发展好最广大人民根本利益，做到发展为了人民、发展依靠人民、发展成果由人民共享。共享理念实质就是坚持以人民为中心的发展思想，体现的是逐步实现共同富裕的要求①。他在庆祝中国共产党成立95周年大会的重要讲话中强调，党要顺应人民群众对美好生活的向往，坚持以人民为中心的发展思想，以保障和改善民生为重点，发展各项社会事业，加大收入分配调节力度，打赢脱贫攻坚战，保证人民平等参与、平等发展权利，使改革发展成果更多更公平惠及全体人民，朝着实现全体人民共同富裕的目标稳步迈进②。随后，他多次强调要落实以人民为中心的发展思想，牢固树立以人民为中心的发展思想。

可以说，在十九大之前，“坚持以人民为中心”已经是一个响亮的提法，频繁地出现在习近平总书记的系列重要讲话之中③，贯穿于以习近平同志为核心的党中央治国理政的全部实践之中，全力抓住人民最关心最直接最现实的利益问题，不断实现好、维护好、发展好最广大人民根本利益，并从解决教育、医疗、户籍、社会保障等一系列人民群众最关心、最直接的问题入手，集中致力于满足人民对美好生活的需要。一手抓物质文明，一手抓精神文明，一手抓精准扶贫，一手抓环境治理，经济建设取得重大成就，全面深化改革取得重大突破，民主法治建设迈出重大步伐，思想文化建设取得重大进展，人民生活不断改善，生态文明建设成效显著，充分体现了以人民为中心的工作导向和“以人民为中心的发展思想”。

在十九大报告中，以人民为中心的思想则是贯穿于各部分的灵魂，特别是经过新的阐释，成为习近平新时代中国特色社会主义思想的核心内容

---

① 习近平在省部级主要领导干部学习贯彻党的十八届五中全会精神专题研讨班上的讲话[N].人民日报，2016-05-10.

② 习近平在庆祝中国共产党成立95周年大会的重要讲话[N].人民日报，2016-07-02.

③ 张太原.坚持以人民为中心是怎样提出的[N].学习时报，2018-01-17.

和中国特色社会主义基本方略的重要内容。以人民为中心的思想，既是对我们党的执政为民理念在决胜全面建成小康社会实践中的新概括，体现了党的全心全意为人民服务的根本宗旨，也是中国共产党人的责任担当和对长期执政提出的新要求，丰富和发展了中国特色社会主义的理论和实践，开拓了中国特色社会主义更加光明的前景，成为我们一切发展的依归和各项工作的指南。

（二）以人民为中心的发展思想是加强政务服务建设，提升政务服务效能的根本遵循

自21世纪初，我国地方政府在改革开放过程中为适应经济社会发展形势和人民群众的期待，创建了集中服务的政务服务中心，为群众提供面对面、个体化、人性化、可持续的全方位服务，让企业、投资者和群众“进一道门，办所有事”，极大地提高了政府为群众服务的针对性和时效性，体现了党执政为民的根本理念，是创新服务政府、责任政府、法治政府、效能政府和廉洁政府的成功尝试，为推进政府职能转变以及服务型政府建设发挥了重要作用。

党的十八大以来，我国更加重视和加强地方政府服务能力建设。党的十八届三中全会明确要求深化行政审批制度改革，加快转变政府职能，创新管理方式，特别强调加快推动电子政务建设，打通信息壁垒，构建全流程一体化在线服务平台，助力建设人民满意的服务型政府。中共中央办公厅、国务院办公厅《关于深化政务公开加强政务服务的意见》要求加强政务服务平台建设；党的十八届五中全会强调以人民为中心，努力践行新发展观，大胆实践，不断创新，提升政府服务能力。地方政府特别是县级政府高度重视政务服务建设，实体服务平台得到快速发展，服务能力不断提升。据统计，截至2017年4月，全国县级政府建立政务服务大厅2623个，覆盖率达94.2%；乡镇（街道）设立便民服务大厅（点）38513个，覆盖率96.8%①。服务功能从最初单纯的投资项目审批逐步扩展到便民服务、热线

① 张定安.实体政务大厅是建设人民满意的服务型政府的有力抓手[EB/OL].[2017-12-04].theory.people.com.cn/n1/2017/1204/c40531-29683568.html.

服务、政务公开、公共资源交易等直接面向基层社会公众且内在联系紧密的政务服务领域，成为集行政权力运行、政务公开、便民服务、法制监督、效能监察等于一体的综合性政务服务，提高了政务服务效能，最大限度方便群众办事，社会满意度不断提升。

党的十九大明确提出在决胜全面建成小康社会，夺取中国特色社会主义伟大胜利的新时代，必须坚持以人民为中心，不忘初心，牢记使命，实现中华民族伟大复兴的中国梦，不断提高人民生活水平。并为此提出“转变政府职能，深化简政放权，创新监管方式，增强政府公信力和执行力，建设人民满意的服务型政府”。这是深入行政体制改革建立服务型政府的重要举措，也是进一步加强政务服务建设，提升治理能力和政务服务效能的目标要求。《中共中央 国务院关于实施乡村振兴战略的意见》明确提出，实施乡村振兴战略，是党的十九大作出的重大决策部署，是决胜全面建成小康社会、全面建设社会主义现代化国家的重大历史任务。而实施乡村振兴战略目标的任务之一，是要进一步提高城乡基本公共服务均等化水平，整合优化公共服务和行政审批职责，打造“一门式办理”“一站式服务”的综合服务平台，着力发挥好在推动改革和乡村振兴战略中的支撑保障作用。作为县级政务服务中心，必须深入贯彻和践行党的十九大精神，以人民为中心，把握政务服务平台的发展脉络和趋势，适时调整定位，拓展功能，服务经济发展、社会治理和文化建设等各个方面。本文在对明光、天长、定远等县市政务服务中心调研的基础上，就基层政务服务中心在不断建设发展中提升政务服务效能的实践作出分析，试图对上述问题作出探讨。

二　明光、天长、定远提升服务效能的积极探索

滁州市位于皖东江淮之间，现辖天长、明光2市（县级市），来安、全椒、定远、凤阳4县和琅琊、南谯2区。各县市区于2004年先后建立政务服务中心。多年来，深入践行以人民为中心的发展思想，认真落实国务院“简政放权、放管结合、优化服务”改革措施，注重加强政务服务基础性建设，深化行政审批制度改革，在省、市政务服务中心的指导下，不断加强

政务服务平台建设，积极推进服务规范化标准化，政务服务能力和服务效率显著提升。其中，明光、天长、定远等县市政务服务中心不断夯实基础规范管理，努力打造群众满意的政务服务中心，形成各自的特点，服务成效不断提升，群众的满意度、信任度不断增强。

（一）夯实服务载体，优化环境，增强服务能力

政务服务中心是各地政府集成与企业和人民群众密切相关的行政管理事项，包括行政许可、非行政许可审批和其他服务事项，以政府行政资源“集成”为先导，以为公众提供便捷高效的无缝隙服务为目标而创建的集中服务的政务平台。这个平台将政府各部门的服务整合和工作协同集中到服务中心后，建立政务服务协调工作机制，打破部门界限和壁垒，加强部门之间的协调配合，促进交流沟通，加强监督透明，推进政府部门的资源共享与业务协同，实现“1+1>2”的服务效果。这个服务平台已成为转变政府职能、推动政府管理创新的重要载体和有效形式，成为建设人民满意的服务型政府的有力抓手。随着全面深化改革的推进，为激发市场活力和社会创造力，破除制约企业和群众办事创业的体制机制障碍，优化营商环境，方便企业群众办事，各县市政府高度重视政务服务中心基础性建设，不断夯实政务服务载体，增强政务服务能力。

明光市政务服务中心近年来为提供优质服务加强服务载体的建设，硬件设施不断加强，政务服务中心现有建筑面积3000平方米，功能布局合理、配套设施完善，工作人员10名，内设办公室、督查室2个科室。现进驻部门39个，设有对外服务窗口28个，中介机构2家，银行1家，窗口工作人员166人，基本上实现了涉企便民的行政审批和公共服务事项，全部集中在服务大厅办理。软件建设也不断完善，中心服务大厅设置了咨询服务台、政府信息查阅点，方便群众咨询查询；开通手机网上预约、办事查询等功能，设置电子显示、实时监控；提供自助办税、存取现金、住房公积金及产权交易信息查询等自助终端服务，扩大了网上自助办理服务事项，提升了便民服务信息化水平。中心办理各类行政审批和公共服务事项达352项。

2004年6月，天长市政务服务中心成立并开始运行，现有建筑面积6500平方米，编制工作人员6名，内设3个股室。进驻行政审批及服务部门32个，中介机构10家，窗口工作人员240人，办理各类行政审批和服务事项达421项。通过构建基建联合审批平台、企业注册登记平台市镇村联网审批服务平台、政府信息公开发布平台，建立起以满足经济社会发展需求为核心，以合理有效的分工协调机制为主要内容，以联合审批为主要特色的高效、便捷的政务服务机制，为全市经济、社会快速发展，营造了良好的环境。2015年，政务服务中心共受理各类办件22.33万件，2016年1—10月，共受理各类办件20.96万件，2017年1—6月受理各类办件16.68万件，按时办结率99.4%①。

滁州市其他县级政务服务中心不断加强服务载体建设，优化服务环境，服务能力不断提升。定远县2012年明确提出要把行政服务中心建设成为集行政审批、政务公开、招商和便民服务等于一体的综合服务平台。先后成立了党组、总支、三个支部和工会，把窗口人员的党员关系和工会活动纳入中心，进驻行政审批及服务部门不断增加，现日均办件400件以上，2017年受理各类审批服务事项15万件，同比增长151.5%，其中即办件达85%以上。全椒县政务服务中心建筑面积1.2万平方米，进驻行政审批及服务部门45个，设置58个办事窗口，窗口工作人员280人，办理的各类行政审批和服务事项380项。来安县政务服务中心现有使用面积1.5万平方米，共进驻42个单位，工作人员近300人，行政审批和服务331个事项。2017年共办件逾16万件，收费2.7亿元。经多年建设与发展，各县市政务服务中心为群众和客商提供环境优良、功能齐全、服务优质的平台和“廉洁、规范、高效、便民”的“一站式”政务服务，受理和办结服务能力不断提升②。

① 根据天长市政务服务中心2016年工作总结和滁州市政府政务服务中心政务月报（2017年1—7期）办件统计表整理。

② 参见来安县政务服务中心2017年工作总结材料。

（二）深入推进审批制度改革，创新便民利企服务方式

党的十九大报告中明确指出“要大幅度放宽市场准入”“全面实施市场准入负面清单制度”“激发各类市场主体活力”“转变政府职能、深化简政放权，创新监管方式，建设人民满意的服务型政府”。这是深入推进行政审批制度改革的指导思想，也是政务服务中心审批改革的重要任务和提出的新要求。天长、定远等县市政务服务中心认真贯彻这一思想，持续深化“放管服”改革，不断为企业松绑，向市场放权，给群众方便，在投资审批、商事制度改革等方面勇于探索，不断取得积极成效。

天长市政务服务中心早在2014年就率先在全省实行“三证合一”登记制度改革，即在不改变原有证照管理方式、不改变原有证号编码规则的前提下，将营业执照与组织机构代码证、税务登记证“三证合一”。2015年在“三证合一”工作运行成熟的基础上，在全省率先推行“一证一号”制度，后进一步简化行政审批手续，把原来由工商、质监、税务三部门分别核发的证照，改为由工商部门依法审查后核发加载统一信用代码的营业执照，企业组织机构代码证和税务登记证不再办理，营业执照是企业主体身份的唯一合法凭证，这一改革不仅极大便利了广大企业，也直接提高了企业登记效率①。定远县近年来全面推行“三证合一”改革、“先照后证”改革、注册登记改革和放宽经营场所限制，取得了较好的成效并在此基础上，为进一步优化营商环境，2017年创新“多证合一、一照一码”登记改革，将营业执照、组织机构代码证、税务登记证、社会保险登记证、统计证等56个登记备案事项，整合至营业执照，实施一码管理。优化登记服务流程后，全部流程设定为一审、一核、发证三个环节，提高办事效率，受到企业及社会充分肯定。仅2017年，定远县完成企业注册1000户，同比增长了70.4%。

滁州各县市在全面落实权力清单制度基础上，持续深化“放管服”改革，主要集中体现在“两集中、两到位”改革回头看活动中，按照行政审

① 参见天长市政务服务中心2016年工作总结材料。

批“两集中、两到位”要求，对行政审批事项进行归并，统一向县政务服务大厅窗口集中，凡集中到窗口的事项，全部授权到位，打造窗口受理、审核、审批、盖章等“一站式”服务平台，实现“应进必进、进而能办、办而有效”。定远县结合县政府新一轮机构改革和政府权力、责任清单制要求，2017年对7个合并部门进行窗口整合，调整审批职能、关联收费、人员配置，提高窗口集中到位率。在服务方式上，变“承诺”为“即办”，缩短办理时限；推项目进驻，逐步实现“一门式”办理；完善细节，服务更精准①。创建“志愿者服务岗”“值班长”制度，窗口业务骨干与首席代表在总服务台同台值班，提供业务咨询、政策解答、受理意见投诉，开设“建筑企业分公司设立绿色通道”，企业随到随办，现场办结，等等。服务方式的不断创新，不仅便利了广大群众和企业，也促进了审批制度和“放管服”深入改革，不断提高审批服务效率。

（三）持续开展审批流程再造，提升窗口服务效能

审批流程再造，是指政府在实施行政审批时主动适应经济社会发展的变化，以满足公众需求为取向，以简化审批层级环节为手段，以向社会公众提供高效、优质、快捷的审批服务。其目的是为了提高审批效率和服务效能，营造良好的服务环境和经济发展环境，让广大社会公众享受到现代高效率服务的便捷。滁州各县市政务服务中心在开展审批流程再造过程中着重从四个方面入手：一是压缩审批时限，优化流程，推进签批前移；二是压缩审批环节，对普通环节的“减、并、压”，窗口建设及项目审批落实一个领导分管、一个科室承办、一枚公章审批，前移领导签批环节，“一般事项一审一核，复杂事项承办、审核、决定三级审批”；三是压缩申报材料，即运用现代信息技术，实现一个窗口对外，“一站式”办理，资料内部传递，资源网上共享；四是规范中介服务。通过多轮流程再造，各县市公布各自行政审批服务前置中介服务事项目录，并对目录实行清单管理，物价部门对其收费进行审核把关，未列入目录的中介服务成果不得作为行政

① 参见定远县政务服务中心2017年工作总结材料。

审批的前置要件。

早在2012年，天长市就开展了以清理、规范行政审批服务项目前置要件为主要内容的第五轮流程再造，共梳理出前置要件1793项，减少86项，修改30项，减少率5%。2013年，再次开展以精简办事环节、缩短办事时限为主要内容的第六轮流程再造，通过清理，397个行政审批服务项目，办理环节精减了129个，与原总共1574个环节相比，平均减少了8.2%；承诺时限压缩了2889个工作日，与原总承诺时限6060个工作日相比，平均压缩47.7%。2015年，将关联行政审批的中介服务事项管理纳入清理范围，经过层层梳理审核，纳入本轮流程再造的46个市直部门，除28个进行零报告的部门外，其他18个部门和单位共清理出行政审批前置中介服务事项79项，保留74项，取消5项。该中心根据清理审核结果，编制了《天长市县级行政审批前置中介服务事项和收费目录》，提交市政府相关会议研究通过后，以市政府名义下文公布，对决定保留的市级行政审批前置中介服务事项和收费实行目录管理，未列入目录的中介服务成果不得作为行政审批的前置条件。同时，为了巩固本次流程再造成果，规范行政审批中介机构服务行为，提高服务效率，中心提请天长市政府出台了《天长市行政审批中介机构服务管理办法》，有序组织与行政审批相关的社会中介机构和服务企业，按照规定的标准、条件和管理办法进中心开展业务，实行公开承诺、限时服务，接受社会监督，实现中介服务与政务服务的无缝链接，建立健全了公平公正的准入和退出机制，促进了联合审批服务平台高效顺畅运行，窗口服务效能不断提升①。正因如此，近年来该中心受理办件、办结件，办结率不断提升，据统计，仅2017年前6个月累计受理办件16.6万件，办结件16.5万多件，办结率达99.4%（见表1）。与上年同期相比增长28.7%。

① 参见天长市政务服务中心2015、2016年工作总结材料。

表1 天长市政务服务中心2017年(1—6月)办件统计[①]

月份	应进项目	已进项目	办件量							办结占比
			即办件	承诺件		报批件		小计		
				受理	办结	受理	办结	受理	办结	
1	421	421	21757	4414	4356	0	0	26171	26113	99.8%
2	421	421	27532	3917	3803	0	0	31449	31335	99.6%
3	421	421	23874	10389	10153	0	0	34263	34027	99.3%
4	421	421	19318	5598	5378	0	0	24916	24696	99.1%
5	421	421	17975	7140	6941	0	0	25115	24916	99.2%
6	421	421	19571	5407	5245	0	0	24978	24816	99.4%
	—		130027	36865	35876	0	0	166892	165903	99.4%

2016年上半年，定远县政务服务中心结合政府部门机构改革和政府权力、责任清单制要求，对7个合并部门进行窗口整合，调整审批职能、关联收费、人员配置，提高窗口集中到位率，制作行政审批服务专用章，落实首席代表。24个部门和单位按要求进驻中心，并按照“一般事项，一审一核，复杂事项不超过承办、审核、决定三级，单体项目全部审批流程原则上五个工作日完成”的要求，开展各类审批服务，日均办件400件以上，保证了190多项行政审批、证照办理、公共服务和关联收费事项受理、办理、办结、送达在政务服务大厅，基本上达到了“一窗受理、一站审批、一条龙服务”的要求。2016年11月底，办件量超过15万件[②]。

（四）注重服务规范化建设，提高服务标准化水平

政务服务中心以便民、高效、廉洁、规范为宗旨，推行“一站式办公、一条龙服务、并联式审批、阳光下作业、规范化管理”的运行模式，其目的就是便于企事业和群众办事，服务好企事业和广大人民群众，提高政务服务效率。而服务中心窗口服务的规范化是提升为民服务水平的基础，使服务有标准、可操作、能考核，最终促进窗口工作人员形成常态，保持

① 根据天长市政务服务中心政务月报(2017年1—7期)办件统计表整理。

② 参见定远县政务服务中心2016年工作总结材料。

状态，做到内化于心、外化于行。多年来的实践表明，政务服务工作仅靠制度建设、督察督办等制约手段来支撑的工作机制难以保持工作运行的稳定性和规范性，只有建立和发展相对稳定、统一的规范，将行之有效的服务规范上升为工作标准的形式固定下来，才能使工作规范、稳定运行。从政务服务中心服务性质和内容上看，规范化建设主要是围绕行政许可和政务服务事项，以建立基础标准、管理标准、质量标准、服务标准、制度标准、审批标准等政务服务规范为依托，逐步建立健全政务服务标准化体系，分批组织实施各项服务标准，探索标准化管理运行的新模式。通过审批标准化、服务标准化等标准化体系建设，实现审批服务系统管理与动态更新，不断提升政务服务质量和水平。

明光市政务服务中心为加强规范化建设、推进服务标准化作出积极探索，2016年印发标准化建设实施方案，成立标准化建设领导小组，编成标准化建设工作计划——《明光市政务服务中心公共服务综合标准化建设工作计划》，组织符合条件人员报考安徽省标准化专业技术资格考试，打造标准化人才队伍，为标准化工作提供强力的技术和人才支撑。在完成省级政务服务标准化示范点建设的基础上，同年6月，成功申报为国家标准委第三批社会管理和公共服务标准化试点项目，成为安徽省唯一一家县级政务服务中心的获批单位①。明光市政务服务中心以高标杆、高标准、高定位来推动各项“创国标”工作，落实工作规范，提升标准化服务水准，从而使该中心工作人员责任明确，服务质量、服务水平和服务效能得到显著提升。该中心2015年共受理办件45.03万件，2016年共受理各类办件上升到90.16万件，其中即办件82.03万件，承诺件8.13万件，按时办结率100%，2017年1—6月办结件达73.09万多件，办结率达99.8%（见表2）。

天长市在标准化进程中，按照“简化、统一、协调、优化”的标准化原则，对进驻的行政审批服务项目办理过程进行全面优化，力求每个事项达到“程序最简、时限最短、环节最少、效率最高”。经过反复修改，制订了以“服务保障标准体系”和“服务评价与改进标准体系”为支撑，覆盖

① 参见明光市政务服务中心2016年工作总结材料。

行政审批服务全过程的服务标准体系，并将标准印制成《天长市政务服务中心管理标准化指导手册》①，窗口工作人员人手一本，让服务标准化深入人心。结合工作实际，开展了多种评比活动，使标准内化于心、外化于行，不断提升政务服务工作的制度化、标准化、规范化水平。

表2　明光市政务服务中心2017年（1—6月）办件统计②

月份	应进项目	已进项目	办件量							办结占比
			即办件	承诺件		报批件		小计		
				受理	办结	受理	办结	受理	办结	
1	352	352	105406	3276	3271	0	0	108682	108677	100%
2	352	352	85674	3980	3975	0	0	89654	89649	99.9%
3	352	352	97650	3450	3450	0	0	101100	101100	100%
4	352	352	381679	3024	2648	0	0	384703	384327	99.9%
5	352	352	16946	2743	2354	0	0	19689	19300	98.0%
6	352	352	20211	8314	7671	0	0	28525	27882	99.7%

其他县市政务服务中心均通过制订标准化建设方案和相关细则，开展标准化建设，实施标准服务。定远县2012年以来，分别印发《定远县政务服务政务公开标准化建设年活动方案》《定远县政务服务政务公开标准化实施年活动方案》，编制通用基础标准44项、服务提供标准339项、服务保障标准35项、服务评价与改进标准14项，合计432项，形成了四大标准体系。通过“提供标准”的实施，定远县行政审批事项平均办理时间压缩三分之二，项目由原来的平均15个工作日减到平均5个工作日办结，政务服务标准化建设以高分通过省级验收③。

（五）推进“三级”服务体系建设，将服务向农村延伸

以人民为中心，建设人民满意的服务型政府，不断提升服务能力，是县乡基层政府转变政府职能的最重要的目标要求，也是贯彻党的十九大乡

① 参见天长市政务服务中心2016年工作总结材料。

② 根据明光市政务服务中心政务月报（2017年1—7期）办件统计表整理。

③ 参见定远县政务服务中心2016年工作总结材料。

村振兴战略、落实党中央国务院关于加强基层政府服务能力建设、建设人民满意的服务型政府等一系列决策部署的重要举措，是保障和改善民生、加强和创新社会治理的重要内容，是促进经济持续健康发展、维护社会和谐稳定的重要保证。《中共中央 国务院关于实施乡村振兴战略的意见》明确提出，要进一步提高城乡基本公共服务均等化水平，整合优化公共服务和行政审批职责，打造“一门式办理”“一站式服务”的综合服务平台。因此，加强县、乡镇和村三级服务体系建设，推动政务服务向乡镇和村基层延伸，是政务服务建设的重要任务。

天长市近年来结合“美好镇村”建设，十分重视推进县、乡镇和村的服务体系建设，市政务服务中心深入乡镇、村进行现场提供业务指导，按照“服务设施、服务程序、服务内容、服务管理”四个一体化的要求，坚持一个场所、一块牌子、一部电话、一本登记簿、一个电子触摸屏、一台以上电脑、一名以上代办员，一套服务指南、一张便民服务卡、一套制度的建设标准，推进镇服务中心和村便民服务中心建设，基层群众服务得到明显改善和提升。现在14个镇1个街道，全部建成为民服务中心，117个村、55个社区全部建成为民服务代理点，其中，42个村和社区建成了标准化的综合服务中心，全面推行一站式全程代办公共服务机制，构建起了以市政务服务中心为龙头、镇为民服务中心为纽带、村（社区）便民服务中心为延伸，覆盖城乡、层级清晰、上下联动的三级便民服务体系，实现了政务公开和政务服务网络体系市、镇、村三级全覆盖①。

来安县为贯彻落实县委办、县政府办《关于推进基层政务服务体系化建设完善为民服务全程代理工作的意见》精神，印发了《关于进一步加强乡（镇）村两级为民服务中心规范化建设的意见》，统筹推进县乡村三级政务服务体系建设，进一步提升县政务服务中心运行水平，综合服务中心及便民代理点办公有场地，岗位有人员，在岗有事做，服务真心办。定远县印发乡镇和村（社区）为民服务中心规范化建设实施办法，使乡镇和村两级服务中心明确了受理、办理、回复、登记评议四个代理环节，窗口办件

① 参见天长市政务服务中心2016年工作总结材料。

实行“一事一登记、一事一评价、一事一上网统计、年底归档备案”制度，实现“办事有痕迹，办结有评价，网上有统计”的要求，促进了乡镇和村政务服务标准化基本平台的建设和服务。

现在滁州市辖区6个县市（不含区）的86个乡镇建立了为民服务中心，各行政村和社区也基本建立为民服务中心全程代理工作站，服务大厅平均面积140平方米；780个村（社区）的代办点升级为综合服务中心，平均面积60多平方米，代办事项25个。推荐进驻乡镇为民服务中心事项13类109项，村级事项9类33项。实行服务“事项条件、申报材料、办事流程、办事结果”全公开，让群众明明白白快办事、办成事[①]。据统计，2017年各县市前6个月乡镇、村受理办件累计多的已有60多万件，少则2万多件，按时办结率97%以上，服务能力大大提升（见表3）。

表3　滁州市六个县市乡镇村为民服务中心2017年1—6月办件统计[②]

	应进项目	已进项目	办件量							办结占比
			即办件	承诺件		报批件		小计		
				受理	办结	受理	办结	受理	办结	
明光	64	64	121411	7785	7785	3783	3783	132979	132979	100%
天长	142	142	122622	35184	34946	0	0	157806	157568	99.8%
定远	352	352	468703	186089	171142	8401	6874	663193	646719	97.5%
凤阳	206	206	0	629112	629112	15905	15905	645017	645017	100%
来安	60	60	10640	6712	6678	6327	6268	23769	23769	100%
全椒	70	70	0	0	0	118821	118568	118821	118568	99.8%

总之，滁州各县市政务服务中心立足为民、惠民、便民的目标，以县、乡、村三级全覆盖为目的，着力打造“上下联动、层级清晰、覆盖城乡”的三级政务服务体系，努力推动政务服务广谱化、最大化、均等化发展。

---

① 参见滁州市政务服务中心政务月报2017年第12期(总第188期)。

② 根据滁州市政务服务中心政务月报(2017年1—7期)办件统计表整理。

（六）推动“互联网+政务服务”，促进线上线下融合发展

推进“互联网+政务服务”，是贯彻落实党中央、国务院决策部署，把简政放权、放管结合、优化服务改革推向纵深的关键环节，对加快转变政府职能，提高政府服务效率和透明度，便利群众办事创业，进一步激发市场活力和社会创造力具有重要意义。李克强总理要求大力推行“互联网+政务服务”，打造政务服务“一张网”，实现部门间数据共享，把实体政务大厅、网上政务平台、移动客户端、自助终端、服务热线结合起来，实现线上线下一体化运行，让居民和企业少跑腿、好办事、不添堵。根据国务院、安徽省关于“互联网+政务服务”工作要求，为推动“互联网+政务服务”融合发展，各县市配合相对集中行政许可权改革试点，启动智慧政务服务平台建设，探索建立统一行政审批网络平台。大力推广网上审批服务，完善网上查询、受理、审批、公示、反馈、投诉等功能，打造网上办事大厅和实体办事大厅“线上线下、虚实一体”的审批服务平台。大力推进电子证照库、统一身份认证体系建设，有序推动政务信息互认共享，让数据多跑路、群众少跑腿。

天长市政务服务中心在总结2013年部分服务事项已通过网上审批，并与所有镇（街道）、村（社区）实现互联互通，初步形成“市、镇、村三位一体，上、中、下联通互动”的服务基础上，于2016年5月，与滁州市网信办进行了主动对接，初步明确了“网上办事大厅”的建设目标、建设内容、建设任务、建设步骤等，并按要求选取了一个村一个社区作为试点，两个试点社区已正式试运行，办件量较多，效果良好。同年10月，该中心召开“网上办事大厅”建设调研会议，对该市权力事项及涉及的办理人员进行了全面清理，为该项工作的顺利开展做好前期准备工作①。为了更好地推动大众创业、万众创新的热情，进一步激发市场活力，2017年，天长市大力推行“互联网+物联网+政务服务”登记管理新模式，即经营者可利用市场监管局网络平台或微信公众号提出申请，并下载《简易登记事项告知

① 参见天长市政务服务中心2016年工作总结材料。

（承诺）书》逐项填写名称、经营场所、经营范围、经营者姓名、个人通信地址及手机号码等内容后签字确认，然后将该承诺书、身份证拍照上传，工作人员在网上进行预审并反馈审查结果。所有网上预审业务安排专人进行“淘宝客服式”全程对接，对材料齐全的24小时内审核通过并发照，执照通过EMS快递直接投递到经营者手中并再加以现场签字确认。这一商事登记制度的大胆探索和创新，极大降低了创业的制度性成本，标志着企业登记注册改革不断深入推进。

定远县按照统一规划、市级统筹、互联互通的原则，制定《关于依托“互联网+政务服务”推进基层为民服务标准化建设工作落实方案》，依托网上办事平台不断完善拓展各项服务功能，提高县乡村为民服务体系标准化程度。2017年10月，县级网上政务服务平台正式投入运行，24个部门的147个审批服务事项进入县级网上办事平台，网上政务服务平台受理办件总数1.1万件以上。同时，按照“村居申报—乡镇审核—县级审批”的运行模式要求，网上办事平台的使用延伸至乡村两级，乡镇43个审批服务事项，村（居）15个代办服务事项进入平台运行。至2017年10月，定远县已实现网上办事平台县、乡、村三级全覆盖，县、乡、村三级数据共享、整体联动、部门协同、入口统一、一网办理的“互联网+政务服务”平台初步建立，政务服务信息化水平大幅提升，审批效率更加高效。据统计，2017年，定远县受理各类审批服务事项15万件，同比增长151.5%，其中即办件达85%以上，完成企业注册1000户，同比增长70.4%，群众满意度98%①。

滁州各县市按照“资源整合、集约高效、以人为本、服务为先”的原则，依托滁州市网上办事大厅项目建设成果，加快与网上服务平台融合，推进实体政务大厅向网上延伸，整合业务系统，统筹服务资源，统一服务标准。至2017年年底，各县市基本建立了县、乡镇、村网上服务平台，实现各部门、各层级数据信息互联互通、充分共享。全椒县、来安县、天长市已率先接入安徽省网上政务服务平台滁州分厅，市县一体的网上政务服务平台基本建成。随着配套设施的逐步完善，乡镇（街道）政务服务中心

① 参见定远县政务服务中心2017年工作总结材料。

和村（社区）便民服务点直接服务基层群众，可以利用共享的网上政务服务资源，贴近需求做好政策咨询和办事服务，开展上门办理、免费代办等，为群众提供便捷的综合服务。

党的十八大以来，滁州各县市政务服务中心坚持以改革促创新、以创新促提升，树立了良好的窗口形象，打造了优质的服务品牌，为促进区域经济和社会发展发挥了积极作用，为加快全面建成小康社会，提供优质高效政务服务发挥重要作用。

三　推进政务服务中心建设，提升服务效能的思考与建议

党的十八大以来，明光、天长、定远等县市在贯彻落实党中央、国务院关于加强政务服务建设系列方针政策过程中，始终坚持以人民为中心的发展思想，在省、市政务服务中心指导下，深化行政审批制度改革，落实“放管服”各项改革措施，加强政务服务大厅建设，推进政务服务标准化、规范化、信息化进程，政务服务水平和效能显著增强，为全面深化改革和县域经济社会建设发挥了重要的支撑保障作用，也为政务服务中心建设积累了有益的经验。在决胜全面建成小康社会，实施乡村振兴战略新的实践中，基层政府如何加快转变职能，提升服务效能，建设人民满意的服务型政府，有了新的要求，也为我们重视和加强政务服务中心建设提出了新的思考。

（一）深入学习十九大精神，增强提升政务服务效能的认识

中国特色社会主义进入新时代，我国社会主要矛盾已经转化为人民日益增长的美好生活需要和不平衡不充分的发展之间的矛盾。这种发展不平衡不充分问题在乡村最为突出，必须坚持以人民为中心的发展思想，解决好人民日益增长的美好生活需要和不平衡不充分的发展之间矛盾。《中共中央 国务院关于实施乡村振兴战略的意见》明确提出实施乡村振兴战略的目标任务之一，就是要加强公共服务能力的建设，加快推进乡村治理体系和治理能力现代化。到2020年，城乡基本公共服务均等化水平进一步提高，

包括整合优化公共服务和行政审批职责，打造“一门式办理”“一站式服务”的综合服务平台，城乡融合发展体制机制初步建立；到2035年，城乡基本公共服务均等化基本实现，城乡融合发展体制机制更加完善，到2050年，乡村全面振兴，农业强、农村美、农民富全面实现。这是决胜全面建成小康社会、全面建设社会主义现代化国家的重大历史任务，也是实现“两个一百年”奋斗目标的必然要求，是实现全体人民共同富裕的必然要求。作为县级政府面对基层包括乡村政务服务，必须站在新时代新征程的起点上，深入学习全面贯彻落实十九大精神，通过深化改革，扩大开放，推动创新，持续转变政府职能，激发市场活力和社会创造力。

以习近平新时代中国特色社会主义思想为指导，增强提高政务服务效能的认识，要围绕公共服务能力建设三个发展阶段战略安排的目标任务，以及社会和公众对政务服务的公平性、公开性和高效率等要求，深入探索服务机制建设，将基层的政务服务效能和治理水平提升到一个新的高度。

（二）以党和国家机构改革为契机，进一步推进“放管服”改革

中共中央关于深化党和国家机构改革，是十八大以来在推进理论创新、实践创新、制度创新的基础上，从全新的角度深化党和国家机构的改革，是推进国家治理体系和治理能力现代化的一场深刻变革。改革的目标是构建系统完备、科学规范、运行高效的党和国家机构职能体系。根据这一目标，转变政府职能，优化政府机构设置和职能配置，是深化党和国家机构改革的重要任务。必须深入推进简政放权，减少微观管理事务和具体审批事项，优化政务服务，完善办事流程，全面实施市场准入负面清单制度，强化事中事后监管，全面提高政府效能，建设人民满意的服务型政府①。这次党和国家机构改革的指导思想、目标、原则以及任务要求，为进一步推进“放管服”改革提供了重要保障。作为基层政府以及政务服务中心，要以此为契机，进一步理顺和把握好“放管服”之间的关系，转变“重审批、轻监管、弱服务”的管理模式，将放管结合的立足点从过去以审

① 中国共产党第十九届中央委员会第三次全体会议公报[N].人民日报，2018-03-01.

批为主的准入监管转向事中事后监管，提高事中事后监管的有效性、针对性，优化服务，营造良好营商环境。政务服务中心的服务大厅是“放管服”改革的载体和前沿阵地，也是“放管服”改革成果集中展示的平台，是企业感知改革措施落地的末端神经，应在总结“放管服”改革经验的基础上，进一步加强建设和发展。同时要继续推进商事制度改革，以“一窗受理、集成服务”为主抓手，促进审批更简、监管更强、服务更优，将简政放权、放管结合、优化服务推进到新的水平。

（三）坚持创新发展，推进县乡和村统一政务服务平台建设

十九大报告中指出要“善于结合实际创造性推动工作，善于运用互联网技术和信息化手段开展工作”。李克强总理在2017年政府工作报告中提出，要大力推行“互联网+政务服务”，加快政府信息系统互联互通，形成统一政务服务平台，政务服务大厅强化纵向、横向延伸。《中共中央 国务院关于实施乡村振兴战略的意见》明确要求加强农村基层基础工作，整合优化公共服务和行政审批职责，打造一门式办理、一站式服务综合服务平台，在村庄普遍建立网上服务站点，逐步形成完善的乡村便民服务体系。这些都是强调在决胜全面建成小康社会新征程中，要建设好并充分运用互联网技术和信息化时代的各种手段，加快推进城乡融合发展的服务平台建设，这既关系到乡村振兴战略目标的实现和乡村治理体系和治理能力现代化问题，也关系到中国特色社会主义现代化国家建设目标的实现。国务院办公厅《关于印发进一步深化“互联网+政务服务”推进政务服务“一网、一门、一次”改革实施方案》明确要求，要加强乡镇（街道）便民服务中心、村庄（社区）服务站点建设，推动基于互联网、自助终端、移动终端的政务服务入口全面向基层延伸，要补足软硬件建设的短板，促进数据共享，消除信息孤岛，增进部门协同，实现所有县、乡和村政务服务平台与省、市在线审批监管平台对接，进一步完善服务平台功能，细化事项提供标准，提升基层政务实体大厅运行质量，实现县乡村一张网办理，一体化运行，发挥实体平台面对面交互、点对点问答、现场直接服务的优势，保证网上办理规范高效，推动实现县乡村“一网通办”“只进一扇门”“最多

跑一次”，不断提高基层响应群众诉求和为民服务的能力。

（四）坚持制度建设的目标导向，完善服务中心的制度建设

《中共中央关于深化党和国家机构改革的意见》指出，要深入推进简政放权，优化政务服务，保障各类市场主体机会平等、权利平等、规则平等，营造良好营商环境。要健全公共服务体系，推进基本公共服务均等化、普惠化、便捷化，推进城乡区域基本公共服务制度统一。这不仅是对转变政府职能，完善公共服务管理体制提出的具体要求，也是对加强政务服务建设，提升政务服务效能提出的制度要求。在面临政府行政理念变革、深化机构改革、审批机构重组、审批流程再造、监管制衡挑战的情况下，完善政务服务中心制度建设，是建设人民满意的服务型政府的必要支撑，有着重要的现实意义。

政务服务中心制度建设，一般是从“审批事项—审批流程—工作规程—监督与考评—激励与问责”逻辑体系出发，突显行政审批事项规范制度、运行制度、考评制度和监督制度等方面内容建设。审批事项规范制度，首要是指建立权力清单制度，保障使行政审批权力的设定和行使在阳光下公正、规范运行。强调职能部门不得变相在公布的权力清单之外实施行政审批，不得擅自调整行政审批事项及流程。正如2014年政府工作报告中所指出的，“确需设置的行政审批事项，要建立权力清单制度，一律向社会公开。清单之外，一律不得实施审批”。这是推进依法行政，加快建设法治政府的目标要求，也为提升政务服务效能奠定重要基础。

运行制度，是指审批事项、审批管理、事项规范和服务规范、处理规则和处理规程等。按照总体服务流程优化原则进行组织结构和业务流程的正确设计，使审批事项流程优化并大大简化，压缩办件时限，减少审批环节，保障审批服务效率的提高，是建设效率政府的目标要求和制度基础。

考评制度，是指行政审批事项运行过程中的考勤标准、考核内容、考评办法、考核纪律、结果评估、过错认定和追究，以及平时考核与年度、定性和定量、内部和外部评估等考核制度形式，目的在于健全激励机制，激发政务服务人员的责任性和工作的积极性与主动性，是建设绩效政府的

要求和体现。

监督制度，主要是指信息公开制度、行政审批监督检查规程、行政许可听证规程、行政效能投诉工作流程、廉政警示制度、审批人员交叉制约制度、不良行为管理办法等系列长效监督制度，目的是为政务服务中心规范运作建立起多层次、全方位的政务公开监督体系。完善监督制度建设，既是建设服务政府和责任政府目标要求，也是政务服务中心的制度保障。

多年来，明光、天长、定远等县市政务服务中心高度重视制度建设，基本围绕“审批事项—审批流程—工作规程—监督与考评—激励与问责”等各个环节，不同程度地制定了一些制度规章和实施细则，在政务服务实践中发挥了重要作用，但各县市在制度建设层面还存在着一些不足或差异。笔者认为，面对新时代提出的新任务，作为承担着建设人民满意的服务型政府重要职责的县市政务服务中心，需要从制度体系的整体性和应用的价值层面重新认识和考量制度建设问题。也就是说，为提高政务服务效能，要以法治政府、效率政府、服务政府、责任政府和绩效政府为目标导向，加强与完善行政审批事项规范制度、运行制度、考评制度和监督制度的建设。只有尊重行政审批的价值内核，以强化服务型政府建设为出发点探索制度诉求，开展常态化治理和长效性、系统性、动态性制度建设，切实将行政审批制度改革作为践行新发展理念的平台，把“放管服”改革推向更深层次，激发创新创业的活力，才能挖掘县域发展的潜力，建设好人民满意的服务型政府。

总之，新时代“互联网+政务服务”催生更多改革新任务，对接好人民对美好生活的新期盼，需要以人民为中心、以数据共享为原则，大胆探索和创新县域基层政务服务新方式，不断提升基层政府治理和服务水平。

新时代基层政府完善公共文化服务财政保障机制研究

——以芜湖县为对象[①]

朱启友[②]

摘　要： 芜湖县在全面深化政革中，高度重视公共文化服务体系建设，建立工作协调机制，县域财政实力不断增强。在此基础上，立足自身实际，持续加大财政投入，扩大政府购买服务，扶持民营文艺团体发展，加强资金运行监管。在逐渐健全的财政保障机制等多种因素支持下，基层公共文化设施全面建立，三级公共文化设施网络初步建成；公共文化服务方式日趋多样，服务能力明显提升；群众文化活动丰富多彩，服务惠民效果显著；全民阅读持续推进，城市文化软实力得到提升。新时代进一步健全公共文化服务财政保障机制以解决公共文化服务发展中出现的诸多问题，需进一步拓宽资金来源渠道，完善经费稳定增长机制；合理划分事权和支出责任，健全财政分担机制；优化财政投入结构，实现均等化；建立资金投入与绩效评价结果相挂钩制度，提高资金使用效益；加强基层文化队伍建设，增强服务能力；整合文化事业、旅游业、文化产业资源，走融合发展之路。

关键词： 财政保障　公共文化服务　基层政府　芜湖县

① 本文系国家社科基金项目“我国农村公共文化服务体系建设研究”(12BKS039)阶段性成果。

② 朱启友：博士，安徽师范大学法学院副教授，硕士生导师，安徽师范大学法治中国建设研究院研究员。

公共文化服务，指的是由党和政府主导、社会力量参与，以公共财政为支撑，以公益性文化事业单位为骨干，以满足群众基本文化需求、保障群众基本文化权益为主要目的，提供包括公共文化设施、公共文化产品、公益性文化活动等在内的相关服务。公共财政是一种以满足社会成员基本公共需求为目的的财政制度安排，公共性是公共财政投入力度、投入结构、投入效益的重要标尺；公共文化产品与服务具有的公益性、公共性属性为政府介入提供了必要前提，“而公共财政的资源配置职能决定了其成为政府介入的优先手段”①。保障和促进公共文化服务发展是现代政府和公共财政的一项重要职责。改革开放以来特别是党的十八大以来，党中央对于建设公共文化服务体系高度重视，加强顶层设计，全面推进，一个覆盖城乡、保基本、普惠性的现代公共文化服务体系初步建成，有力地满足了人民基本文化需求，保障了人民基本文化权益。芜湖县政府围绕十八大报告提出的“加强重大公共文化工程和文化项目建设，完善公共文化服务体系，提高服务效能”的总体要求，不断加大投入力度，增加投入总量，整合资金类型，改革投入方式，拓宽资金来源渠道，加强资金监管和绩效考核，在促进公共文化服务发展过程中发挥了重要的保障、引领与激励作用。

一　芜湖县县情和加大公共文化服务投入的有利条件

芜湖县，古称鸠兹，位于长江下游南岸，安徽省东南部。东南紧邻宣城市，西南连接南陵县，东北与当涂县交界，西北毗邻芜湖市区。芜湖县历史悠久，西汉元封二年（公元前109年）置县，素有“长江巨埠，皖之中坚”的美誉。明代时，浆染业发达，时人云“织造尚松江，浆染尚芜湖”；清代时，芜湖与无锡、九江、长沙并称全国四大米市。境内青弋江直通长江黄金水道，交通便捷；临近黄山、九华山等著名景区，环境优美。现下辖湾沚、陶辛、六郎、花桥、红杨5个镇，总面积约670平方千米，2017年末户籍人口34.75万人。

① 刘再杰，魏鹏举.文化软实力建设：公共财政的功能、思路与对策[J].中国行政管理，2013(1)：121-123.

改革开放以来，特别是进入21世纪以来，芜湖县人民在县委县政府的带领下，主动适应与把握经济发展新常态，在全面深化改革中结合县情找准发展定位，奋勇争先，产业结构不断优化，产业特色鲜明，尤其是高端装备制造、电子电器、汽车零部件及新能源新材料等产业发展迅速，整体上实现了由传统农业县到工业化中期的跨越发展，经济社会综合实力全面提升。从芜湖县获得的一系列荣誉名片中可以看出这种变化与进步：全国文明县城、园林县城、生态县、金融生态县、农田水利建设先进县、休闲农业与乡村旅游示范县、新型职业农民培育示范县、科技进步先进县、发展非公经济先进县、全省科学发展先进县、义务教育发展均衡县、食品药品安全示范县、双拥模范县、社会治安综合治理模范县等。2015年首次跻身“全国县域经济竞争力百强县”行列，2016年进入“全国县域经济投资潜力百强县”名单。除了在经济、科技、教育等领域收获颇丰以外，芜湖县的文化建设也是亮点多多，成绩连连。2014年获得“全国文化先进县”称号，2016年成功创建省级公共文化服务体系示范区，2017年由于在推动公共文化服务体系建设、繁荣文艺创作、文化遗产保护、推进文化产业发展、文化体制改革试点工作中取得显著成效，受到省政府通报表扬奖励（全省仅有3个县受此表彰，芜湖县是芜湖市唯一受到表彰的县区）①。

文化成绩的背后，有着多种因素在推动，除了芜湖县文化底蕴深厚、芜湖市县各级领导对公共文化服务的重视之外，县级财政加大投入力度、建立健全公共文化服务财政保障机制在其中也发挥了十分重要的作用。

（一）领导高度重视，为加大公共文化投入提供了可靠的政治保障

文化兴则国运兴，文化强则民族强。党中央、国务院高度重视公共文化服务发展，多次对新形势下构建现代公共文化服务体系的战略意义进行充分阐述，它是保障和改善文化民生的重要举措，“是全面深化文化体制改革、促进文化事业繁荣发展的必然要求，是弘扬社会主义核心价值观、建

① 参见安徽省人民政府办公厅关于对2016年落实有关重大政策措施真抓实干成效明显地方予以表扬激励的通报(皖政办〔2017〕49号)。

设社会主义文化强国的重大任务”①。地方各级党政领导也从本区域实际出发，提出了建设“文化强省”“文化强市”“构建现代公共文化服务体系”等任务要求。2011年10月，安徽省第九次党代会确定了加快建设创新型“三个强省”的奋斗目标，即协调推进经济强省、文化强省、生态强省建设，实现全面发展。2016年10月，李锦斌在作安徽省第十次党代会报告回顾和总结五年来文化发展的成就时，这样概括：安徽“五级公共文化服务体系逐步完善，文化市场繁荣有序”，“文化体制改革走在全国前列”，整体上“文化建设迈上新台阶”。报告指出，安徽省在“十三五”时期的一个重要任务是“加快构建现代公共文化服务体系”，继续推进文化繁荣发展②。围绕中央和省委战略部署，芜湖市党政领导在学习贯彻新发展理念、推动芜湖文化繁荣的工作中，强调要“围绕人民群众多样化文化需求，加强文化基础设施建设”，提高公共文化服务能力，“构建覆盖城乡、便捷高效、保基本、促公平的现代公共文化服务体系”③。多年来芜湖县委县政府致力于推动社会主义精神文明与物质文明协调发展，“坚持文化工作和经济工作同步部署，文化阵地建设与城乡基础建设同步推进，经济指标与文化建设同步考核”，建设“文化强县”④。进入新时代，芜湖县成立了文化建设工作领导组，形成了县、乡（镇）、村（社区）三级共建，社会广泛参与的工作机制；制定下发了《芜湖县“十二五”文化、广播电影电视、新闻出版发展规划（2011—2015）》等一系列政策文件。2018年芜湖县政府工作报告中关于文化建设方面，着重强调要“完善公共文化服务体系，实施文化惠民工程，推动基层综合性文化服务中心建设”。各级党政领导的高度重视，为加大公共文化投入提供了可靠的政治保障。

---

① 参见中共中央办公厅、国务院办公厅印发《关于加快构建现代公共文化服务体系的意见》(2015)。

② 李锦斌.坚定不移闯出新路 决战决胜全面小康 为建设创新协调绿色开放共享的美好安徽而奋斗[N].安徽日报，2016-11-07.

③ 宋国权.在践行新发展理念上走在前列 为高水平全面建成小康社会而奋斗[EB/OL].[2016-10-16].http://swb.wh.cn/html/doc/201610/16101480JJKJ565DJ501H12A9C.html.

④ 腹有诗书气自华——芜湖县荣膺“全国文化先进县”[EB/OL].[2015-01-14].http://whx.ahxf.gov.cn/szyw/rdgz/606111.SHTML.

（二）加强统一领导，建立工作协调机制，为加大公共文化投入提供了有力的组织保证

各级领导重视公共文化服务体系建设，不仅体现在思想观念上，还要落实在行动中，统一领导，统一规划，健全文化工作协调与运行机制，提高坚实的组织保障。第一，建立与完善公共文化服务工作机构，建立由政府统一领导、文化等部门密切配合的工作协调机制，统筹推进工作落实。2014年7月，成立芜湖县创建首批省级公共文化服务体系示范区工作领导小组，负责日常创建工作，各镇相应成立创建工作领导小组，具体督促与落实本镇的创建工作。2015年6月，成立芜湖县公共图书服务一体化建设试点工作领导小组，制定了《芜湖县公共图书服务一体化建设工作实施方案》。芜湖县政府常务会议每年研究两次以上文化专题工作，组织协调文化、财政、发展改革、人事编制、体育等部门，建立有效的工作协调机制，明确各自职责，加强协作，共同做好文化发展工作。第二，坚持统一部署，各司其职，分级负责。芜湖县人民政府为文化民生项目责任主体，对所属各种项目的资金安排、资金使用、项目管理以及实施效果负总责。县文化广电新闻出版局、体育行政管理部门为项目实施主体，负责各种项目的计划实施、档案管理、信息报送、运管养护和制度建设等工作。县财政部门负责审核、拨付与管理配套资金和项目资金。特别是作为文化民生工程的牵头单位——芜湖县文化广电新闻出版局（简称“文广新局”），每月组织召开一次文化民生工程建设协调会，每两月召开一次文化民生工程建设推进会，掌握各工程进度，协调各方行动，从而确保工程各项目标任务按期完成。以“送戏进万村”活动为例，县政府分管领导组织召开专题会议进行动员布置；县文广新局具体抓工作落实，做好政府采购招标、剧团落实、剧目审查、统筹协调等工作；各镇村做好具体工作安排，抓好场地、治安、用电等工作，各镇文化站工作人员做好全程跟踪服务①。第三，规范程序，加强督查。芜湖县结合美好乡村建设，依据《安徽省农村文化建设专项补助民生工程绩效评价办法》，制定文化民生工程实施细则，加强过程监管，

① 芜湖县全面完成送戏进万村活动任务[EB/OL].[2014-08-14].http://www.whx.gov.cn/DocHtml/1/2014/8/14/8387036957155.html.

及时掌握项目实施进度和成效，并将督查结果及时向县镇各相关方反馈，督促解决实施中遇到的问题，共同推动民生工程的实施取得成效。

（三）县域经济和财政实力不断增强，为加大公共文化投入奠定了坚实的物质基础

改革开放以来，芜湖县经济实力在结构调整中不断增强，主要经济指标持续较快增长，经济发展的协调性、稳定性和可持续性不断增强。以下数据能很好地说明这一点。首先，分析自2007年以来芜湖县地区生产总值、财政收入、固定资产投资、社会消费品零售总额、农民人均可支配收入的增长情况。2007—2017年，芜湖县地区生产总值（GDP）由46.8亿元增加到241.7亿元，年均增长17.9%，人均GDP已进入1万美元之列；全社会固定资产投资由53.8亿元增加到339.8亿元，年均增长20.2%；社会消费品零售总额由14.4亿元增长到61.8亿元，年均增长约16%；特别是财政收入由5.3亿元增长到42.6亿元，增长了7倍多；农民人均可支配收入由5382元增长到20586元，增长了2.8倍（见表1）。

表1　2007—2017年芜湖县经济社会发展概况①

	地区生产总值（亿元）	财政收入（亿元）	固定资产投资（亿元）	社会消费品零售总额（亿元）	农民人均可支配收入（亿元）
2007	46.8	5.3	53.8	14.4	5382
2008	62.9	7.5	84.5	18.2	6405
2009	80.5	10.0	120.7	22.4	7065
2010	103.0	13.7	169.0	26.9	8239
2011	125.1	20.3	135.1	31.7	9693
2012	146.6	24.5	170.3	37.0	11134
2013	164.9	28.2	205.2	42.2	12633
2014	180.3	31.6	229.9	47.5	16269
2015	196.5	35.0	262.6	49.8	17774
2016	214.5	38.5	294.6	55.1	18947
2017	241.7	42.6	339.8	61.8	20586

① 根据芜湖县2007—2017年国民经济和社会发展统计公报整理。

其次，立足人均角度，近五年安徽省、芜湖市、芜湖县“人均地区生产总值”和“农村常住居民人均可支配收入”的对比情况见表2所示。2013—2017年，芜湖县人均GDP分别为47518元、52304元、65926元、71512元、80165元，同期全省人均GDP分别为31684元、34427元、35997元、39092元、44206元，前者超出后者部分分别是15834元、17877元、29929元、32420元、35959元。芜湖县这一指标不仅在全省的位次一直处于前列，而且领先全省平均水平的幅度日益扩大，与工业基础较好的芜湖市的差距也在逐渐缩小。接下来我们使用“全年农村常住居民人均可支配收入”这一指标来看看芜湖县在芜湖市与安徽省的位置及其变动情况。根据省、市和县历年经济和社会发展统计公报，我们得到的数据是，2013—2017年，安徽省全省范围农村常住居民人均可支配收入分别是8098元、9916元、10821元、11720元、12758元。同期，芜湖市农村常住居民人均可支配收入分别是10962元、14606元、15964元、17308元、18830元；芜湖县是12633元、16269元、17774元、18947元、20586元（见表3）。据此，我们可以得出，近年来芜湖县农村常住居民人均可支配收入不仅高于芜湖市和全省平均水平，而且增长比例也高于全省（2016年例外，两者持平）。芜湖县农民的收入水平比较高，增长势头较好。

表2　2013—2017年安徽省、芜湖市、芜湖县人均地区生产总值比较[①]

单位：元

	2013	2014	2015	2016	2017
安徽省	31684	34427	35997	39092	44206
芜湖市	54676	63996	67592	73715	83234
芜湖县	47518	52304	65926	71512	80165

① 根据2013—2017年安徽省、芜湖市、芜湖县国民经济和社会发展统计公报整理。

表3　2013-2017年省、市、县农村常住居民人均可支配收入比较①

单位:元

	2013	2014	2015	2016	2017
安徽省	8098	9916	10821	11720	12758
芜湖市	10962	14606	15964	17308	18830
芜湖县	12633	16269	17774	18947	20586

第三，从横向角度，从芜湖县财政收入与同期国家、安徽省财政总收入比较角度来看。2011—2017年，芜湖县年度财政收入（不含基金收入）分别是20.3亿元、24.5亿元、28.2亿元、31.6亿元、35.0亿元、38.5亿元、42.6亿元，较上年分别增长48.5%、20.8%、15.0%、12.1%、10.7%、10.1%、10.5%。同期安徽省年度财政收入2632.8亿元、3026.0亿元、3365.1亿元、3663亿元、4012.2亿元、4373.2亿元、4858亿元，较上年分别增长27.6%、14.9%、11.2%、8.9%、9.5%、9.0%、11.1%。同期全国财政年度总收入分别是10.37万亿、11.72万亿、12.91万亿、14.04万亿、15.22万亿、15.96万亿、17.26万亿，增长29.5%、12.8%、10.1%、8.6%、5.8%、4.5%、7.4%（见表4）。芜湖县的增长幅度整体上是明显领先于安徽与全国的（但近年来三者差距的收窄趋势也很清晰）。

表4　2011—2017年国家、安徽省、芜湖县财政收入比较②

	芜湖县财政收入（亿元）		安徽省财政收入（亿元）		全国财政收入（万亿元）	
2011	20.3	48.5%	2632.8	27.6%	10.37	29.5%
2012	24.5	20.8%	3026.0	14.9%	11.72	12.8%
2013	28.2	15.0%	3365.1	11.2%	12.91	10.1%
2014	31.6	12.1%	3663.0	8.9%	14.04	8.6%
2015	35.0	10.7%	4012.2	9.5%	15.22	5.8%
2016	38.5	10.1%	4373.2	9.0%	15.96	4.5%
2017	42.6	10.5%	4858.0	11.1%	17.26	7.4%

① 根据2013—2017年安徽省、芜湖市、芜湖县国民经济和社会发展统计公报整理。

② 根据历年国家、安徽省、芜湖县国民经济和社会发展统计公报整理数理。

总之，通过分析近些年芜湖县地区生产总值、固定资产投资、社会消费品零售总额、人均地区生产总值、农村常住居民人均可支配收入、财政收入等数据的变化情况，不管是自身的纵向对比，还是横向上与全国、安徽省、芜湖市有关指标对比，都可以看出增长的数量和幅度都是很大的。经济实力的增强，特别是财政收入的快速增长提高了投入能力，为加大对公共文化服务的投入提供了坚实的物质基础。

二　芜湖县建立健全公共文化服务财政保障机制的主要做法

党的十八大以来，芜湖县就构建覆盖城乡、惠及全民的公共文化服务体系，进一步促进文化事业发展，发布了总体规划，其指导思想是“以十八大及十八届三中全会精神为指导，坚持以政府为主导、以公共财政为支撑、以全民为服务对象、以行政村为重点，按照体现公益性、基本性、均等性、便利性的要求，着力提高城乡公共文化产品和服务供给能力”，进一步满足人民群众的基本文化需求，切实保障人民群众的基本文化权益。其中，公共财政既是基础保障也是重要支撑，为此，就必须要建立总量充足、结构合理的公共文化经费投入机制；县、镇财政加大对文化事业的资金投入，确保增加的幅度不低于财政同期增长幅度，扩大公共财政逐步向镇、村（社区）倾斜；立足县域实际创新投入方式；进一步拓宽资金筹措渠道，积极鼓励和引导社会力量，重点捐助文化广场、文化中心、图书室、文化活动室等文化基础设施建设以及群众性文化体育活动；对作出突出贡献的单位、团体及个人，予以表彰[①]。芜湖县的具体做法如下。

（一）持续加大财政投入力度，公共文化服务经费总量增长迅速

立足于县域层面，我们首先从两个层面或角度来观察各级财政对芜湖县公共文化的投入及其增长情况：农村文化建设专项及配套资金、免费开放专项及配套资金。

---

① 参见关于印发芜湖县创建首批省级公共文化服务体系示范区建设规划（2014—2016）的通知。

1. 及时拨付文化建设专项配套资金,并根据实际情况提高补助标准

从2011年开始，中央财政在整合原先的“农村文化以奖代补专项资金”和“农村电影公益放映场次补贴专项资金”的基础上，新设立“中央补助地方农村文化建设专项资金”，该项资金主要用于支持全国文化信息资源共享工程村级基层服务点建设，补充更新农家书屋出版物，补贴农村电影公益放映，资助基层开展特色文化体育活动，等等。为了规范与加强专项资金的管理及使用，2013年4月，财政部下发《中央补助地方农村文化建设专项资金管理暂行办法》（简称《暂行办法》）。根据此《暂行办法》的规定，农村文化建设补助标准为每个行政村每年10000元，其中，每村每年全国文化信息资源共享工程村级基层服务点建设补助2000元，农村文化演出活动2400元，农家书屋出版物补充与更新2000元，农村电影公益放映活动2400元，农村体育活动1200元。《暂行办法》中还提出了“中央财政对东部地区、中部地区、西部地区分别按照基本补助标准的20%、50%、80%安排补助资金，其余部分由地方统筹安排”具体的经费分担比例。地方也可以根据本地实际情况提高补助标准，提标所需经费由地方财政自行负担。安徽属于中部省份，所以1万元的基本补助标准分担比例是中央财政补助50%，省级配套30%，市、县（区）配套20%。自2014年起安徽省每村提标2000元，这2000元由省、市县财政按1∶1分担。芜湖市和芜湖县除了按照文件要求，完成“固定动作”（配套任务）以外，还“自选动作”，在安徽省对每村每年提标2000元的基础上，再提标3200元（农家书屋超出省定标准2000元，电影放映超出省定标准1200元），提标的这3200元由市、县财政按比例分担。所以，每村每年四级财政共投入1.52万元。简单地说，这里出现了三个标准：中央1万元、省级1.2万元、市县1.52万元（见表5）。

表5 每村每年农村文化建设专项补助国家、省级、市县标准对比[①]

单位：元

	文化信息资源共享工程	农村文化活动	农家书屋补助	农村电影放映活动	农村体育活动	小计
国家标准	2000	2400	2000	2400	1200	10000
安徽省标准	2000	4400	2000	2400	1200	12000
芜湖市标准	2000	4400	4000	3600	1200	15200

根据以上三个标准以及各级财政分担比例，再结合芜湖县历年行政村数量，我们可以测算出芜湖县年度农村文化建设专项资金总投入以及各级财政承担部分的大致数额（见表6）。2013年总经费是142万元，其中，中央补助56万元，省级补助33.6万元，县配套资金22.4万元，县财政送戏安排30万元（2011年开始）。2014年总经费是162.2万元，其中，中央补助43.5万元，省级补助34.8万元，县配套资金26.1万元，县再承担提标经费27.8万元，县财政送戏安排30万元。2015年与2014年一样。2016、2017、2018年年度经费都是153.1万元，其中，中央补助40.5万元，省级补助32.4万元，县配套资金24.3万元，县再承担提标经费25.9万元，县财政送戏安排30万元。总结来看，六年来，芜湖县农村文化建设总共投入资金为921.7万元，其中，中央财政承担264.5万元，占比28.7%；省级200.4万元，占比21.7%；芜湖县共承担456.8万元，占比49.6%。仅此一项“农村文化建设专项资金”的投入中，县级财政每年承担的配套等经费占比为50%左右。

① 根据财政部《中央补助地方农村文化建设专项资金管理暂行办法》、历年安徽省财政厅关于转发财政部《中央补助地方农村文化建设专项资金管理暂行办法》的通知、历年芜湖市芜湖县农村文化建设专项补助项目公示表等整理。

表6　2013—2018年芜湖县农村文化建设专项资金投入情况①

	行政村数(个)	中央补助(万元)	省级补助(万元)	县配套资金(万元)	提标后县承担经费(万元)	县财政送戏安排(万元)	小计(万元)
2013	112	56	33.6	22.4	—	30	142.0
2014	87	43.5	34.8	24.1	27.8	30	160.2
2015	87	43.5	34.8	24.1	27.8	30	160.2
2016	81	40.5	32.4	24.3	25.9	30	153.1
2017	81	40.5	32.4	24.3	25.9	30	153.1
2018	81	40.5	32.4	24.3	25.9	30	153.1
—		264.5	200.4	143.5	133.3	180	921.7

2. 及时拨付免费开放县级配套资金，并适当增加补助

在完成农村文化建设专项资金的配套任务和提标的同时，芜湖县财政还承担着公益性文化场馆免费开放专项资金的配套任务。多年来芜湖县财政一直能做到及时足额拨付免费开放专项县级配套资金。根据财政部文化部《中央补助地方美术馆公共图书馆文化馆（站）免费开放专项资金管理暂行办法》（财教〔2013〕98号）的规定，美术馆、公共图书馆、文化馆行政层级不同，免费开放基本补助标准也有所不同，每年地市级每馆50万元，县级每馆20万元，乡镇综合文化站每站5万元。芜湖县有县图书馆1个，县文化馆1个，每馆每年免费开放基本补助都是20万元；乡镇综合文化站5个，每站每年免费开放基本补助5万元。所以芜湖县每年馆站免费开放基本补助经费共65万元，其中，中央补助32.5万元，省级补助16.25万元，县配套16.25万元（图书馆与文化馆每年共10万元，乡镇文化站每年共6.25万元）。2011—2018年，各级财政总共投入免费开放资金520万元（见表7），其中芜湖县投入130万元，占比25%。除了及时将补助经费全部拨付到位以外，芜湖县从实际出发适当增加配套补助。比如，2016年县财政为县图书馆配套购书专项经费20万元，为文化馆配套文化活动经费10万

① 根据财政部《中央补助地方农村文化建设专项资金管理暂行办法》、历年安徽省财政厅关于转发财政部《中央补助地方农村文化建设专项资金管理暂行办法》的通知、历年芜湖市芜湖县农村文化建设专项补助项目公示表等整理。（注：农家书屋运行维护每村每年4000元，其中2000元用于工作考核。）

元，为每个文化站每年另外配套工作经费1万元（总共5万元），保证了免费开放各项工作的落实①。

表7　芜湖县年度免费开放专项资金各级财政分担比例情况②

年度补助经费（万元）	补助资金（万元）			图书馆（个）	文化馆（个）	乡镇文化站（个）
	中央	省级	县配套			
65	32.5	16.25	16.25	1	1	5

至于博物馆纪念馆免费开放经费，中央文件规定根据免费开放运行情况、接待参观人次以及服务质量等因素确定补助标准，由中央财政给予补助。笔者没有查找到详细的财政数据，这里就没有办法统计和分析这一项目的经费投入情况。

（二）创新财政投入方式，加大政府购买公共文化服务力度

芜湖县在做好文化惠民工程中，改革资金投入方式，逐步从政府财政拨款为主逐步转向多元混合投入为主，特别是加大政府购买公共文化服务力度，包括启动省级公共文化服务体系示范区创建，以购买服务方式配足馆站工作人员、选聘农家书屋管理员，向专业演出团体购买文艺演出服务，购买图书流动服务，等等。这些举措使镇村公共文化服务设施管起来、用起来，群众文化活动顺利开展起来，提高了公共文化服务资金使用效益，打通了文化惠民“最后一公里”。

启动省级公共文化服务体系示范区创建。2014年，芜湖县政府按照省定标准和省、市一系列文件精神，结合县公共文化服务建设现状，制定印发《芜湖县创建首批省级公共文化服务体系示范区建设规划（2014—2016）》（芜政办〔2014〕59号），全面规划落实公共文化设施网络建设、公共文化服务供给、公共文化服务组织支撑、资金人才技术保障、公共文

① 芜湖县“五到位”推进公共文化场馆免费开放（芜湖文化信息第6期）[EB/OL].[2016-06-29].http://whw.wuhu.cn/Content.aspx?pSysID=3422.

② 根据财政部文化部《中央补助地方美术馆公共图书馆文化馆（站）免费开放专项资金管理暂行办法》、历年财政部与安徽省财政厅下达美术馆公共图书馆文化馆（站）免费开放专项资金的通知、历年芜湖市芜湖县公共文化场馆免费开放实施办法等整理。

化服务评估等创建任务，以创促建，争取全面达标，使创建工作成为推动文化创新、文化惠民，促进文化发展的主要抓手，形成“设施网格化、机制长效化、城乡一体化、服务普惠化”的公共文化服务新格局[①]。2016年11月，示范区建设顺利通过省文化厅的检查验收。2018年3月，被省文化厅评为安徽省公共文化服务体系示范区创建合格单位。

以购买服务方式配足文化馆站工作人员。以前，县文化馆、县图书馆、各乡镇综合文化站工作人员编制少，人手不够，不能满足日常管理和免费开放工作需要。自2010年开始县政府常务会议研究决定，通过购买服务的方式，为县文化馆、图书馆分别聘用了9名、6名具有艺术特长的工作人员，为每个乡镇文化站配备了3名专职人员（其中聘用2人）。成立招聘领导组和招聘办公室，制定招聘方案，在县监察局全程监督下，严格按照公开、公平、公正的原则，完成了招录工作。镇文化站工作人员由县统一公开招聘，由各镇使用管理。新招录人员由县文广新局统一培训后上岗。每人每月2000元（含五险），费用由县镇两级按5∶5比例分担。

以购买服务的方式选聘农家书屋管理员。为保障农家书屋正常开放和可持续运行，从2011年1月起，芜湖县立足实际，确立了从农村选贤任能、就地就近购买社会服务的思路，统一制定推荐标准，严格规范工作流程（村民推荐、镇政府统一招聘、县政府备案），从所在村退休教师或干部中选聘农家书屋管理员。县政府将农家书屋管理员工资补助列入政府年度预算，每人每月补助800元，实行县镇财政预算、村级适当补贴的“三级资金保障”，县、镇、村三级按5∶4∶1比例承担。自2011年开始，对每个农家书屋每年列支2000元作为补助经费。农家书屋管理员已实现行政村（社区）全覆盖，实行专人专职专岗驻村服务。

向专业演出团体购买“文化下乡”服务。为丰富群众文化生活，2010年，芜湖县就将购买黄梅戏剧目列入年度财政预算，为5个镇农民及县城市民各采购一次黄梅戏演出，当年采购资金为21万元。自2011年开始，县财政每年安排30万元，购买黄梅戏等文艺节目，深入乡镇、村（社区）开

① 参见关于印发芜湖县创建首批省级公共文化服务体系示范区建设规划(2014—2016)的通知。

展送文化下乡活动。为节约招投标时间，政府一般通过组织安排，采用简易的单一来源采购的方式进行招标采购，购买县黄梅戏剧团或庐剧团等优秀民营剧团的专业化演出，为每个行政村每年送正规演出不少于一场。购买的演出剧目以整本大戏为主，比如《冷宫救主》《天仙配》等，演出时间在2小时以上，并在大戏开演前增加杂技、歌舞等内容，以满足不同层次群众的不同文化需求。2016年，红杨镇为宣传当前政府推进权力清单这项惠民工作，自筹资金8万元，自编小戏《低保申请》《为政府点赞》到各村巡回演出。购买文艺演出服务，“送戏下乡”，既激活了农村文化市场，也惠及了基层群众和民营剧团。

（三）扶持民营文艺团体发展，为政府购买公共文化服务提供合格的承接主体

民营文艺表演团体是繁荣城乡文化市场的生力军，是政府采购文化服务的重要承接主体，在促进城乡公共文化服务发展、满足群众文化基本需求上有着举足轻重的地位，因此芜湖县从资金、政策等各个方面加大对民营文艺院团的扶持力度，搭建好发展平台，加强方向引导和业务指导，规范管理，鼓励创新，鼓励先进，营造良好发展环境。县委宣传部、县文广新局等部门出台奖补办法，鼓励民营院团创新经典剧目，打造舞台精品力作，奖励民营院团获奖作品，积极帮助民营院团申报各类国家和省级文化产业发展项目，同时激励县内民营院团主动参与提供县内各种公共文化服务，不断提升院团影响力。2015年12月，红杨镇出台《红杨镇文艺社团奖励扶持办法（试行）》，规定了扶持原则、扶持对象、参评条件、扶持标准等，扶持对象主要是红杨镇辖区范围的营业性文艺演出团体、民间文艺社团和各级政府组织认定并登记的非遗名录个人，以此激发文艺社团的积极性和创造性，鼓励出人才、出精品、出效益。以县黄梅戏剧团、万程黄梅戏剧团为代表的一批民营文化团体脱颖而出，不断提升演出质量和效益，真正把“小舞台做成了大事业”。这里以县黄梅戏剧团（黄梅戏剧团有限公司）的发展壮大为例。

首先，市县领导常去剧团调研，帮助剧团解决排练场地等实际困难，并对剧团给予设备支持。县政府无偿将占地1万平方米、建筑面积2100平

方米的原儿童福利院场地提供给黄梅戏剧团作为排练基地，解决了剧团办公、住宿、排练、器材存放的场地问题。县文广新局和县城市管理局共同前往县黄梅戏剧团，对该团所在地进行详细勘查，进行内部环境整治与外立面改造，最终将其打造成开放式城市文化公园，使剧团有了舒适的“家”。2013年1月，芜湖县将省文化厅配送的流动舞台车拨给了剧团无偿使用。2014年，又将500平方米的黄梅戏多功能排练厅工程列为2014年政府性投资项目，加强实施与管理。该排练厅造价50万元，集排练、小型演出于一体，建成后无偿提供给芜湖县黄梅戏剧团使用①。

其次，政府采购公共文化服务向民营院团倾斜。该剧团演出市场遍布安徽、浙江、江苏等地的城镇乡村，每年演出500多场，服务观众达百万人次。上演的剧目集思想性、艺术性、观赏性于一体，深受观众好评。剧团常年上演的传统剧目如《天仙配》《女驸马》等共计70部100多本，其中特色保留剧目40余部。近几年，芜湖县黄梅戏剧团更是投入巨资，移植重排了《龙女》《江姐》《名优》等经典剧目，新创作剧目有《戴安澜》《铁画记》《王能珍》等，参加全国、省市的文艺戏曲展演活动屡获大奖。在送戏下乡和送戏进校园活动中，芜湖县黄梅戏剧团表现突出，从2010年至2012年，县财政扶持奖励剧团资金58万元，向剧团采购剧目60万元。近年来该剧团每年都承担了县内200多场次的公益性演出任务，将优秀剧目送到了乡村，把欢乐送给了基层群众。

（四）细化资金管理规定，加强监管，保障资金运行安全和效益发挥

根据国家、省市文件精神，结合本地实际，制定印发公共文化服务发展专门规划以及文化民生工程实施方案，规范和引导资金投入方向与流程。制定印发的代表性文件有：《芜湖县“十二五”文化、广播电影电视、新闻出版发展规划（2011—2015）》（2012年），《芜湖县创建首批省级公共文化服务体系示范区建设规划（2014—2016）》（2014年），《关于加强芜湖县村级综合文化活动中心建设工作方案》（2015年），《芜湖县公共图书服务一体

① 芜湖县支持民营剧团发展再举新措［EB/OL］.［2014-10-16］.http://whw.wuhu.cn/Content.aspx?pSysID=1906.

化建设工作实施方案》（2015年），芜湖县《关于进一步扩大村级综合文化活动中心建设试点的通知》，《“送戏进万村”工作实施方案》（2016、2017年），《芜湖县全民健身实施计划（2016—2020）》（2017年），等等。

建立县、镇、村三级经费保障机制和目标管理责任制，确保文化事业经费增加的幅度不低于县财政同期增长幅度。县、镇、村财政在编制年度预算中优先将农村文化建设资金配套、免费开放配套、购买服务所需资金等安排到位，并依据文化民生工程项目类型和资金分担比例，细化文化民生工程资金投入、使用与管理办法，制定各年度芜湖县农村文化建设专项补助实施办法、公共文化场馆免费开放实施办法，下发《做好农村电影放映工作的通知》等，明确资金来源、补助范围、补助标准、组织领导、监管与绩效考核等，使资金投入与使用规范有序，确保文化民生工程资金保障及时到位，资金效益得到有效发挥。

加强资金使用绩效考核，并将考核结果与资金拨付相挂钩。依据安徽省《公共文化类民生工程绩效评价暂行办法》《公共文化场馆免费开放绩效评价办法》《公共文化场馆免费开放民生工程绩效评价办法》以及安徽省《公共文化场馆开放绩效评价指标体系》《公共文化服务信息化建设绩效评价指标体系》《农村文化建设专项补助绩效评价指标体系》，芜湖县加强对专项资金使用过程监管和资金投入绩效考核，注意考评结果的运用。对农家书屋和书屋专职管理员采取考评结果与资金兑现、考评结果与续聘相挂钩的“双挂钩考核”制度。坚持日常巡查与突击抽查、平时考核和年终考核相结合，对农家书屋和专职管理员工作作出等次评定，并将考核结果与资金兑现相挂钩。具体做法是：县财政承担的专职管理员工资部分，以400元/月为基数，对评定为优秀等次的管理员工资补助上浮75%，良好等次的上浮25%，一般等次、差等次的分别下调25%、75%。县财政承担的农家书屋经费补助，以2000元/村为基数，对评定为优秀等次的书屋经费补助上浮75%，良好等次的上浮25%，一般等次、差等次的分别下调25%、75%。对考核等次、群众满意度低的管理员，实行谈话诫勉，进行整改；整改不到位的，次年不再续聘[①]。

拓宽投入资金筹措渠道，积极鼓励与引导社会力量重点捐助文化基础设施建设以及基层群众文化体育活动，表彰作出突出贡献的单位、团体及个人。

其他经费投入情况：美好乡村建设点按照每个1.5万元补助用于购置文化室器材。重视全民健身，投资兴建城乡公共体育基础设施，比如县政府投资500余万元，修建了长4千米、宽3米的透水混凝土路面骑行步道，成为广大跑步和骑行爱好者的首选运动场地；红杨镇投资500万元修建15千米的旅游步道等。文化人才专项经费分配，芜湖县选派3人，中央经费3万元，县配套经费3万元。至于一个县一年公共文化服务体系建设经费总投入是多少，各级财政的分担比例又是多少，由于涉及政府的层级和部门众多、财政统计口径不一致、相关数据公布不全面等原因，很难给出一个确切的数字。但芜湖县2014年的一则新闻透露出来的信息可作参考。芜湖县"2014年共投入农村文化建设专项补助资金252.2万元。其中，中央54万元，省级32.4万元，县镇级投入165.8万元"，由此可知中央、省级和县镇级比重分别是21.4%、12.8%、65.7%。县级财政对公共文化服务事业的支持力度很大，投入更多。县镇级投入的165.8万元中，用于农家书屋、文化站后续管养的资金共计133.4万元。具体支出是：用于农家书屋管理员购买服务，共需资金约86.4万元；用于乡镇综合文化站管理员购买服务，共需资金24万元；用于日常运营工作性经费，共需资金约18万元；安排文化站运转共需资金5万元[②]。据此可知，这里的"农村文化建设专项补助资金"是广义上的，它不仅包括公益性电影放映、开展文体活动等，还包括免费开放补助、购买服务的经费等，这些投入有力地保障了文化民生工程顺利推进。

① 芜湖多举措完善基层公共文化服务 群众共享文化发展成果[EB/OL].[2016-09-13].http://blog.sina.com.cn/s/blog_9c8ff7c30102wlt4.html.

② 推行政府购买服务 让居民在家门口畅享文化大餐[EB/OL].[2014-10-15].http://www.ahcz.gov.cn/portal/zdzt/msgc/gdld/1413305545708895.htm.

三　芜湖县公共文化服务体系建设取得明显成效

在党和政府的领导下，在各级财政资金的有力支持下，芜湖县公共文化服务体系建设取得明显成效：文化馆、图书馆、农家书屋等公共文化场馆进一步健全，覆盖全县城乡的设施网络初步建成；持续实施文化惠民工程，服务网络、流动网络加快融合，实现了供需有效对接，公共文化服务能力明显提升；深入开展群众文化活动，进一步丰富群众精神文化生活，公共文化服务惠民效果显著，文化获得感进一步提升。

（一）基层公共文化设施全面建成，功能逐步健全，三级公共文化设施网络初步形成

在各级财政资金的支持下，芜湖县抓好县图书馆、县文化馆等项目建设，新建或改建镇文化站，统筹建好农家书屋或村级综合文化服务中心，并做好后续管养和维护，确保设施正常运行和使用。2017年年末，芜湖全县拥有文化馆1个（国家一级），公共图书馆1个（国家一级），馆藏图书24.5万册。艺术表演团体4个；县级广播电台和县级电视台各1座，广播人口覆盖率为100%，电视人口覆盖率99%；省级重点文物保护单位4处；非物质文化遗产名录省级1项、市级11项、县级54项，发现文物遗存102处；建成5个镇综合文化站，其中湾沚、六郎、花桥3镇文化站达到一级站标准，总藏书4.36万余册；建成9个村级综合文化活动中心、89个农家书屋（总面积达到4648平方米，藏书共22.3万余册），建成70个村农民体育健身场地，全县公共体育场地总面积约为57万平方米，人均场地面积约1.63平方米等①。县图书馆、县文化馆、镇文化站等基础公共文化设施不仅全面建成，而且内部设施齐全，内外活动场所达标、功能厅室完备、技术设备更新较快、管理规章制度逐步健全、工作人员配备到位，这些条件为各公共文化设施服务功能的发挥，提供了很好的阵地和物质条件。这里以县文化馆、红杨镇、农家书屋为例来分析文化设施建立健全情况。

---

① 参见芜湖县2017年国民经济和社会发展统计公报。

县文化馆：占地约20亩，建筑面积为5078平方米，2018年改建后为5400余平方米，室外广场约2000平方米，总投资为1000余万元，各类功能厅、培训教室等设施较齐全。近几年依托各类财政补助或配套资金对场馆加大投入，对设备进行维修维护，购置了多媒体教学电视、运动器材及其他技术设备等[①]。紧紧围绕“文化惠民”，常年开展形式多样、丰富多彩、群众喜闻乐见的文化活动，年承办大型文艺演出20多场，群众性文艺活动50多场。深入基层扎实开展群众性文化辅导活动，不断提高群众的文艺素质和表演水平，已真正成为全县的文化艺术培训中心，展览展示中心，文艺爱好者之家，广大群众的精神文化家园。

红杨镇：红杨镇率先在全县推进村级公共文化标准化建设，现建成6个村级基本公共文化服务中心，6个文化休闲广场，19个“农家书屋”，每个农家书屋藏书平均为2000余册，7个村文体活动中心，7个电子阅览室，每个电子阅览室配备有10台电脑，7个多功能活动厅，27个宣传专栏，28余套室外体育健身设施。全镇现有文化志愿者200多名，并成立多支文化体育队伍，每年举办篮球、乒乓球、书法、广场舞等文体活动。展厅有音响、电视机等全套设备，同时有专门的活动室并配备了运动器材等。公共文化设施的不断完善，进一步提高了全镇公共文化服务能力，为开展各类群众文化活动提供了阵地[②]。

农家书屋：截至2017年年底，全县5个乡镇、71个行政村建成农家书屋89个，总面积达到4648平方米，藏书共22.3万余册。每个书屋配备图书均达1800余种、2000余册，报纸、期刊10种，电子音像制品100种（张）[③]。制定农家书屋管理规定，实行管理制度、借阅制度及管理员职责上墙，备有出版物借阅登记、出版物需求登记等簿册，保证正常开放时间。

---

① 芜湖县“五到位”推进公共文化场馆免费开放（芜湖文化信息第6期）[EB/OL].[2016-06-29].http://whw.wuhu.cn/Content.aspx?pSysID=3422.

② 芜湖县红杨镇村级基本公共文化服务标准化建设见成效[EB/OL].[2016-11-15].http://whx.ahxf.gov.cn/djgz/djzh/881231.SHTML.

③ 我县董树超获全国优秀农家书屋管理员[EB/OL].[2018-01-03].https://www.sohu.com/a/214479494_786814.

（二）文化惠民工程持续推进，公共文化服务方式日益多样，服务能力明显提升

公共文化场馆建立起来，公共文化设施网络初步建成以后，如何有效提升公共文化设施服务效能？芜湖县进行了积极探索，以实施文化惠民工程为依托，结合群众需求，不断创新公共文化服务方式，增加服务内容，提高服务质量。

采取“菜单式”服务方式，实现了供需有效对接。公共文化服务发展面对的一个基本问题是如何平衡群众基本需求与政府服务供给的矛盾问题，以防止现供需脱节、供需错位等难题。芜湖县在“送戏进万村”等文化活动中探索出的“菜单式”服务方式，提高了群众“要文化”和政府“送文化”的匹配度，实效性较强，深受群众欢迎。

第一，“送什么”。畅通群众需求征集与反馈渠道，摸准群众口味“精心配菜”，创新服务模式“对口上菜”。利用新媒体发布途径，让群众熟悉一般公共文化服务菜单内容；通过座谈、走访、填写问卷等方式，广泛了解与征求群众意见，并充分考虑到各村（社区）群众个性化喜好特点，根据服务目录科学设置“菜单”。芜湖县在实践中探索出三种“菜单式”服务模式：“点菜式服务”——以菜单化方式列出所有能够提供的服务项目和内容并预发布出来，以供群众多样选择；“定制式服务”——对菜单中没有列出的基本项目，根据之前了解到的特定村居的民众需求，定制特殊的服务项目及内容，并提供相应的服务；“融合式服务”——基层文化部门根据相关单位的需求和个人的需求提供合作式服务，比如群众创作话剧剧本，由文化馆专业人员提供舞台成品化排演等①。

第二，“如何送”。结合农闲时间和群众意愿，合理安排演出地点，创新演出形式。演出时间选择上，在满足一村送一场正规戏曲演出的要求之外，多利用农闲或外出务工人员春节集中返乡时期，集中开展送戏下乡等演出活动。演出地点的选择上，将全县按居住集中与分散程度划分成几个

① 芜湖县“菜单式”文化民生工程服务让群众乐在其中[EB/OL].[2018-04-16].http://www.mof.gov.cn/xinwenlianbo/anhuicaizhengxinxilianbo/201804/t20180416_2868315.htm.

片区，集中4～6个村的场次，在1个中心点搭台连续演出，也可安排每村一场演出，最大限度地聚集了农民群众①。

第三，“送的文艺怎么样”。规范各个环节，严控演出质量。县政府每年都组织召开专题会议研究部署“送戏进万村”工作，县文广新局负责落实政府采购招标各个环节，统筹协调剧团与镇村任务衔接。根据群众需求，县黄梅戏剧团、县万程黄梅戏剧团等为“送戏进万村”活动专门打造了一些贴近时代、贴近基层生活、适合农村演出的黄梅小戏。在“送戏进万村”活动过程中，县文广新局、各镇综合文化站派专人做好跟踪服务工作，及时联络各村提前发出演出通知，安排好演出场地、用电、治安等工作，同时加强监督，保证演出质量，满足群众对戏曲等的期待。

实行错时开放、特色服务，服务质量明显提升。县图书馆、县文化馆和5个乡镇综合文化站的公共空间设施场地免费向广大群众开放，与其职能相适应的基本文化服务日益健全。一是加强政策宣传，改善服务条件。文化场馆在馆内外恰当位置公示服务项目与内容，及时补充更新各类设备，改善服务环境，改进管理制度，严格督查和考核。二是健全基本文化服务项目并免费提供。开展普及性的艺术辅导，进行时政法制科普类教育，指导开展公益性群众文化活动，举办公益性展览展示，培训基层队伍及业余文艺骨干，指导民族民间文化传承及群众文艺作品创作等。免费开放工作中一些创造性的做法，比如错时开放以及针对特殊群体开展的特色服务等，更是提高了文化设施的利用效率，扩大了受益群体范围。实行错时开放，做到节假日、双休息日正常开放。县图书馆每周开放时间不少于56小时，全年开放无节假日。县文化馆每天开放，每周开放时间不少于52小时，节假日期间也正常开放。乡镇文化站每周开放时间不少于42小时，每月开放时间不少于26天。利用节假日、双休息日开展各类免费艺术辅导以及初级培训等免费文化活动。错时服务保证了免费开放工作落到实处。开展特色文化服务：专门为未成年人、老年人、残疾人、妇女等群体提供有针对性的文化服务，推出一批特色服务项目。县文化馆共开办少儿免费艺术培训

① 芜湖县“送戏进万村”全省受表彰［EB/OL］.［2018-02-05］. http://www.wuhu.gov.cn/content/detail/5a77aa5c7f8b9a956be54831.html.

班，乡镇综合文化站或文化服务中心中心开设儿童之家、老年活动之家。通过实行错时开放、特色服务、数字文化服务等创新手段，公共文化场馆免费开放取得了良好的社会效果，既使公共文化设施利用率明显提高，又丰富了基层群众的精神文化生活，潜移默化中成为群众的精神乐园。

开展流动式文化服务，让群众就近享受高质量文化服务。除了安排流动文化车、流动舞台送文化到基层活动以外，推进图书资源互联互通，城乡一体运行。公共图书馆完成了城镇一体化建设，7个基层点和县总馆已实现互联互通。在总结农村公共图书服务一体化试点经验的基础上，扩展范围，建立起以县公共图书馆为总馆、5个镇综合文化站为分馆、村农家书屋为基层服务点的农村公共图书服务网络。根据《芜湖县2016年公共图书服务一体化建设实施方案》关于流动图书配备的要求，每镇购置600册图书，5个镇总计3000册。5个镇综合文化站每年流转1次，共计5次，每年每个书屋流转2次，共计204次，全年共计209次。芜湖县逐步实现了县乡村三级图书资源互联互通、一体运行，文化资源得到有效利用。

（三）群众文化活动丰富多彩，形成一批特色文化品牌，服务惠民效果显著

在农村文化建设专项补助的支持下，在城乡基层文化服务人员包括志愿人员的推动下，全县各项群众性文化活动蓬勃开展，有力地保障了群众参加文体活动的基本文化权益。首先，从较长时段比较来看。据不完全统计，2007—2017年芜湖县全县基层群众文化活动开展情况是：大型文化活动由12场次增加到35场次，增长1.9倍；大型群众性文化活动从10场次由增加到64场，增长5.4倍；文艺团体演出（含送文化下乡）由350场次增加到1181场次，增长2.4倍；县级全民健身活动由10次增加到32次，增长2.2倍；参加活动人员由约1.0万人次增加到4.0万人次，增长约3倍（见表8）。其次，从一年的活动次数来看。2017年全年，农村公益电影放映实现了“一村一月一场”，共放映了972场次；各村开展农村文化活动约193场次；农民体育活动186场次。2017年全年举办大型文化活动35场（次），大型群众性文化活动64场（次），文艺团体演出1181场（次）（含送文化下乡232

场次）[①]。最后，从某一项具体文化活动来看。据不完全统计，芜湖县“送戏进万村”活动2014年完成116场次，占全年任务的129%；2015年完成140场次，占全年任务的125%；2016年完成118场次，完成率达105%；2017年完成119场次，完成率为147%。多彩的文化活动丰富了群众的精神文化生活，进一步提升了他们的文化获得感。

在各类群众文化活动中逐渐形成一批具有特色的公共文化服务品牌。在全县层面打造的文化特色活动有：“有你更有戏·好戏大家唱”“声动鸠兹·音为有你”“舞与伦比·魅力沚津”、广场舞展示、新春灯谜会、广场文艺汇演活动和少儿艺术培训等。乡镇层面呈现一镇一品牌、一镇一特色。比如花桥镇的九十殿庙会、湾沚镇的桃花节、红杨镇的中秋民俗文化周、六郎镇的自行车挑战赛、陶辛镇的荷花节等文化活动，打造公共文化服务品牌，村民满意度高，社会反响好，也提高了芜湖县的文化影响力。

表8　2007—2017年芜湖县年度文化活动情况[②]

	大型文化活动（场次）	大型群众性文化活动（场次）	文艺团体演出（场次）	送文化下乡（场次）	县级全民健身活动（次）	参加活动人员（万人次）
2007	12	10	350	8	10	—
2008	14	50	400	22	9	1.0
2009	20	30	385	12	9	0.6
2010	20	24	410	18	60	3.6
2011	19	17	83	58	12	1.0
2012	26	29	760	33	12	1.5
2013	30	32	810	35	17	1.8
2014	20	37	1106	176	22	2.0
2015	22	57	1120	193	20	1.8
2016	27	54	1156	208	24	3.0
2017	35	64	1181	232	32	4.0

① 参见芜湖县2017年国民经济和社会发展统计公报。

② 根据芜湖县2007—2017年国民经济和社会发展统计公报整理。

（四）深入开展全民阅读，建设“书香城市”，城市文化软实力得到提升

全民阅读活动逐渐被纳入公共文化服务之内，且得到政策、资金等广泛的支持。党的十八大报告第一次将“开展全民阅读活动”写进文化强国建设部分，2014—2018年，国务院政府工作报告连续五次提出“倡导全民读书，建设书香社会”，“开展全民阅读活动”已上升为国家文化发展战略的一个新举措。2016年12月，国家新闻出版广电总局发布《全民阅读“十三五”时期发展规划》，明确了全民阅读工作的指导思想、基本原则和主要目标。《公共文化服务保障法》和《公共图书馆法》都要求推广全民阅读。目前我国很多省份都已经开展了读书节、读书月等全民阅读活动，全民阅读氛围更加浓厚了。

芜湖县按照省、市关于全民阅读的部署要求，在完善公共文化场馆建设、扩大县图书馆信息资源共享的同时，以丰富知识、开阔视野、启迪智慧、陶冶情操为根本目的，深入开展全民阅读活动①，建设“书香城市”，提升城市文化软实力。

加大全民阅读工作的财政支持力度以及税收优惠力度，全面加强阅读设施建设。在酒店、咖啡厅、银行等场所推广建设自助图书馆或社会阅读点，为广大居民提供就近阅读场所，提高文化辐射力。到2018年年初，芜湖县已规划了14个社会阅读点，正在逐步建设；在市民广场建成了24小时自助图书馆并投入使用。自助图书馆面积虽不大（约20平方米），但设备齐全，并融合了多种高新技术，功能完善，借阅方便。在县城城区、开发区内建设6个小型书吧，添置了书架、阅览桌椅以及图书等内部设施及书吧的标识标牌，制定各项管理制度，环境整洁，文化气氛浓厚。

改进公共财政投入方式，通过政府招标采购新书等方式，增加全民阅读供给。鼓励和引导社会力量提供全民阅读服务，促进全民阅读服务社会化发展。认真落实全民阅读工作年度计划，创新全民阅读服务方式，构建

① 芜湖县召开“书香城市”建设工作推进会［EB/OL］.［2017-11-14］.http://www.whx.gov.cn/DocHtml/1/2017/11/14/66234566126180.html.

意识形态创新平台，推进全民阅读“八进”工程，即全民阅读进家庭、进学校、进农村、进社区、进机关、进企业、进公共场所、进军营，营造全社会“爱读书、读好书”的良好氛围。在企业、学校、社区等各领域开展演讲、诵读、征文等形式多样的重点阅读活动，交流阅读心得，分享阅读乐趣，居民文化素质得到提高。组织“书香学校”“书香企业”“书香之镇”“书香之村（社区）”评选推介活动，已形成“书香新芜·阅读沚津”文化品牌。“书香城市”建设工作开展以来，阅读活动深入基层、深入群众，覆盖全县的县、镇、村三级阅读服务体系正逐步完善。

民营文艺团体发展壮大，为丰富群众文化生活，推动文化产业发展、文化市场的繁荣，创造了独特贡献。比如芜湖县黄梅戏剧团在得到县财政购买服务支持等有利的外部发展环境下，不断优化内部管，加强人才和剧目建设，已成为全市乃至全省文化事业的一张名片。

2011年2月，芜湖县农家书屋在建、管、用等环节的成功经验在全省推广。红杨镇六桥村农家书屋多次获得市、县表彰，并于2015年荣获省“示范农家书屋”称号。

2011—2014年，芜湖县文化馆连续4年被评为全省群众文化宣传信息工作先进单位。2012年7月开始组建具有专业技能和志愿服务精神的群众文化辅导员大队，现全县注册登记群众文化辅导员400余名，已实现群众文化志愿辅导活动常态化开展，群众文化辅导员多次受省文化厅通报表扬；先后建立了合唱团、器乐队、腰鼓队等102支各有特色、素质高、能力较强的群众文艺队伍（县级队伍6支、镇级为15支、村级81支）。全县文化志愿者有1000余名[①]。2014年，芜湖县荣获全国文化先进县称号。

芜湖县政府因为2016年在推动公共文化服务体系建设、繁荣文艺创作、加强文化遗产保护、推进文化产业发展和文化体制改革试点工作中真抓实干取得显著成效，受到安徽省政府通报表扬激励。

芜湖县文广新局荣获2017年“送戏进万村”优秀单位称号，这已是该局连续三年获此荣誉。

---

① 芜湖县创建省级公共文化服务示范区成效显著[EB/OL].[2016-11-16].http://www.wuhu.gov.cn/content/detail/582ba2367f8b9a437735e322.html.

四 健全公共文化服务财政保障机制，完善现代公共文化服务体系

支持公共文化服务发展“是公共财政的应尽职责，公共文化领域也是财政预算安排重点支持的领域之一”①。为进一步建立健全公共文化服务财政保障机制，充分发挥财政资金效益，促进公共文化服务均衡与全面发展，根据公共文化服务体系建设的现状，结合目前公共文化服务财政投入与使用中存在的突出问题，特提出以下对策思考和政策建议。

（一）进一步增加公共文化服务投入，拓宽资金来源渠道，完善经费稳定增长机制

党的十八大以来，尽管公共文化服务事业得到了党和政府高度重视，各级财政对公共文化服务体系建设的投入力度逐年加大，投入总量增速很快，也收到较好效果，但是从全局和整体上看，与人民群众日益增长的基本文化需求相比，公共文化服务投入总量明显不足；与科技、教育、卫生等其他社会事业相比，文化事业费增速与所占财政支出的比例明显偏低，这也是目前公共文化服务的发展仍很缓慢的一个重要缘由。限于篇幅，我们这里围绕着中央有关保障文化事业经费稳定增长的政策的落实情况来分析。

如前所述，十七届六中全会决定以及《国家“十二五”时期文化发展规划纲要》等文献都对文化事业经费的增长幅度与比例提出具体可操作性的要求，即“两个提高”。财政部2012年4月下发的《关于贯彻落实十七届六中全会精神做好财政支持文化改革发展工作的通知》（财教〔2012〕33号），要求“保证全年预算执行结果实现文化体育与传媒支出的增长幅度高于财政经常性收入增长幅度，提高文化体育与传媒支出占财政支出的比例”②。这项要求在实际工作中没有得到很好贯彻落实，各级政府对此的贯彻落实情况并不理想。

① 财政部将继续加大公共文化建设投入[N].光明日报，2015-01-28.

② 新《预算法》将政府支出分为类、款、项三级。文化体育与传媒类级下设6款级：文化事业费、文物事业费、体育事业费、广播影视事业费、新闻出版事业费、其他支出。

首先，我们先来看地方层面，了解一个县——芜湖县对此规定的执行与落实情况。笔者整理出芜湖县2011—2016年的文化体育与传媒支出，较上年增长百分比分别是24.1%、16.8%、35.2%、3.8%、18.9%、-1.5%，同期全县财政收入增长幅度分别是50.1%、25.2%、26.8%、12.7%、8.4%、7.5%，前者比后者分别低26.0%、低8.4%、高8.4%、低8.9%、高10.5%、低9.0%（见表9），由此可知，六年中只有2年达到文件的要求，从整体上看文化体育传媒支出的增长幅度是明显低与财政经常性收入增长幅度的。另外，从表上也可看出，六年来芜湖县文化体育传媒支出占县财政总支出的比例，一直徘徊在0.5%—0.7%之间，占比忽高忽低，难以保持稳定增长。

表9　2011—2016年芜湖县文体传媒支出与地方财政收入增幅比较及占比变化[1]

	文化体育与传媒支出（万元）		地方财政收入（亿元）		一般预算支出（亿元）	文化体育与传媒支出占财政支出
2011	1235	24.1%	13.44	50.1%	22.5	0.54%
2012	1443	16.8%	16.83	25.2%	27.4	0.52%
2013	1951	35.2%	21.34	26.8%	29.9	0.65%
2014	2026	3.8%	24.0	12.7%	32.8	0.61%
2015	2409	18.9%	26.1	8.4%	35.8	0.67%
2016	2372	-1.5%	28.0	7.5%	40.3	0.58%

其次，从全国层面来分析对此规定的执行与落实情况。先看文化体育传媒经费增幅与财政经常性收入增长幅度的比较。据财政部统计，2012—2017年全国财政支出中，文化体育传媒经费分别是2268亿元、2520亿元、2691亿元、3077亿元、3165亿元、3367亿元，较上年增长19.8%、11.1%、6.8%、14.3%、2.9%、6.4%。2012—2017年，全国一般公共财政收入分别是11.7万亿元、12.9万亿元、14.0万亿元、15.2万亿元、16.0万亿元、17.3万亿元，较上年增长12.8%、10.1%、8.6%、8.4%、4.5%、7.4%。由此可见，6年间文化体育传媒经费支出的增幅只有3次超过财政经常性收入增长幅度（见表10）。再看多年来文化事业经费占财政支出比例的变化情况。我

① 根据历年芜湖县国民经济和社会发展统计公报整理（文化体育与传媒支出数据来自芜湖市统计年鉴）。

们统计了"六五"时期至"十二五"时期全国文化事业费占全国财政支出比例的变化情况（见表11），可以清楚地发现，全国文化事业支出占国家财政支出比重最高是在"八五"时期，比例是0.50%，"十五"至"十二五"时期都没有超过0.40%。

表10 2012—2017年文化体育传媒经费与全国一般公共预算收入增长幅度比较[①]

	2012	2013	2014	2015	2016	2017
文化体育传媒经费	19.8%	11.1%	6.8%	14.3%	2.9%	6.4%
一般公共财政收入	12.8%	10.1%	8.6%	8.4%	4.5%	7.4%

表11 "六五"—"十二五"时期全国文化事业费与财政支出对比情况[②]

	文化事业费（亿元）	财政支出（亿元）	文化事业费占财政支出比重
"六五"时期	36.03	7483.18	0.48%
"七五"时期	62.45	12865.17	0.49%
"八五"时期	121.33	24387.47	0.50%
"九五"时期	254.51	57043.46	0.45%
"十五"时期	496.13	128022.85	0.39%
"十一五"时期	1220.4	318672.05	0.38%
"十二五"时期	2669.62	701806	0.38%

最后，文化事业费增速与所占财政支出的比例，与科技、教育、卫生等其他社会事业相比，明显偏低。通过对2015—2017年财政部有关数据的统计分析，发现文化体育传媒支出不仅总量低，而且增长幅度也落后其他项目。根据财政部统计数据，2015年，全国文化体育与传媒支出3067亿元，增长9.3%；教育支出26205亿元，增长8.4%；城乡社区支出15912亿元，增长11.5%；社会保障与就业支出是19001亿元，增长16.9%；医疗卫生与计划生育支出是11916亿元，增长17.1%（见表12）。因此，文化体育与传媒支出增幅（9.3%）仅高于教育支出（8.4%），远落后于城乡社区支

① 根据财政部历年财政收支情况整理。

② 根据全国文化文物统计年鉴及财政部年度财政收支情况整理。

出、医疗卫生与计划生育支出等。2016年，全国文化体育与传媒支出3165亿元，增长2.9%；教育支出28056亿元，增长6.8%；城乡社区支出18605亿元，增长17.1%；社会保障和就业支出是21548亿元，增长13.3%；医疗卫生与计划生育支出是13154亿元，增长10%。因此，文化体育与传媒支出增幅不及其他支出项目。2017年，全国文化体育与传媒支出3367亿元，增长6.4%；教育支出30259亿元，增长7.8%；城乡社区支出21255亿元，增长15.6%；社会保障和就业支出为24812亿元，增长16%；医疗卫生与计划生育支出为14600亿元，增长9.3%。因此，文化体育与传媒支出增幅还是不及其他支出项目。

表12　2015—2017年全国文化体育与传媒支出与其他民生项目支出比较①

单位：亿元

	2015		2016		2017	
	总数	增长	总数	增长	总数	增长
文体传媒支出	3067	9.3%	3165	2.9%	3367	6.4%
教育支出	26205	8.4%	28056	6.8%	30259	7.8%
城乡社区支出	15912	11.5%	18605	17.1%	21255	15.6%
社保就业支出	19001	16.9%	21548	13.3%	24812	19.8%
医卫计生支出	11916	17.1%	13154	10%	14600	9.3%

为解决当前公共文化服务发展资金投入不足问题，应做好以下几个方面的工作。第一，从思想上高度重视文化财政保障工作。继续学习、宣传、贯彻《公共文化服务保障法》和《公共图书馆法》，把政府落实“两个提高”情况上升到政府的法定职责高度来看待，把落实情况列入政府年度责任目标考核范围来部署。第二，进一步增加财政预算投入，健全科学合理的转移支付制度，扩大公共财政覆盖范围。转移支付分为一般（性）转移支付和专项（性）转移支付，在公共文化服务体系建设中发挥着不同的作用。一般转移支付在推进公共文化服务标准化、均等化方面主导作用明显；专项转移支付常作为解决某一特定问题的工具，起着辅助作用。因而，需要继续加大对公共文化服务一般性转移支付的比重，保证公共文化服务财

① 根据财政部国库司2015、2016、2017年财政收支情况整理。

政投入的持续稳定。第三，要进一步拓宽公共文化服务资金来源渠道，创新投入方式，促进形成投入主体和投入方式多元化的新格局，增加内容供给，提高供给效率。需要进一步加大一般公共预算与政府性基金的统筹力度。为推动公共文化服务社会化发展，财政部门可采取政府采购、定向资助、项目补贴、贷款贴息、捐赠配比、以奖代补等政策措施，鼓励包括文化企业在内的各类文化机构、其他组织、个人通过直接投资、捐助设备、赞助活动、资助项目、公益众筹、公益创投等方式，参与公共文化服务建设。加大各级财政资金向社会力量购买公共文化服务的投入力度，逐步增加购买主体购买公共文化服务的比重，对今后新增的、适于以购买服务方式实现的公共文化服务内容，原则上都要以政府购买服务方式实施。为提高公共文化资金使用的透明度，需继续探索与扩大文化类政府性基金管理模式。截至目前已经设立的文化类政府性基金有国家文化发展基金、国家出版基金、国家电影事业发展基金、国家艺术基金等，它们正在各个领域积极发挥作用。今后应遵循公开、公平、公正原则，逐步改革目前以各级政府决策为主确定公共文化项目的做法，探索公共文化项目基金管理模式，综合运用补贴、奖励等资助方式，实施专家评审、社会公示、绩效考评制度，提高公共文化资金使用的透明度，从而实现社会效益和经济效益的统一，逐步提高各级彩票公益基金用于公共文化服务的比重。第四，发挥政府投入的引领作用，进一步落实和完善对社会力量参与公共文化服务的各项优惠政策。

党中央、国务院已出台了一系列鼓励和引导民间投资健康发展和向社会组织购买服务、向公益性文化事业捐赠减免税收的重要政策。①从城市住房开发投资中提取1%用于社区公共文化设施建设的政策。②支持文化事业发展的税收优惠政策，最新的文件规定：自2018年1月1日起至2020年12月31日，对专为老年人出版发行的报纸和期刊等在出版环节执行增值税100%先征后退的政策；对音像制品、电子出版物等出版物在出版环节执行增值税先征后退50%的政策；对少数民族文字出版物的印刷或制作业务等执行增值税100%先征后退的政策；免征图书批发、零售环节增值税；对科普单位的门票收入，以及县级及以上党政部门和科协开展科普活动的门票收入免征增值税。③关于捐赠公益性文化事业所得税税前扣除政策。《中华人民共和国企业所得税法》(包括2017年修正案)、《中华人民共和国企业所得税法实施条例》《财政部、国家税务总局关于公益股权捐赠企业所得税政策问题的通知》(财税〔2016〕45号)、《关于公益性捐赠支出企业所得税税前结转扣除有关政策的通知》(财税〔2018〕15号)等都规定了对企业发生的公益性捐赠支出实行所得税税前扣除政策,向宣传文化事业捐赠的扣除比例由过去的10%提高至目前的12%。

(二)合理划分政府公共文化财政事权和支出责任,明确主体责任,健全财政分担机制

按照政府间财政事权与支出责任划分的原则,一般公共文化公共产品的受益范围与政府的财政责任是相匹配的。自从实施分税制改革以来,中央财政持续不断加大对地方的一般性转移支付力度,推动公共文化服务发展,但受对文化发展重视程度不够、地方财力困难等因素影响,其中用于文化的支出,特别是用于公共文化服务的支出,比重普遍偏低。同时,部分专项性转移支付缺乏具体和严格的事权依据,公共文化服务中央和地方财政职责不清,专项资金的支持重点不突出,造成使用效益不高。因此,必须根据文化发展的特点和规律,合理划分中央、地方政府财政投入责任,达到事权与财力相匹配、权责一致。

《关于加快构建现代公共文化服务体系的意见》提出,合理划分中央政府与地方政府基本公共文化服务支出责任,逐步健全公共文化服务财政保障体制机制。《国家“十三五”时期文化发展规划纲要》再次强调,“合理划分各级政府在文化领域的财政事权和支出责任,明确地方主体责任”。划分原则是什么?国务院《关于推进中央与地方财政事权和支出责任划分改革的指导意见》(国发〔2016〕49号)就合理划分义务教育与高等教育、科技研发、公共文化、基本养老保险、粮食安全等基本公共服务的财政事权与支出责任,作出原则性规定。依据该文件精神,体现国家主权、受益范围覆盖全国的基本公共文化服务由中央政府负责,即此文化服务项目所对应的政府的财政事权与支出责任应当为中央政府的;地区性基本文化公共服务由地方政府负责;体现国家战略意图、跨省(区、市)的且具有地域管理信息优势的基本公共文化服务由中央与地方政府共同负责；特别是对公共文化受益范围较广、信息更复杂的财政事权，根据公共文化财政事权的外溢程度，由中央和地方政府按比例或由中央给予适当补助的方式承担各自支出责任。具体就是，对于中央推动的国家级重点文化工程建设，应以中央财政承担主要部分、省级财政承担其余部分、中央和省级财政共同承担为基本原则；对于一般省级重大公共文化服务设施的建设，应采取省级和市县财政按一定比例进行分摊的方法来承担；对于市级、县级重大公共文化服务设施的建设，应采取三级财政按比例分摊的办法完成，即省级承担大部分、中央和本级财政分担其余；对于城市社区的公共文化设备购置和活动开展、农村特色节庆文娱活动、基层公共文化服务人才教育培育等项目，因其具有多元性和地域性等特征，应以地方政府为事权和支出责任主体，中央财政根据项目形式和地方财力状况给予一定的补助或奖励。根据（《国务院关于推进中央与地方财政事权和支出责任划分改革的指导意见》（国发〔2016〕49号）的意见，省级政府要根据省以下政府财政事权划分关系、财政体制及基层政府财政收支状况，合理划分与确定省以下各级政府的支出责任，避免基层政府承担过多的财政事权。从宏观角度上，比较理想或适合的公共文化财政支出体系是建立以中央和省级两级财政为决策主导、以省级财政为资金主导、以县乡财政为资金辅助、在执行上依靠本级政府的这样的一个基本框架[①]。

（三）优化公共文化服务财政投入结构，以基层标准化建设为重点，努力实现均等化

新时代我国社会的主要矛盾已经转化为人民日益增长的美好生活需要和不平衡不充分的发展之间的矛盾。这一主要矛盾在公共文化服务领域的表现也十分突出，集中体现在公共文化服务投入结构方面。这些年各级财政在公共文化发展中发挥保基本、促均等作用的同时，在投入结构方面出现越来越明显的相对失衡状况，直接导致公共文化服务均等化程度提高缓慢。相对失衡具体表现为：第一，公共文化服务投入城乡差距仍然较大。

---

① 赵颖.我国文化事业财政投入研究[D].大连：东北财经大学，2013：138-139.

受到经济发展水平较低、公共文化服务半径过长和居民居住集中度不高等因素的制约，广大农村地区实际享受到的公共文化服务从数量到质量都远低于城市。第二，公共文化服务投入对象上忽视老年人、儿童、妇女、农民工、残疾人等特殊群体基本文化权益的保障。第三，公共文化服务投入区域不平衡严重。相较于东部地区，中西部省份人均财政投入普遍较低。根据2017年国家文化发展统计公报，2013—2017年全国文化事业费中，投入东部地区的为231.41亿元、242.98亿元、287.87亿元、333.62亿元、381.71亿元，占全国的比重分别是43.6%、41.6%、42.1%、43.3%、44.6%；投入中部地区的为120.01亿元、133.46亿元、164.27亿元、184.80亿元、213.30亿元，占全国的比重分别是22.6%、22.9%、24.1%、24.0%、24.9%；投入西部地区的为152.16亿元、171.15亿元、193.87亿元、218.17亿元、230.70亿元，占全国的比重分别是28.7%、29.3%、28.4%、28.3%、27.0%（见表13）。接下来，我们看到的是5年的增速情况，东部分别是-0.5%、-2.0%、0.5%、1.2%、1.3%，中部分别是0.2%、0.3%、1.2%、-0.1%、0.9%，西部分别是-0.4%、0.6%、-0.9%、-0.1%、-1.3%。东部增长明显，中部增长缓慢，西部下降较大，区域投入不平衡仍然没有从根本上改变。

表13　2013—2017年我国文化事业费分区域投入情况①

单位：亿元

	区域	2013	2014	2015	2016	2017
总量	东部	231.41	242.98	287.87	333.62	381.71
	中部	120.01	133.46	164.27	184.80	213.30
	西部	152.16	171.15	193.87	218.17	230.70
比重	东部	43.6%	41.6%	42.1%	43.3%	44.6%
	中部	22.6%	22.9%	24.1%	24.0%	24.9%
	西部	28.7%	29.3%	28.4%	28.3%	27.0%
增速	东部	-0.5%	-2.0%	0.5%	1.2%	1.3%
	中部	0.2%	0.3%	1.2%	-0.1%	0.9%
	西部	-0.4%	0.6%	-0.9%	-0.1%	-1.3%

① 根据2013年以来国家文化发展统计公报整理。

优化财政投入结构，深入推进文化惠民，提升公共文化服务效能，难点在基层和农村，尤其是老少边穷地区。这就需要我们把资金、资源更多向基层、贫困地区、特殊人群倾斜，实现公共文化服务均衡协调发展。第一，保基本、补短板，优先安排涉及群众切身利益的文化事业项目，重点在于“发挥县级公共文化机构辐射作用，推进基层综合性文化服务中心建设”，围绕读书看报、广播电视、文艺演出、电影放映、文体活动、教育培训、展览展示等方面，保障基层公共文化设施正常运转和开展群众文化活动所需经费，加大力度扶持公共文化机构的技术改造和设备投入，努力打通“最后一公里”，缩小城乡文化发展差距。继续贯彻实施《关于推进基层综合性文化服务中心建设的指导意见》，整合乡村现有的党员教育、普法教育、科学普及、体育健身等设施资源，整合各类重点文化惠民工程，“按照有标准、有网络、有内容、有人才的要求”，建设基层综合性文化服务中心，设置具体文化服务项目，明确文化服务种类、规模、数量和质量要求，实现基层公共文化资源互联互通、共建共享[①]。第二，在服务对象上一视同仁，确保公平。要为残疾人、农民工、老人、儿童和农村留守妇女等特殊群体推出一批特色服务项目，提供有针对性的文化服务，满足他们的基本文化需求。第三，完善转移支付制度，加大中央财政、省级财政转移支付力度，重点向贫困地区、民族地区、边疆地区、革命老区倾斜。推动各级政府贯彻落实《“十三五”时期贫困地区公共文化服务体系建设规划纲要》《“十三五”时期文化扶贫工作实施方案》，“反弹琵琶”，补短板，消盲点，推动贫困地区与全国同步实现文化小康。重点是对县、乡公共文化服务设施提档升级，以保证到“十三五”期末全面实现达到国家标准。工作要求是：国家安排的公益性文化建设工程（项目）“取消县及县以下和集中连片特困地区地市级资金配套，加大相关转移支付资金对贫困地区公共文化建设的支持力度”[②]；继续实施贫困地区民族自治县、边境县村综合文化服务中心覆盖工程；继续实施贫困地区设备购置项目，村文化活动室设备

① 参见《中共中央 国务院关于实施乡村振兴战略的意见》。

② 文化部等七部委印发《“十三五”时期贫困地区公共文化服务体系建设规划纲要》[J]. 文化月刊，2015（35）：128.

购置项目，实施流动文化车项目；加强贫困地区公共数字文化建设，包括“中西部贫困地区公共数字文化服务提档升级”建设项目、边疆万里数字文化长廊建设与服务、“数字图书馆推广工程”；深入开展以三大工程为主的文化志愿服务项目（“春雨工程”——全国文化志愿者边疆行、“大地情深”——国家艺术院团志愿服务走基层、“阳光工程”——中西部农村文化志愿服务行动计划），以重点需求项目为引领，动员各地群众深入开展基层文化志愿服务活动，推动文化资源向老少边穷地区倾斜；进一步提高贫困地区公共文化服务效能，包括改进公共文化机构免费开放工作，探索实行县级文化馆、图书馆总分馆制等①。

（四）加强文化资金监管，建立投入与绩效评价结果相挂钩制度，提高资金使用效益

《中华人民共和国公共文化服务保障法》提出，“县级以上人民政府应当建立健全公共文化服务资金使用的监督和统计公告制度，加强绩效考评”。新《预算法》亦强调，预算编制要有目标、预算执行要有监控、预算完成要有评价、“评价结果有应用、绩效缺失有问责”。从全局和长时段来看，公共文化服务支出的绝对规模上升比较明显，但受到多种因素的影响，财政支出的绩效不容乐观。在全部地方政府层面，王银梅、朱耘婵运用DEA－Tobit和Malmquist指数分析相结合的方法，对2003—2013年我国31个省份地方政府公共文化服务支出效率展开静态和动态评估，得出的结论是我国地方政府公共文化支出效率总体较低，存在15%的投入浪费；地区之间公共文化支出效率差异明显，存在不均衡性；经济增长对公共文化发展的贡献程度不高，公共文化支出全要素生产率在考察期内呈现下降趋势，等等。在一个省域层面，孙继辉、李婷婷运用DEA-Tobit模型对中部省份安徽省2006—2015年公共文化服务财政支出的效率进行评价，初步结论是：全省公共文化服务支出占财政支出的比重呈下降趋势，且与教育、医疗卫生等其他民生支出差距显著；公共文化财政支出的整体效率不高，且存在资源投入的浪费现象；居民受教育程度、公共文化财政支出的比重等因素

① “十三五”时期文化扶贫工作实施方案[N].中国文化报，2017-06-08.

与公共文化支出效率存在负相关关系，而人口密度、经济发展水平等因素对于公共文化支出效率有正向影响。在地市层面，杨林、韩科技基于DEA模型对青岛市公共文化服务财政支出绩效展开实证分析，形成的基本观点是：该市公共文化财政支出的综合技术效率不高；支出的规模效率呈下降趋势；纯技术效率上下波动，财政支出服务能力也缺乏稳定性。

为提高各级政府公共文化服务支出效率，基于法规政策要求和实证结果，提出以下几条建议：第一，加强对公共文化服务资金投入、管理和使用情况的监督和审计，健全监管机制，降低交易风险和成本。明确资金投入支出各环节的监管责任，并落实到人，同时通过定期的项目绩效考核以保证高效率。第二，建立健全财政公共文化预算安排与投入资金绩效评价结果相挂钩制度。随着专项转移支付力度的不断加大，财政资金运行管理的难度也在相应增加，为确保资金运行的安全和资金使用效益发挥，应在政府的指导与支持下积极采用科学先进的管理手段，通过引进专家咨询制度、社会中介机构评价制度并结合群众民主评议的形式，定期从标准化、公益性文化事业发展、社会贡献、受众满意度、均等化等方面，考核与评估各级政府及文化、财政、广电等部门对公共文化服务投入资金的使用效果，绩效评价结果要定期向社会公布接受监督，并将评估结果作为调整投入数量和投入结构的主要依据。

（五）发挥财政保障和支持功能，加强基层文化队伍建设，增强公共文化服务能力

基层公共文化人才队伍是推进公共文化服务的基础力量。基层公共文化人才范围，除了文化行政机构的管理人员以外，主要指的是文化馆（站）等事业单位工作人员、村（社区）文化管理员（文物保护员）、民营院团演艺人员、乡村文化能人、非遗传承人、社会体育指导员、文化志愿者等。近年来，一大批公共文化管理者增强了现代意识和创新能力，基层公共文化人才队伍也逐渐壮大起来。以安徽省民营院团为例，2015年全省民营院团有1276家，2016年增至2009家，增长57.4%，2018年达2860余家。据统计，目前安徽省民营院团从业人员5万余人，年均演出约42万场次，观众约1.8亿人次，其中大部分演出地点都在乡间地头。在看到人才队伍发展所

取得的成绩的同时，也不能忽视现存的一些突出问题。部分乡镇文化站工作人员工资增长缓慢，待遇得不到保障；有的图书馆挪用编制、专职不专用现象比较普遍；部分综合文化中心工作人员观念相对落后，年龄偏大，知识结构陈旧，专业素养和业务能力都难以适应基层公共文化活动开展的需要。比如，2017年年末全国公共图书馆总数是3166个，从业人员共57567人（见表14）。其中，具有高级职称的人员为6502人，占比11.3%；具有中级职称的人员为18729人，占比32.5%；初级与无职称的人员总数是32336人，占比56.2%。全国群众文化机构（文化站、文化馆、群众艺术馆、综合性文化中心等）总数是44521个，从业人员为180911人。其中，具有高级职称的人员为6171人，占比3.4%；具有中级职称的人员为17224人，占比9.5%；初级与无职称的人员总数是157516人，占比87.1%。全国文物机构共有161577人，其中，高级职称人数为9221，占比5.7%，中级职称20136人，占比12.5%，初级无职称者共132220人，占比81.8%。由此可知，群众文化机构与文物机构从业人员中初级与无职称人员的比例分别为87.1%与81.8%，职称结构明显不合理。在基层有的地方这种情况更不容乐观。比如芜湖县，县文化馆现有工作人员14人，其中高级职称有1人、初级职称7人；县图书馆有工作人员12人，其中中级职称为1人、初级职称3人；镇文化站工作人员10人，专业民营剧团演职人员100余人，因信息不对称、渠道不畅通等原因造成绝大多数为无职称人员。

表14　2017年全国部分公共文化机构从业人员职称结构统计①

	总数（人）	高级职称		中级职称		初级与无职称	
		数量（人）	占比	数量（人）	占比	数量（人）	占比
全国公共图书馆	57567	6502	11.3%	18729	32.5%	32336	56.2%
群众文化机构	180911	6171	3.4%	17224	9.5%	157516	87.1%
文物机构	161577	9221	5.7%	20136	12.5%	132220	81.8%

① 根据2017年文化发展统计公报整理。

因而，进一步发挥财政保障和支持功能，加强基层文化队伍建设，显得十分紧迫和重要。第一，完善人才队伍建设规划、机构编制、学习培训、工作条件、待遇保障等方面的政策措施，完善基层优秀文化人才发现培养机制。遵循“控制总量、盘活存量、优化结构、有减有增”的要求，认真研究、及时制定县乡公共文化机构人员编制标准。根据业务发展状况，设立城乡社区公共文化服务岗位，择优配置由公共财政补贴的工作人员。基本要求：在现有编制总数内，每个乡镇综合文化站（或中心）配备不少于1至2名的工作人员，规模较大的乡镇适当增加。打破体制内外人才壁垒，深化工作人员特别是新文艺群体职称评审改革，优化职称评定设置，重视能力实绩，合理设置职称结构，整体设计人才评价体系。第二，按照要求将公共文化服务专业人才培养纳入国民教育体系，建立培训上岗制度，推进基层队伍培训正常化规范化，全面提高从业人员素质。乡镇综合文化站（或中心）从业人员应熟悉现代广播电视技术，具备组织群众开展文化活动等多方面的服务能力。县级以上公共文化服务机构工作人员每年参加脱产培训的时间不少于15天，乡镇（街道）、村（社区）基层文化专兼职服务人员每年参加集中培训的时间不少于5天。第三，加强基层乡土文化人才建设，扶持民间文艺社团、业余队伍，培养民族民间文化传承人尤其是非遗项目代表性传承人，壮大社会体育指导员队伍。第四，重点扶持贫困地区、革命老区、民族地区、边疆地区、西部地区人才队伍建设。继续推进“春雨工程”“阳光工程”，发扬志愿精神，开展农村文化活动和乡村学校少年宫艺术培训；继续实施2011年启动的“三区”人才计划专项，为“三区”培养急需紧缺的文化、科技、卫生等专业人才；完善文化结对帮扶工作机制，鼓励社会各界参与文化扶贫。

（六）发挥财政引导市场的作用，整合文化事业旅游业文化产业资源，走融合发展之路

2018年3月，十三届全国人大一次会议表决通过了新的国务院机构改革方案，新方案决定整合文化部与国家旅游局的行政职能，组建新的国务院部门——文化和旅游部，统筹推动文化事业、文化产业、旅游业的资源开发和融合发展。这一方面表明了文化事业单位的体制改革进入一个新的

阶段，改革不再囿于自身文化领域，而是着眼于全局进行内外联动、职能整合；另一方面也表明，以旅游业来打通文化事业与文化产业体制区隔、加速“三业”融合的战略与政策取向进入全面实施阶段，我国文化体制改革的基本思路从以分类推进为主逐步转向以融合创新为主（之前，“三业”融合已经在多个维度获得突破）。首先，从公共文化资金的经济功能层面看。公共文化服务财政投入很大程度上是为了弥补市场失灵，确保公益性文化事业顺利发展；同时鉴于我国市场经济基础薄弱，市场经济体制不够健全，我国公共文化服务资金投入还应当兼具刺激与引导文化市场、促进文化产业发展、旅游业发展等特殊任务。其次，从各自属性层面看。文化事业产出文化成果与知识产权，是文化产业发展的基础；文化产业提供资金与动力，是文化事业发展的引擎；旅游业既与文化事业在追求主观体验和精神愉悦上具有内在一致性，也与文化产业一样因市场需求而出现，因运用市场手段而发展，经济或商品属性比较趋近。再次，从法律政策层面看。2015年3月开始实施的《博物馆条例》就指出：“国家鼓励博物馆挖掘藏品内涵，与文化创意、旅游等产业相结合，开发衍生产品，增强博物馆发展能力。”2016年5月，国务院办公厅转发文化部等部门《关于推动文化文物单位文化创意产品开发的若干意见》，对推动图书馆、博物馆、美术馆等文化文物单位文化创意产品开发工作作出全面部署，明确鼓励具备条件的文化文物单位采取合作、独立开发、授权等多种方式开展文化创意产品开发。最后，从实践层面看。近年来，北京、安徽等地为引导社会资本更多参与公共文化服务发展，增加文化产品和服务总量，通过举办文化惠民消费季、免费发放文化优惠卡等形式激活群众文化消费需求，使公共文化服务成为培育和促进文化市场的重要推手。其中，最有代表性的当属各地特色小镇建设中的特色文化旅游，“尤其是中西部地区特色小镇，基本上都与文旅产业开发有关”。以产业为主导，以文化塑灵魂，以旅游展形象。“文化创新的融合协作保障机制在2016年随着财政部文化司的设立而正式开启。”①2016年11月，在对财政部教科文司文化处与中央文化企业国有资

---

① 魏鹏举，戴俊骋.中国文化经济发展的融合创新战略格局形成[J].北京联合大学学报（人文社会科学版），2017(03)：19-25.

产管理办公室进行职能合并的基础上，成立了财政部文化司，集中行使宣传、文化、旅游、体育等相关部门的预算和相关财政资金、资产的管理工作。

文化和旅游部的组建意味着，在供给侧结构性改革和新信息技术条件下，我国文化体制改革的基本路径从以分类推进为主转向以融合创新为主，文化经济融合发展的新战略格局逐渐形成。财政部门配合文化旅游、新闻出版等单位，从财政角度提出修改和完善体制改革的建议，这决定了今后财政工作的基本方向：第一，进一步完善相关财税优惠政策，对经营性文化单位转企改制继续予以资金支持，并通过调整财政投入方式与结构，推动各文化单位进行内部机制创新，继续深化人事管理、收入分配、社会保障制度改革，明确服务规范，强化服务功能，增强自身发展活力，帮助培育其成为新的文化市场竞争主体。第二，对公益性的文化事业单位，遵循“增加投入、转换机制、增强活力、改善服务”的方针深化内部机制改革。财政重点支持的方向是帮助其改善服务条件和服务设施，增加专项投入，支持内容建设、功能建设及公共服务平台建设，提高这些文化单位日常运营的财政保障水平。完善公益性文化事业单位运行机制，推动图书馆、文化馆（站）、博物馆、群众艺术馆、美术馆等建立事业单位法人治理结构，组建理事会，吸纳有代表性的社会人士、专业人员以及基层群众参与管理，建立与完善决策、执行和监督机制。第三，在文化与旅游资源比较丰富的地方，创新文化与旅游发展思路，把文化景点、类型、内涵通过不同方式贯穿到旅游中，强化财税政策支持。芜湖县作为安徽省首批休闲农业和乡村旅游示范县，依托“旅游+文化”模式，积极推动陶辛水韵、西河古镇、珩琅山旅游度假区、和平生态园研学基地、六郎水上慢城、九十殿道教文化园等一批文化旅游项目建设，不断优化旅游空间布局，加快推进旅游产品优化升级，全县旅游产业呈快速发展态势。比如，2017年4月开工的西河粮站古韵文化创意园项目，在保护存留原有文化、历史底蕴的基础上，进一步注入现代元素和时尚内涵，引进各类设计、文化、创新等工作室，让文化创意成为红杨镇经济发展新亮点①。今后应围绕乡村振兴或精准扶贫战略，推动优秀传统文化资源与创意产品设计、旅游等跨界融合，推进文化资源数字化进程，并将“文化创意产品开发纳入文化产业投融资服务体系支持范围”②，同时吸引社会力量积极参与文化创意产品研发、生产和经营。

① 芜湖县:迈入全域旅游发展新时代[N].芜湖县周刊,2017-09-13.

② 让沉睡的文化资源活起来[N].光明日报,2016-05-05.

县域治理视域下的政府购买公共服务

——基于广德、郎溪两县的实证分析

吉 青[①]

摘 要： 随着改革的全面深入，各级政府开始探索公共服务改革的道路，政府向社会力量购买公共服务就是其中一种重要的实践创新。本文通过对广德县和郎溪县购买公共服务实践的考察，总结两县政府购买公共服务的实践经验，凸显政府购买公共服务在县域治理中的重要意义。但对于县域治理而言，政府购买公共服务的发展不可能是一蹴而就的，需要在制度建设、试点推进、强化监督等方面逐步完善县级政府购买公共服务，从而不断提升县域治理能力。

关键词： 县域治理 公共服务 政府购买

近年来，我国政府购买公共服务被纳入国家顶层设计，并在各级政府得以积极推进，既积累了大量的经验，也面临着诸多问题。本文旨在通过对县级政府的购买行为进行深入调查的基础上，对基层政府的购买公共服务及其对县域治理的影响展开研究，以丰富对政府购买公共服务的研究。

① 吉青：在读博士，安徽师范大学法学院公共管理系讲师，安徽师范大学法治中国建设研究院研究员。

一　建立新的公共服务供给模式是现代社会的发展趋势

随着经济、社会的发展，公众对公共服务的需求不断增加，对政府的要求也越来越高。面对公众多样化的服务需求，原来以各级政府及其延伸系统事业单位为中心的公共服务供给模式已难以应对，需要建立起全新的公共服务供给模式。近年来，各级政府都加快公共服务供给领域的改革，不断探索有效的改革服务供给模式，以满足公众日益增长的公共服务需求，政府购买公共服务作为一种有效的公共服务供给方式自上而下地进入改革领域。

根据学者的研究，我国政府购买公共服务的实践最早出现于上海。1995年，上海市浦东新区社会发展局兴建了罗山市民会馆，为提高会馆的管理和运行效率，浦东新区社会发展局通过协商，委托上海基督教青年会对罗山市民会馆进行管理，并于1998年接受政府养老服务的委托，政府购买公共服务由此开始进入我国实践领域。此后，随着国务院的积极推动，政府购买服务的范围不断扩大，购买制度也逐步得到完善。虽然目前对"政府购买公共服务"，学界的称谓各有不同，如"公共服务民营化""政府服务外包""合同外包"等，但其所蕴含的内涵是基本一致的。《国务院办公厅关于政府向社会力量购买服务的指导意见》（以下简称《指导意见》）指出（政府购买公共服务）"就是通过发挥市场机制作用，把政府直接向社会公众提供的一部分公共服务事项，按照一定的方式和程序，交由具备条件的社会力量承担，并由政府根据服务数量和质量向其支付费用"。王浦劬认为，政府购买（公共）服务，就是指政府把直接向社会公众提供的基本公共服务特定事项，按照市场运行的机制要求，交由具备条件的社会力量（社会组织、企业组织、自然人等）生产和承担，并由政府根据服务数量和质量向其支付费用，由此使得相关公民获得优质基本公共服务①。

可见，"政府购买公共服务"关键在于明确以下几个问题，即谁来买，

① 王浦劬.政府向社会力量购买公共服务的改革机理分析[J].北京大学学报（哲学社会科学版），2015（4）：88-94.

向谁买，买什么，怎么买，钱从哪来，也就是购买中的主体、购买内容（范围）、购买流程以及资金来源。第一，购买活动中的主体，包括购买主体和承接主体，即谁来买，向谁买。根据《指导意见》的规定，政府向社会力量购买公共服务的主体是各级行政机关和参照公务员法管理、具有行政管理职能的事业单位。纳入行政编制管理且缴费由财政负担的群团组织，也可根据实际需要，通过购买服务方式提供公共服务。承接主体包括依法在民政部门登记成立或经国务院批准免于登记的社会组织，以及依法在工商管理或行业主管部门登记成立的企业、机构等社会力量。第二，政府购买服务的内容主要为适合采取市场化方式提供、社会力量能够承担的公共服务，应突出其公共性和公益性。就目前而言，教育、就业、社保、医疗卫生、住房保障、文化体育及残疾人服务等基本公共服务领域，是我国政府购买公共服务的主要领域。第三，政府购买公共服务通常采用公共服务的契约化提供模式，竞争是政府购买公共服务的核心所在。如前所述，政府购买公共服务是以财政性资金采购服务，这种服务的供给主要是通过采购竞争形成契约关系，由非营利组织或者营利组织等社会力量来提供公共服务，而由政府支付相应的资金。由此可见，政府购买公共服务的规范形态是建立契约式的服务供给模式，形成一种“政府承担、定向委托、合同管理、评估结果”的新型政府公共服务供给模式。第四，资金来源。政府购买公共服务的资金主要来源于财政资金，由政府根据相关社会力量所提供服务的数量和质量支付费用。

《指导意见》中指出“推行政府向社会力量购买服务是创新公共服务提供方式、加快服务业发展、引导有效需求的主要途径”，“到2020年，在全国基本建立比较完善的政府向社会力量购买服务制度”。党的十八届三中全会《中共中央关于全面深化改革若干重大问题的决定》指出，“推广政府购买公共服务，凡属事务性管理服务，原则上都要引入竞争机制，通过合同、委托等方式向社会购买”。十八届五中全会明确指出，“创新公共服务供给方式，能由政府购买服务提供的，政府不再直接承办；能由政府和社会资本合作提供的，广泛吸引社会资本参与”。“十三五”规划中明确指出，“创新公共服务提供方式，推动供给方式多元化，能由政府购买服务提供的，政府不再直接承办；引入竞争机制；加快社会事业改革，创新从事公益服务事业单位体制机制”。在党的十九大上，习近平总书记指出，经过长期努力中国特色社会主义进入了新时代，这是我国发展新的历史方位。我国社会主要矛盾已经转化为人民日益增长的美好生活需要和不平衡不充分的发展之间的矛盾。如何满足人民日益增长的美好生活需要，进而实现“幼有所养、学有所教、劳有所得、病有所医、老有所养、住有所居、弱有所扶”是“人民满意的服务型政府”必须回应和解决的，因为“增进民生福祉是发展的根本目的”。只有进一步完善公共服务体系，才能不断满足人民日益增长的美好生活需要。因此，在全社会公共服务的需求全面快速增长和全面建成小康社会的特定背景下，把公共服务纳入政府采购范围，是满足广大人民群众基本需求的基本趋势，也是符合现代社会发展的基本趋势。

二　购买公共服务是提升县域治理能力的必然要求

十八届三中全会把全面深化改革的总目标定位于完善和发展中国特色社会主义制度，推进国家治理体系和治理能力现代化，同时做出推广政府购买公共服务的决定。政府购买公共服务是推进国家治理体系和治理能力现代化的重要措施。县级政府提供公共服务的数量、质量和能力是其治理能力的重要表征。

（一）政府购买公共服务是促进县级政府职能转变的重要举措

“经济体制改革是全面深化改革的重点，核心问题是处理好政府和市场的关系，使市场在资源配置中起决定性作用和更好发挥政府作用。”《中共中央关于全面深化改革若干重大问题的决定》中的这段论述表明了经济体制改革和政府转型相结合的改革方向，也预示着在当前及今后的一段时期里，政府职能转变仍将是政府改革的核心任务。2013年11月，李克强总理在地方政府职能转变和机构改革电视电话会议上强调：“要全面深入贯彻落实党的十八大和十八届二中全会精神，做好政府改革这篇大文章。中央政府改革是上篇，地方政府改革是下篇，要整体构思，通盘考虑，上下贯通，把整篇文章做好，更多释放市场活力，更好服务人民群众。”十九大报告指出，要“深化机构和体制改革……转变政府职能，深化简政放权，创新监管方式，增强政府公信力和执行力，建设人民满意的服务型政府”。县级政府在纵向行政体系中处于国家宏观管理与微观管理的结合部，是连接城市和乡村的纽带，起着承上启下的作用。既是有效落实党和国家重大方针政策的执行者，又是所管辖县域政治稳定、经济发展与社会管理的指挥者、决策者，这就决定了县级政府职能行使的重要性。虽然在一般意义上，政府职能包括宏观调控、市场监管、社会管理和公共服务四个方面，但根据不同层级政府行政职能差异的一般原理，县级政府的职能应主要定位于社会管理和公共服务上。通过政府购买公共服务的手段，县级政府可以逐步将原来政府“不该管”“管不了”“管不好”的事项从政府职能部门中剥离出去，交由社会、市场来承担，从而推动县级政府从全能型向有限型、由生产型向服务型转变，最终成为“人民满意的服务型政府”。

（二）政府购买公共服务是促进县域事业单位改革的重要手段

事业单位是我国特有的组织形式，形成于计划经济时期，代表政府履行公共服务的职能，在县域范围内对提供公共服务、促进经济社会发展、改善人们生活等方面发挥了重要作用。但由于历史原因和体制问题，县级事业单位存在的问题也很明显，如政事不分、事企不分、定位不明、机构臃肿、效率低下、管理不够规范等。随着政府购买公共服务在县级政府的逐步推进，县级事业单位从原来的政府履行公共服务职能的代表者转变为政府购买改革服务的参与者、公共服务市场的竞争者。这一身份的转变，对县级事业单位本身形成了巨大的压力，加快了其改革步伐。2016年年底，财政部、中央编办出台了《关于做好事业单位政府购买服务改革工作的意见》，把事业单位分为四类：完全或主要承担行政职能的事业单位、公益一类事业单位、公益二类事业单位和生产经营类事业单位。这一政策文件得到迅速推进，县级事业单位根据中央的文件规定对事业单位进行了分类。在这一前提下，购买主体可以根据公共服务的内容和要求向不同类型的事业单位进行购买服务，可见，政府购买公共服务能够促进县级事业单位分类的完善，为事业单位的进一步深化改革奠定基础。另外，通过政府购买公共服务，县域范围内的事业单位不再和原来一样处于公共服务提供的“垄断”地位，而需要和本县的社会组织、企业等组织一样成为公共服务市场的竞争者。面临着激烈的外部竞争，必然促使事业单位在内部建立科学的管理结构和机制，加强自身管理，提升自身效能，通过为社会提供优质的公共服务而立足于公共服务的竞争市场。

（三）政府购买公共服务是县级政府满足群众多样化需求、提升公共服务水平的必然之选

随着经济的发展和生活水平的提高，民众对于公共服务的需求呈现出数量增长和多元化趋势，教育、医疗、养老、就业、公共安全、基本住房、资源环境等公共产品的短缺成为社会转型发展的突出矛盾。相对于中央政府和省级政府而言，县级政府可利用的资源（包括资金、人才、技术等）较少，这就使得县级政府在满足公众公共服务需求方面往往会更加能力不足和效率不高。相对而言，社会组织则可以更灵敏、更高效地感知民众对公共服务的需求变化，并提供更专业化的服务。通过实施政府购买公共服务，县级政府把原来承揽的对专业性、技术性要求比较高的服务让渡出来，由更具专业性的社会组织承担，社会组织自身的专业优势和彼此之间的竞争无疑可以为群众提高更加专业、多元和优质的公共服务。对政府而言，提供公共服务的资金来源是县级财政资金，随着社会发展，广大群众对公共服务的需求日益变大，各种民生工程的实施在给民众带来实惠的同时也给县级政府带来了很大的财政压力，这就要县级政府不断探索县域范围内提供公共服务的新方式，以更少的政府支出提供更多更好的服务。而通过政府购买服务的方式，则有利于降低公共服务的成本，提高公共服务质量和水平。一方面，县级政府通过向社会力量购买公共服务，实现了由“养人”到“养事”的转变，一定程度上可以降低县级财政支出中的人头费用；另一方面，县级政府通过购买服务把竞争引入到公共服务供给中，引入社会资本，提高县财政资金使用效率，从而降低政府公共服务成本，并提高公共服务的质量。

三　县级政府购买公共服务的探索——广德和郎溪的实践

广德县和郎溪县隶属于宣城市，位于安徽省东南部、苏浙皖三省交界处，区位优越。广德县区域面积2165平方千米，辖6镇3乡，136个行政村（社区），人口51.5万，是华东沿海经济挺进安徽等中西部地区的第一站，交通便捷，运输发达，已成为长三角经济向内地辐射的物流副中心。“十二五”期间，广德县大力实施“工业兴县、生态立县”发展战略，进一步推动了经济社会的持续快速健康发展。地区生产总值等主要指标年均保持两位数增长，始终高于全省、全市平均水平。实现了财政收入、固定资产投资、进出口总额、社会消费品零售总额、贷款余额等“五个翻番”。2016年完成财政收入34.3亿元、增长7%①。

郎溪县现辖7镇2乡2个省级开发区，全县总人口34万人，面积1104.8平方千米。“十二五”期间，郎溪县财政收入从12.8亿元增加到23.36亿元，年均增长12.8%。2016年实现地区生产总值119.7亿元，增长9.1%；完成财政一般预算收入23.4亿元，增长7%；固定资产投资252亿元，增长12.5%②，各项事业都有了新进展、新突破，被誉为“新常态下的郎溪新现象”。经济的发展、财政收入的增加为广德县和郎溪县实施民生工程提供了坚实的资金保障，但在民生保障上，仍面临着诸多问题：与群众需求还有落差，公共服务均等化水平有待进一步提高，教育、医疗、养老等领域仍有较大提升空间，等等。面对问题，广德县和郎溪县政府积极转变政府职能，推动公共服务供给的市场化改革，推进政府购买公共服务，以构建多元化的公共服务供给体系。

（一）积极探索政府购买服务岗位“三加一”模式，加快推进事业单位用人制度改革

针对近年来机关事业单位一直面临的人员结构老化、中坚专业技术力量不足的局面，安徽省政府出台《关于政府向社会力量购买服务的实施意

① 参见2017年广德县政府工作报告。

② 参见2017年郎溪县政府工作报告。

见》后，广德县立足于本县实际，积极探索政府购买服务岗位模式，加快推进机关事业单位用人制度改革步伐。

2014年9月，广德县率先在全省范围内出台《广德县政府购买服务岗位人员管理办法（暂行）》（简称《管理办法》），明确了政府购买服务岗位适用范围、岗位设置、承接主体、部门职责、人员管理、薪酬待遇、操作流程、合同争议及解释等九个方面内容。同时，对岗位申报与审核、招聘、签订派遣协议、签订劳动合同、核定劳动报酬、经费核拨、待遇支付、考核、辞退与辞职九个子项做了详细规定。依据《管理办法》规定流程，2014年11月初广德县在《今日广德》报纸上整版刊登了2014年县教体、卫生、地税、老干局和机关事务管理局等5个单位33个服务岗位（其中管理服务岗18个，专业技术岗15个）的招聘公告，全面公开政府购买服务岗位人员信息，首批政府购买服务岗位人员已经于2015年2月顺利上岗。2015年，住建委、财政局、人社局、房管局和人民法院等单位共40个岗位继续进行了公开招聘。广德县政府购买服务岗位人员是积极推进机关事业单位用人制度改革的一大创新，促进用人观念由“单位人”向“社会人”转变，简化管理流程，降低行政成本，提高效率，优化服务。

（二）政府购买居家养老服务，提升困难老人生活质量，完善社会养老服务体系

2014年以来，为进一步完善养老服务体系，郎溪县把政府购买居家养老服务纳入民生工程范围来实施推动。自2014年10月郎溪县正式启动政府购买居家养老服务工作以来，将城区70周岁以上、有生活照料需求的城镇“三无”人员确定为居家养老的服务对象，服务内容主要包括生活照料、医疗保健、家政、精神慰藉、文化体育和法律咨询等服务。仅2014年，郎溪县共为老人开展送餐服务500多次，家政服务1000余次，生活照料服务40余次，取得良好的效果。2016年1月，郎溪县政府出台《关于加快推进养老服务业发展的实施意见》指出，“为城乡生活不能完全自理的散居‘三无’供养、失能失智特困老人、孤老重点优抚对象以及低保对象中特困老年人等对象购买居家养老服务，服务标准每人每月110元，对其中的失能失智老人，按照失能失智程度分别上浮50%、100%、200%”。居家养老服

务所需经费由县级财政予以保障。通过政府购买居家养老，为困难老年人解决居家养老服务问题，提高困难老年人的生活质量，也为进一步完善社会养老服务体系，加快推进养老服务业发展奠定了坚实的基础。

（三）“送戏进万村”“戏曲进校园”等文化惠民工程进入常态化

根据《安徽省关于进一步完善政府购买服务开展“送戏进万村”活动的通知》，为将文化民生工程落到实处，丰富群众精神文化生活，让群众享受文化大餐，切实提高文化民生工程实效，2014年广德县在安徽省率先开展“送戏进万村”活动，并被列为首批省级公共文化服务体系建设示范区。自2014年以来，“送戏进万村”已经成为文化民生工程的重要内容之一。据统计，2015年共为农村送出演出121场，2016年共完成演出136场，年均受益观众达10万多人次，大大丰富了群众的精神文化生活。为提高转场速度和成本，广德县文广新局将全县9个乡镇划为两个标段（南片乡镇和北片乡镇）进行招投标。县文广新局与采购中心沟通协调，细化服务项目采购书和招标文件，避免因竞相压价而影响服务质量，确保投标剧团水平的真实性和公平性。

送戏下乡是民生工程的要求，郎溪县以“每村每月送一场电影，每村每年送一场戏”为目标，争取将文化大餐送到田间地头。2016年，仅凌笪乡就组织开展送电影下乡96场，组织群众性体育活动48场，开展群众性文艺演出11场，送戏下乡8场。2017年1月，郎溪县文化旅游委员会对“郎溪县文旅委农村文艺演出（第一包）项目”和“郎溪县文旅委电影放映项目”进行公开招标采购。预计2017年在建平镇、梅渚镇、新发镇、凌笪乡、县经济开发区开展48场次的文艺演出；每个行政村每年12场电影，全年1116场次。两项支出约434400元，由县财政保障。文化民生工程的实施，让全乡群众的幸福指数不断增强，生活品质不断提升。

2016年10月，郎溪县全面启动“戏曲进校园”活动。郎溪县坚持政府主导、学生主体的原则，将“戏曲进校园”活动纳入政府购买服务，结合学校教育实际，精心选择或创编一批适合不同年龄阶段学生特点的，思想性、艺术性俱佳，弘扬社会主义核心价值观、唱响爱国主义主旋律、传承发展中华优秀传统文化、体现人文精神和郎溪地方特色的优秀剧目进校园演出，内容以徽剧、皖南花鼓戏、黄梅戏为重点，兼顾其他剧种，并组织戏曲专家到学校进行戏曲知识普及。2016年10—12月，郎溪县开展了“戏曲进校园”演出活动，县花鼓戏团承接演出任务，走进县各中小学，为学校师生送上了精彩的戏曲演出。根据《郎溪县“戏曲进校园”活动实施方案》安排，2017年春季学期开始，全县各中小学每学期每班至少开设一节戏曲知识课程，到2018年6月实现全县中小学校所有学生每年免费欣赏到一场优秀戏曲演出的目标。

（四）鼓励社会资本投入，探索推广PPP模式[①]

所谓“PPP”（Public-Private-Partnership）模式，指的是政府与社会资本为提供公共产品或服务而建立的公私合作模式。近年来，广德县、郎溪县立足县情，积极引入社会资本进入基础设施建设、城市建设和公共服务提供中，逐步在各领域引入PPP模式。

2014年上半年，广德县对滨河公园二期工程的绿化养护项目采取了PPP投资建设模式，政府以每年支付绿化养护费的方式对新城区12个地块绿化等予以采购，采购回收期限20年。同年10月，县住建委启动了城区和平路二期等绿化提升项目，按照“建设、养护一体化”的要求，政府与社会组织合作建设城市基础设施项（PPP模式），对西环路、光藻路、桐汭路等12个地块21万平方米绿化进行了招标建设。在该模式下，施工单位严格按照设计标准并自筹资金完成绿化项目建设，建成后同时承担合同约定年限的养护任务并接受园林部门考核，在考核合格的前提下，政府以每年支付绿化养护费用的方式，对项目逐步完成回购。

在城市绿化项目采用PPP建设模式取得成功的基础上，2014年广德县住建委继续创新，推出了交通信号灯系统PPP项目。该项目将广德新老城区范围内25个道口信号灯及电子警察的新建及维护工程、29个道口信号灯

① 对政府购买公共服务和PPP模式的关系，理论界有不同认识。依据财政部于2014年9月23日发布《推广和运用政府和社会资本合作模式有关问题的通知》（财金[2014]76号）中提出的“政府和社会资本合作模式的实质是政府购买服务”，本文认为政府购买服务是较大的概念，而PPP模式是其中一种表现形式。

及电子警察改造和维护工程、18万平方米标线及标牌的建设和维护工程、控制中心机房及软件采购维护等子项目整体打包为一个大项目进行招标，计划在十年内逐步完成相关交通组织系统建设并提供相应维护服务，总投资约3560万元。2015年，广德县城市交通设施系统PPP项目全面启动，作为城市交通设施系统PPP项目的实施内容之一，需完成25个路口的标线施划和冲洗。2016年2月，广德县政府和省建工集团就S215皖苏界至广德凤桥段公路改建工程PPP项目招标合同正式签约。该项目总长53.96千米，总投资为人民币14.21亿元。该项目是安徽省首个按PPP模式建设的普通国省干线公路项目，为普通国省干线公路建设开辟了新的融资渠道。该项目还入选财政部第二批政府和社会资本合作（PPP）示范项目。2016年7月，广德县政府完善城市路网建设，缓解道路交通压力，推动城市发展，采用"项目投建养一体化+政府购买服务"的模式，新建16条市政道路与爱民路跨粮长河桥、西区排涝泵站和污水提升泵站以及生态停车场、火车站站前广场改造。

有统计数据显示，通过实施PPP模式，仅2014年，广德县就建成公园绿地面积约50万平方米，减少政府直接投资5000万元。2015—2017年，为实现创建国家级园林城市目标，广德县将继续采用PPP模式，预计建设公园绿地面积达到216万平方米，为政府直接减少投资2.1亿元。2015年，运用PPP模式改造路灯4133盏，完成滨河公园三期等绿化工程41万平方米①。2016年，在原来的基础上新增PPP项目5个，完成投资5.6亿元②。

2015年10月，郎溪县首个"污水处理厂及配套管网PPP项目"成功完成开、评标，项目总投资金额约4亿元。该项目采取PPP模式运作，由社会资本独资组建项目公司在合作期内以TOT模式购买政府建设的污水处理厂一期、污水泵站和排水管网等存量项目，运营维护，在合作期结束后，所有资产、资料移交政府方。项目特许经营期为25年，预计一、二期污水处理厂（二期拟采取BOT模式待建）设计总规模将达4万吨/日，县城区配套污水、雨水、雨污合流管达211.79千米。污水处理厂于2016年1月25日正

① 参见2016年广德县政府工作报告。

② 参见2017年广德县政府工作报告。

式投入运营。郎溪县污水处理厂及配套管网建设项目是郎溪县首个筛选符合PPP模式的公共设施项目，该项工作的成功开展预示着郎溪县城市基础设施建设投融资体制改革序幕拉开。同年12月，郎溪县与安徽水利开发股份有限公司签署了《S214工程PPP项目投资建设合作框架协议》，双方拟采用PPP模式就“S214工程（四、五期及连接线）”投资建设开展合作。本次合作项目为S214工程（四、五期及连接线），其中，四期工程（自县城区至十字段）长15.15千米，投资5.412亿元（其中建安费4.912亿元，征迁费用0.5亿元）；五期工程（十字至姚村段）长约11千米，投资5.55亿元（其中建安费5亿元，征迁费用0.55亿元）；连接线工程（姚村至广德界），二级公路，长3千米，投资约0.8亿，合作项目工程投资总金额11.762亿元。

2016年，郎溪县向社会公开三个“PPP储备项目”：郎溪县第二自来水厂，涉及规模达3万吨/日，总投资2.5亿元；郎溪县老年服务中心，建筑面积约4.8万平方米，建成后可提供1000张床位，总投资约1.2亿元；郎溪县梧桐湖公园项目，规划公园占地面积合160公顷，沿湖打造城市绿化绿地走廊，构建开放式城市活动场所，工程内容为人工湖开挖，桥、路、亭、渠建设，绿廊和绿地建设、公共景观建设等，总投资约6亿元。以上项目已在财政部PPP综合信息平台录入更新。经安徽省财政厅审核，已实施并处于项目执行阶段的“郎溪县污水处理厂及配套管网建设项目”和“S214郎溪段（含G235十字至七塔段规划线位）改建工程”两个PPP项目均列入安徽省第三批政府和社会资本合作示范项目前50名，并获2016年安徽省省级政府和社会资本合作奖补资金110万元。运用PPP模式不仅可以减轻政府的财政债务压力，还可以促进经济转型和转换政府职能，从而更好地提升和保证公共服务质量。

四　对提升购买公共服务水平的思考

广德和郎溪两县政府在购买公共服务方面的积极探索，初步取得了好的成效，但在新时代县域治理实践中，还需要进一步提高认识，扎实推进购买服务工作，不断提升公共服务水平。

（一）推进基层政府购买公共服务，制度建设要先行

政府购买公共服务是政府转变职能和深化行政体制改革的重要举措，因此必须通过制度来管理，并总结实践出现的问题和经验，体现法治化和规范化。2013年9月，国务院办公厅出台《关于政府向社会力量购买服务的指导意见》，2013年年底安徽省政府出台了《关于政府向社会力量购买服务的实施意见》，自上而下积极推动政府购买公共服务。2014年，广德县政府发出《关于政府向社会力量购买服务实施意见的通知》，并颁发了《关于政府向社会力量购买服务实施意见》，明确政府购买服务遵循“注重绩效、竞争择优、财随事转”的基本原则；研究出台《广德县政府向社会力量购买服务流程规范（暂行）》，对项目编审、实施购买、签订合同、绩效评审、监督检查、信息公开等6大流程做出详细规定和要求；同时，为了更好地指导具体工作开展，编制了购买服务流程图以及购买服务项目合同参考文本，并针对特殊类别的购买服务项目出台了相关子办法，以加快政府职能转变，提升行政效能。如广德县政府制定出台的《广德县政府购买服务岗位人员管理办法（暂行）》，郎溪县政府制定出台的《郎溪县人民政府关于政府购买公共服务的实施意见》《郎溪县政府向社会力量购买服务流程规范（暂行）》以及《关于做好政府向社会力量购买公共文化服务工作的实施意见》和《郎溪县政府向社会力量购买公共文化服务指导性目录》等配套文件。这些文件的出台为广德县、郎溪县政府购买公共服务明确“谁来买”“向谁买”“买什么”“怎么买”和“买得值”等问题作出了明确规定和制定详细标准，也为广德县、郎溪县政府购买服务提供了法律依据和制度框架，确保县级政府购买公共服务能够有法可依、有章可循。

（二）先进行试点，再逐步拓展政府购买服务范围

对于基层政府而言，政府购买公共服务不可能是一蹴而就的，结合自身的实际基础，选择合适的领域展开试点是基层政府推进政府购买服务的合适之选。在2014年试点启动初期，广德县选择了已经初步市场化的城市公交运营财政定额补助、卢村片区学生上下学公交接送服务、特殊群体免

费乘车服务等5个民生类项目，以及服务县域经济社会发展的环卫保洁、居家养老、小型水库管养、政府购买服务岗位人员等项目。按照“应购尽购、能购尽购”原则，由原来的基本公共服务向社会管理性服务、技术性服务、政府履职所需辅助性事项拓展，如广德县信息中心网络及移动平台运营服务、城区数字化城市管理信息采集服务、所得税涉税鉴证服务、矿山安全评估服务、政府投资项目审计服务、财政预算支出资金绩效评价服务等。郎溪县自2014年选择了交通运输局、机关事务管理局、国土资源局等8个单位15个项目开展试点。除在横向购买服务范围上逐步扩展之外，在比较成熟的领域进行深挖，提升服务供给质量。如在养老服务领域中，广德县“十三五”规划纲要提出“建设以居家为基础、社区为依托、机构为补充的多层次养老服务体系。加强政策扶持，完善政府购买养老服务，鼓励社会资本参与。……到2020年，全县乡镇养老院（中心）及符合标准的城乡社区养老服务设施实现全覆盖，80%以上的农村社区（村）建立养老综合服务机构（站点），培育3—5家规模化养老服务企业。”

（三）强化信息公开，建立健全监督管理常态机制

郎溪县政府购买服务相关信息，由财政或集中采购机构和购买主体分别通过郎溪县政府采购网、郎溪县招投标网和各购买主体部门门户网站等媒体向社会公开，信息公开采取事前、事中、事后全程公开，接受社会监督，确保政府购买公共服务工作过程公开透明、规范高效。政府购买公共服务的资金主要来源于财政资金，如何确保花出去的钱花得对、买得值，在政府购买公共服务的过程中至关重要。广德县政府自推行政府购买公共服务以来，逐步建章立制，不断建立健全监督机制。首先，加强资金管理，明确规定政府购买服务所需资金专款专用；及时公开购买服务相关信息，自觉接受社会监督；健全承接主体财务报告及审计制度，强化监察、审计、财政等部门监督职能，确保资金使用安全、高效。其次，建立承接主体退出机制，对弄虚作假、冒领财政资金的承接主体，列入“黑名单”，且至少三年内不准参与政府购买服务工作。最后，引入公众评价。民众是服务的真正享用者，民众认可才能真正说明政府的购买是“卖得值”。

广德县在购买公共文化服务、送戏下乡的过程中，真正把村民的喜好作为选择演出单位的衡量标准。如对“送戏进万村”中标单位提出明确要求，中标单位要严格履行采购合同，对确定的节目内容不得擅自变更；严禁降低演出质量和水平，对违反上述规定的演出服务单位，一经发现立即终止合同，不得再参加此类公开招标。同时加强信息反馈和满意度调查，注重基础资料的收集整理，不断提升“送戏进万村”实施效果。演出结束后由演出单位填写服务回执单，经演出地行政村村委会盖章，县文广新局民生办存档备案，并全程监管“送戏进万村”演出服务活动，演出效果交由群众评价，作为来年“送戏进万村”招标采购评分的重要依据，真正做到群众看戏、群众评价、政府买单。

（四）进一步推动基层政府购买公共服务，需要积极培育社会组织

从调查的情况看，基层政府都在“关于政府向社会力量购买服务的实施意见”中提到培育社会力量作为公共服务的供给主体和政府购买公共服务的承接主体。但受经济发展水平及地域的限制，县域范围内的非营利性社会组织比较少，这就决定了基层政府难以像大城市那样依靠民间社会团体的力量提供公共服务，因而大部分基层政府只能通过财政拨款的方式将服务外包给以营利为目的的企事业单位。而现有的基层社会组织普遍存在数量不足、规模较小、缺乏专业的机构和人员、资金不足、运作和管理不够规范、独立性差等问题，与政府购买公共服务承接主体的标准和要求相差甚远。因而，大力培育和发展社会组织，使其具备承接公共服务的生产能力是当前迫切需要解决的问题，否则政府购买公共服务无从谈起。

从广德县和郎溪县政府购买公共服务的发展历程来看，政府的主导地位非常明显，从购买主体、承接主体的确认，到具体的购买计划，购买方式、购买程序和保障机制等方面，政府的主导作用贯穿于政府购买公共服务的全过程中。自2014年启动推进政府购买公共服务以来，广德县政府通过降低门槛、简化流程等措施积极促进社会组织发展，并于2014年9月印发《广德县关于进一步培育发展社会组织的意见》，有效落实了社会组织直接登记制度，并明确了除依据法律法规需前置行政审批及政治法律类、宗

教类的社会组织外，其他社会组织均可直接向登记管理机关申请登记。社会组织的成熟对于政府购买公共服务体系的完善具有重要促进意义。

（五）完善政府购买公共服务须强化购买合同管理和组织领导

签订和管理合同能力的高低直接决定政府是否能够向社会购买到高质量的公共服务。在购买公共服务的过程中，基层政府必须从服务对象的选择、服务合同的签订、执行、监督、绩效评价和终结等各环节入手，实行全过程的动态化管理，以购买合同规范购买行为和过程。广德县近年来在县公共资源交易中心对基础设施的工程建设进行公开招标，面向所有具备建设能力的单位，加强在招标初期的资格审核，签订合同后严格进行中期检查和结果验收，力争确保建设工程质量。郎溪县2014年成立县政府购买公共服务工作领导组，由县政府主要负责同志任组长，分管负责同志任副组长，县财政、民政、监察等部门主要负责同志为成员，明确职责分工，强化责任落实，为使政府向社会力量购买公共服务工作走向制度化、规范化和科学化提供了有力的组织保障。

五 结 语

公共服务效率、质量的提高，服务的多样化、专业化是广德县和郎溪县推进政府购买公共服务实践以来取得的最显著的成效。城乡变漂亮了，马路变整洁了，闲暇生活变丰富了，老来生活更有保障了，政府公共服务的成本降低了，等等。由此可见，县级政府作为基层政府，社会管理和提供公共服务是其主要职能，加强社会建设、民生保障和维护社会稳定也成为县级政府职能的主要方面。政府购买公共服务作为公共服务供给的一种有效方式，提升了县级政府购买公共服务的能力，不仅是推进政府职能转变的重要举措，还是建设“人民满意的服务型政府”的重要内容，更会影响到在新的发展阶段下县域治理水平的提高。

习近平总书记在十九大报告中指出：“从现在到二〇二〇年，是全面建成小康社会决胜期。”“从二〇二〇年到本世纪中叶可以分两个阶段来安排。第一个阶段，从二〇二〇年到二〇三五年，在全面建成小康社会的基础上，再奋斗十五年，基本实现社会主义现代化。”“各方面制度更加完善，国家治理体系和治理能力现代化基本实现。”县级政府购买公共服务能否规范推进、顺利发展，直接影响到能否实现到2020年在全国基本建立起比较完善的政府向社会力量购买公共服务的体制机制。作为基层政府，县级政府治理能力的提升必然会影响我国全面建成小康社会目标的实现，对实现国家治理体系和治理能力现代化也具有重要意义。

加强县域信息化建设提升信息服务能力

——南陵县信息化建设调查与思考[①]

纪媛媛[②]

摘　要： 信息化建设是推进国家治理现代化的战略任务，也是提升县域公共服务能力的必然选择。近年来，南陵县大力推进信息化建设，在社会服务管理信息化、农业农村信息化、电子政务等方面的有效实践为县域信息化建设和信息服务能力提升提供了有益的经验与启示：实现信息服务需要优秀的人才队伍、完善的信息基础设施、整合的数字化信息资源、健全的信息发布机制、富有成效的技术培训以及持续广泛的宣传推广。地方政府应充分利用信息化发展契机，制定发展战略，增强服务意识，整合业务资源，培育信息产业，加快步伐提升信息服务能力，将“服务型政府”理念落到实处。

关键词： 南陵县　县域信息化　信息服务

习近平在中央网络安全和信息化领导小组第一次会议上指出，“网络安全和信息化是事关国家安全和国家发展、事关广大人民群众工作生活的重大战略问题，要从国际国内大势出发，总体布局，统筹各方，创新发展，努力把我国建设成为网络强国。”如今，加快信息化发展以提升综合国力，

---

① 本文获安徽省社科联2017年度“三项课题”研究成果优秀奖。

② 纪媛媛：硕士，安徽师范大学法学院公共管理系讲师，安徽师范大学法治中国建设研究院研究员。

已成为我国实现伟大复兴中国梦的必然路径。21世纪以来，我国信息化建设虽取得了显著进展，但与全面建成小康社会的目标相比还有距离，其中“区域和城乡差距明显”成为影响协调发展的重要因素。为此，2016年我国《信息化发展战略纲要》中特别提出要加快推进中西部地区的信息网络建设，普及信息服务。县域信息化作为国家信息化的基础构成，其表现对于缩小城乡差距、平衡区域发展起着举足轻重的作用。虽然县域信息化没有统一的模式可以照搬，但有共同的思路可供沿用，共同的框架体系可供参照，共同的规则可供遵循①，研究县域信息化建设对于探索中国特色信息化发展道路具有重要意义。南陵县是芜湖市属县，历史上曾有“农业大县、工业弱县、财政穷县”之称，近年来通过不断深化改革，大力推进信息化建设，正阔步迈向“农业强县、工业大县、财政强县”行列，跃居《中国县域经济发展报告（2016）》“投资潜力百强”第14位。本文通过总结南陵县信息化建设的实践经验，结合电子政务服务能力管理理论与方法，探讨县域信息化建设和信息服务能力提升的有效路径。

一　信息化是全面建成小康社会的必然路径

关于信息化建设，除了信息技术进步这一技术条件之外，主要有两个方面的发展动力：一方面，信息化建设是推进国家治理现代化的战略任务；另一方面，信息化建设是提升县域公共服务能力的必然选择。为了实现全面建成小康社会的目标，加快加强县域信息化建设是大势所趋。

（一）信息化建设是推进国家治理现代化的战略任务

改革开放以来，国家治理方面仍面临着的一些棘手问题，中国共产党尝试以全新的角度思考国家治理体系问题。十八届三中全会将国家治理现代化摆到战略高度，认为推进国家治理体系和治理能力现代化是全面深化改革的重要目标。可见，信息化建设已成为推进国家治理现代化的重要战略任务。

① 张海滨.县域信息化路径探讨[J].中国信息界,2010(C1):86-88.

首先，信息化之于国家发展的重要性日益凸显，成为全面建成小康社会的发展目标。信息化是当今世界发展的大势，是推动各国经济社会变革的重要力量，加快信息化发展早已成为全球共识。党中央、国务院一直高度重视信息化工作。1993年，“三金工程”的启动标志着国家信息化建设正式开始；2000年，党的十五届五中全会首次将信息化提到了国家战略的高度；2002年，党的十六大作出“以信息化带动工业化”的战略部署；2007年，党的十七大提出“信息化与工业化融合发展”的崭新命题；2012年，党的十八大将信息化纳入中国特色新型“四化”道路之一，要求“推动信息化和工业化深度融合”，明确把“信息化水平大幅提升”纳入全面建成小康社会的目标之一；2016年，《国家信息化发展战略纲要》提出了“以信息化推进国家治理体系和治理能力现代化”。可见，信息化在我国现代化建设全局中的引领作用日益凸显，已成为我国全面建成小康社会决胜阶段的发展目标和行动路径。

其次，信息化发展的巨大潜能尚未充分释放，以信息化驱动现代化形势紧迫。当前我国发展仍处于大有可为的重要战略机遇期，综合国力和国际影响力持续增强，信息革命的浪潮为我们提供了历史性机遇，只有牢牢抓住这一机遇，以信息化驱动现代化，才能推动我国社会主义现代化事业再上新台阶。21世纪特别是党的十八大以来，我国信息化建设取得了可喜的进展，但也存在信息资源开发利用不够、区域和城乡差距明显、网络安全面临严峻挑战等问题，信息化在促进经济社会发展、服务国家整体战略布局中的潜能还没有充分释放。适应和引领经济发展新常态，增强发展新动力，需要将信息化贯穿我国现代化进程始终，加快释放信息化发展的巨大潜能。

最后，以信息化推进国家治理体系和治理能力现代化，是实现全面深化改革总目标的重要路径。习近平提出，全面深化改革的总目标，就是完善和发展中国特色社会主义制度、推进国家治理体系和治理能力现代化。《国家信息化发展战略纲要》提出，要着力增强国家信息化发展能力，着力提高信息化应用水平，着力优化信息化发展环境，以信息化推进国家治理体系和治理能力现代化。由此可见，信息化建设已成为实现全面深化改革总目标的重要路径。

为着力提升经济社会信息化水平，我国还实施了信息化带动长江经济带发展行动计划，工业和信息化部将集中资源，优先支持长江经济带发展。南陵县应当抓住这次宝贵的历史机遇，全面贯彻落实国家信息化发展战略，以信息化建设加速推动经济社会发展。

（二）信息化是提升公共服务能力、发展区域经济的必然选择

信息化建设起步之时，南陵县的经济实力明显增强，人民生活水平不断提高，各项社会事业全面发展。但取得成绩的同时，仍存在一些困难和问题，如发展基础相对薄弱，经济总量不够大，基础设施对加快发展的承载力不足，一些部门缺乏改革创新的勇气和开拓发展的思路，效率不高、作风不实、责任心不强，机关行政效能还需提高，等等[①]。解决这些问题需要多管齐下，而信息化建设是其中最强劲有力的手段之一。

加强信息化建设，可以提升县域公共服务能力。以信息化为条件，政府能够以公众的意愿和利益为行政出发点；能够主动收集公众的服务需求，提供一站式、全天候、零距离的各类服务；能够不断创新服务方式，提供更优质的公共产品和服务。

加强信息化建设，可以促进区域经济的发展。一方面，通过信息公开提高政府透明度，可以方便投资者对地方政府增进了解与信任，有利于吸引更多投资；另一方面，信息化可以提高政府办事效率，降低企业与政府的交往成本，吸引更多企业入驻。此外，信息化还可以为政府决策提供更科学有效的数据和方法，增强政府的经济调控、市场监管和社会服务能力，进而推动区域经济的快速发展。

综上所述，加强信息化建设，可以提升南陵县的地区竞争力，是提升公共服务能力、发展区域经济的必然选择。

---

① 参见2012年南陵县政府工作报告。

二　南陵县信息化建设的基本做法与成效

南陵县委、县政府一直高度重视信息化建设工作，信息化在政治、经济、文化、社会等各领域遍地开花、硕果累累，其重点成就主要体现在社会服务管理信息化、农业农村信息化和电子政务工程三个方面。

（一）逐步拓展应用范围，整体推进社会服务管理信息化

党的十八大报告指出，提高社会管理科学化水平，必须加强社会管理信息化建设。正因为深刻认识到社会服务管理信息化是大势所趋、责任所系、发展所需，南陵县政府将信息化建设作为社会服务管理的重点工作。为实现社会管理精细化，提升公共服务水平，南陵县不断创新机制体制，积极探索社会服务管理信息化工作，着力构建以网络化服务管理为基础、以信息化技术为支撑的新型社会服务管理体系。得益于县委、县政府的高度重视和强力执行，南陵县社会服务管理信息化在多个方面取得了显著的成果。

第一，搭建"一站通"办事平台与"社管通"管理平台。2014年，南陵县财政投入400余万元在全县范围内整体推进社会服务管理信息化工作，现已初步建成县、镇、村（社区）三级贯通的"一站通"办事平台和以"网格化"为基础的"社管通"管理平台①，并在实际运行中收到了较好的社会效果。南陵县境内多是山区地形，村民居住相对分散，"一站通"平台的使用对于当地群众有着特殊意义。利用"一站通"平台，村民可以"足不出村"在家门口办理涉及民政、人社、计生、公安等8个部门的90余项公共服务事项②。目前，该平台已实现各乡镇以及村委会全覆盖，真正实现了"一站受理、全县通办"，且办事效率为群众所称赞。此外，南陵县在镇、村、片、组建立四级服务管理网格体系，将社会服务管理信息化系统

---

① 南陵县启用"一站通"平台 村民办事大"提速"[EB/OL].[2015-04-17].http://ah.anhuinews.com/system/2015/04/17/006762083.shtml.

② "一站通"快捷便民"社管通"精细服务[EB/OL].[2015-05-25].http://ah.people.com.cn/n/2015/0525/c371454-24997683.html.

和农村“网格化”管理相结合，变被动受理为主动服务。目前，南陵县178个村（社区）全部完成了“网格化”服务工作，并在“网格化”的基础上建立“社管通”管理平台。村（社区）社管网格员可以随时将收集到的住户信息和诉求通过“社管通”软件上传，第一时间让相关部门掌握情况，解决问题。“网格化、全天候、零距离”的管理模式快速回应村民各项诉求，不仅促进了网格员与群众互动，更彻底解决了门难进、脸难看、话难听、事难办的“四难”问题。

第二，以医疗卫生信息化促卫生改革发展。南陵县在深化医药卫生体制改革工作的同时，积极推进卫生信息化工作开展，实现从无到有、从单一到系统、从“孤岛烟囱”到互联互通，促进了基层医疗卫生服务的发展和卫生管理水平稳步提高。一是建成卫生综合机房，实现全县医疗卫生信息数据集中存储；二是开通卫生局门户网站，实施办公管理自动化；三是建立居民健康档案管理系统，实现在线动态管理居民电子健康档案；四是建设居民健康小屋，实现居民自助查询健康信息；五是落实全县镇村医疗机构应用HIS及电子病历系统，实现基层电子病历应用达95%以上；六是部署医学知识在线系统，实现临床辅助诊疗；七是建成卫生综合管理平台，实现县内基本医疗、公共卫生、药品管理、医疗保障、绩效考核及在线培训等业务信息的综合管理应用，并与多个系统有效衔接、互联互通，形成省、市、县、镇、村五级网络，实现横向到边、纵向到底的资源同步共享①。南陵县卫生信息化工作统筹规划、稳步推进，在不断完善优化系统软件建设的同时，加大硬件设备投入，加强人员技术培训，逐步形成统一高效、资源整合、互联互通、信息共享、透明公开、使用便捷的区域卫生信息化管理，充分展现卫生信息化对卫生改革发展的技术支撑作用，有力推动了卫生事业的改革与发展。

第三，以教育与文化服务信息化打造全民文教氛围。南陵县不断加快推进教育信息化进程，在全省率先进行教育城域网的建设，为全县所有学校配齐了计算机网络教室。2013年9月进行了教学点教育资源全覆盖工程，

---

① 南陵县卫生信息化助力卫生事业发展[EB/OL].[2014-02-11]. http://www.nlx.gov.cn/content/32_95077.html.

开展了安徽省“在线课堂”实验工作。2015年，县教育局被评为全省在线课堂优秀单位①。县教育局一直重视各学校教育信息化应用，教师的教育信息化能力得到了很大的提高。2017年12月，在中央电教馆的最高赛事——全国教育教学信息化大奖赛中，南陵县四位老师凭借过人的实力获得全国一等奖，在这项赛事中取得了历史性突破②，推动南陵县中小学教师信息化教育教学水平再上一个新台阶。作为中国青铜文化的发祥地之一，历史悠久、人文炳蔚的南陵县非常重视公共文化信息服务，实施了公共文化服务信息化建设工程，并得到芜湖市文化委考核组的高度评价。为了创造便利的阅读条件，营造全民阅读氛围，南陵县政务服务中心在服务大厅设立了电子书借阅机，极大丰富了读者的阅读体验，传播全民阅读的良好社会风尚。2017年4月，南陵县图书馆向全社会公开招标采购“南陵县图书馆数字信息化建设项目”③，南陵县公共文化信息服务将开启新篇章。

第四，以税务信息化优化纳税服务工作。南陵县地税局深化信息技术应用，使纳税服务工作不断优化。一是提升信息化水平，构建服务平台。整合现有征管资源，利用电子触摸屏、显示屏、QQ群功能、纳税服务快报等方式，方便纳税人及时了解税收政策、办税流程；借力移动等部门的网络通道，开通短信提醒服务，增进征纳双方交流。二是加强信息化运用，扩展服务内容。着力加强纳税服务双平台、信息双平台运用，推进网上纳税服务，扩展网上申报、表格下载、资料报送、涉税答疑等服务内容，探索多元化纳税服务途径，节约纳税资源与成本，为纳税人提供便利。三是发挥信息化优势，简化办税程序。推进税源专业化管理，科学调整各岗位的权限、职责，充分发挥征收管理系统快捷、高效、共享的优势，实行一站式、一窗式服务，简化办税程序，整合业务流程，提高工作效率。四是应用信息化手段，提升办税质量。深化信息技术应用，在推行地税征收管

---

① 优化资源配置 推动教育均衡健康发展[EB/OL].[2016-03-22]. http://dzb.nlxxww.cn/tmp/News_wenzhang.shtml?d_ID=833.

② 南陵县在全国教育教学信息化大赛中喜获佳绩[EB/OL].[2017-12-21].http://www.nlx.gov.cn/content/38_137895.html.

③ 南陵县图书馆数字信息化建设项目[EB/OL].[2017-04-28].http://www.ccgp.gov.cn/cggg/dfgg/gkzb/201704/t20170428_8177510.htm.

理系统、网上申报系统后，又全面推广使用发票软件，彻底消除手工开票带来的弊端，极大方便纳税人办理发票业务，全面加强了主管税务机关对纳税人发票领购、使用、缴销的监管①。2017年12月25日，南陵县地税局测试使用支付宝缴纳税款并取得成功，这也是芜湖市第一笔支付宝缴税业务。目前，对于当期应缴税款，纳税人只需在“安徽地税移动办税App”中点击税费缴纳，选择“支付宝缴款”方式后，即可调用第三方支付控件，输入密码完成税费缴纳，足不出户就能享受24小时移动办税②。2018年1月15日，经智能化升级改造后的南陵县国税局新办税服务厅投入试运行。目前，新办税服务厅实现了国地税业务“一厅通办”，让纳税人“进一家门，办两家事”，经过短暂磨合后，将实现所有窗口国地税业务“一窗通办”，真正实现国地税联合办税③。

第五，以法治信息化为契机开创依法治县新面貌。自南陵县信息化建设以来，县司法局、法院及基层公安部门等司法执法机关一直合力推进南陵县法治建设信息化的进程。县司法局以数据、语音和视频系统为基础，支撑全系统信息化应用；以基层综合管理信息系统、法律援助系统、律师综合管理系统和公证综合管理系统为核心，促进司法行政各项业务工作有效开展；以内、外网网页建设为抓手，加强对司法行政工作和“法治南陵”创建的宣传；以内网OA办公自动化系统和县政府阳光政务处理系统为平台，实现办公自动化。司法局实现了信息全部录入、全员使用、全面综合应用的目标，为全县司法行政工作的良性循环发展提供了坚强保障。南陵县法院也积极加强信息化建设，利用全国法院执行查控系统“总队总”建成投入的契机，着力提高结案率。截至2015年8月底，南陵县法院通过信息化系统查控银行存款5000余次，采取异地银行账户网上冻结、扣划154次④，大大缩短结案时间，节约办案成本，促成法院执行高效化。南陵县城

① 南陵县地税局强化信息化支撑 促优纳税服务[EB/OL].[2011-09-13].http://www.nlx.gov.cn/content/38_71740.html.

② 县地税局实现支付宝缴税[EB/OL].[2018-01-03].http://www.nlx.gov.cn/content/38_138168.html.

③ 县国税局新改造的智能化办税服务厅首日试运行成功[EB/OL].[2018-01-16]. http://www.nlx.gov.cn/content/38_138453.html.

④ 执行信息化为南陵县法院添翼[EB/OL].[2015-09-14].http://fy.wh.cn/NewsContent.aspx?NewsID=11559.

东派出所则以信息化建设推动基层基础业务发展为突破口，走出一条“信息化服务实战”的新路子，该所要求辖区内各废品收购站对收购的物品名称、种类和数量必须登记，将登记册复印交派出所电脑存档备案，信息及时到派出所报告，由此破获多起盗窃案。此外，以“发动群众实现群防群治”为工作目标，与各学校、企业、宾馆及有条件的村委会建立网络QQ群，确定联络员进行联系，民警根据这些信息破获多起盗窃、诈骗等案件①。如果说习近平提出的“科学立法、严格执法、公正司法、全民守法”16字方针开创了我国依法治国的新局面，那么南陵县则以法治信息化为契机开创了依法治县的新面貌。

另外，南陵县在安全监管、社会综治、土地管理、国有资产管理等方面的信息化建设也有不俗的表现，本文不再一一赘述。为进一步加快全县社会服务管理信息化建设，南陵县还出台了《社会服务管理信息化工作考核办法》，明确了县社管信息化工作的考核目标、范围、内容、计分方法及考核评比等内容，旨在通过考核扎实推进社会服务管理信息化工作。该办法不仅把信息化工作纳入县目标考核和县综治年度考核范围，还规定对信息化工作考核成绩前三名的镇和先进单位授予“信息化工作先进集体”称号，分别予以不同标准的物质奖励，以鼓励先进、鞭策后进，整体推进全县信息化工作的开展②。在明确考核办法的基础上，南陵县还经常举办社管信息化工作推进会，对近期全县社管信息化工作情况、存在的问题和镇级每月社管工作考核成绩进行通报，对下一阶段该县社管信息化建设目标任务和重点工作进行布置。凭借创新服务的发展理念、坚强有力的领导力量、完善的考核监督机制、稳扎稳打的推进措施，南陵县社会服务管理信息化走在了全市四县的前列。

---

① 南陵信息化出奇制胜[EB/OL].[2010-04-01].http://ah.anhuinews.com/system/2010/04/11/002792813.shtml.

② 南陵县制定社会服务管理信息化工作考核办法[EB/OL].[2015-08-04]. http://whcaw.wh.cn/Contents.aspx?pSysID=2670.

（二）探索农业现代化道路，重点促进农业农村信息化

农业信息化是国家信息化的重要组成部分，以农业信息化带动农业现代化，对于促进国民经济和社会持续协调发展具有重大意义。我国信息化发展规划要求把推进农业农村信息化放在社会主义新农村建设的突出位置，充分发挥信息化在加快转变农业发展方式、改善农民生活、统筹城乡发展中的重要作用，加快信息强农惠农。自2007年以来，南陵县政府认真贯彻落实党的十七大，十八大以及中央、省、市农业农村工作会议精神，围绕经济结构战略性调整、特色优势产业培育、农业基础设施建设、社会化服务体系建设和信息化培训等开展工作，全面提升农村经济社会发展水平，快速推进农业农村信息化建设步伐。

首先，建立组织服务机构，完善农村信息基础设施。信息基础设施是农业和农村信息化建设的先决条件，信息服务站（点）则是把农业和农村信息化工作落在实处的组织保障。早在2009年，南陵县8个乡镇就已全部开通了光纤互联网业务，156个村全部通宽带，实现了县、镇、村三级联网。行政村宽带覆盖率100%，移动通信覆盖率100%，广播电视覆盖率100%。为使群众得到更多实惠，解决农村信息服务“最后一公里”问题，南陵县专门成立了农村信息化工作领导组，积极开展镇、村信息化试点工作，建成信息办1个，信息化示范镇8个，信息化示范村17个，现代远程教育点186个[①]。除此之外，还建有1个县级综合服务站点、8个镇级综合服务站点、17个村级综合服务站点及28个示范户，并按照“八个一”的标准配置了电脑、打印机、传真机、数码相机等相关配套设备，实现了县、镇、村三级农村信息化服务体系。

其次，整合资源共建平台，健全农村信息服务体系。2008年《中共中央国务院关于切实加强农业基础建设进一步促进农业发展农民增收的若干意见》要求“整合资源，共建平台，健全农村信息服务体系”。南陵县以芜湖市农村信息“村村通”为契机，加快宽带入村入户工程，依托中国电信

---

① 南陵县：实现三级联网推进信息化建设[EB/OL].[2009-06-09]. http://www.ahnw.gov.cn/nwkx/content/EA9B6099-B9E5-4FF0-B2A6-DB849F816FD0.

“信息田园”网站，以“通宽带，通有线电视，通广播”的三通标准，逐步完善各镇农业信息服务网站建设。不仅建设了镇级农业信息服务网站，还大力发展乡情网、信息田园、农村党员现代远程教育、农村综合信息服务站、平安工程等农村综合信息服务平台，提高农民业务、科技、信息生活水平。此外，还在南陵县门户网站开设了“农村信息化专栏”，发布病虫害情报、主要农产品相关的供求信息、农业用工信息等与村民生产生活密切相关的信息，引导农民科技致富和发展产业化经营，促进农民增收。值得一提的是，这项工作还被纳入各镇和相关单位年度工作目标考核。

最后，开展培训普及教育，以信息化培养新型农民。《全国农业和农村信息化建设总体框架（2007—2015）》提出要“以信息化培养新型农民”。南陵县委、县政府高度重视并大力支持“新型农民”的培养，按照“先镇村干部，再种养大户，后普通农户”的学习顺序，通过开展“信息大篷车”培训、农村劳动力“阳光培训”工程，将计算机应用纳入专业技能培训中。南陵县还充分利用农业广播电视学校的教育资源，大力发展远程教育，强化面向农民的农业技能及就业培训，运用现代信息技术培养有文化、懂技术、会经营的新型农民。农村信息化服务站点的建立，可以帮助农民查询农业信息，拓宽农民视野，促进农业生产发展和农民增收。农村党员干部远程教育网的建设，把先进的知识带向农村，帮助农民解决当下技术问题的同时，也为农村下一代教育提供更广阔的途径。将远程教育和科技培训、党建工作、文化建设、新农村建设工作结合起来，资源共享，优势互补，提升了农民的综合素养，增强了农村潜能。

作为首批实施农村信息化的示范县，南陵县在农业农村信息化方面做了大量工作，将信息化建设与美丽乡村建设挂钩，取得了出色的成绩。2017年4月，南陵县被评为全省“美丽乡村先进县”（南陵县已连续三年获全省“美丽乡村先进县”称号）。今后，南陵县应继续加强信息技术队伍建设、巩固培训成果、加快农村信息化基础建设、强化应用，通过农村信息化来探索一条前人没有走过的、全新的现代化致富之路①。

① 信息化建设为三农编织了飞翔的翅膀[EB/OL].[2009-12-01]. http://www.nlx.gov.cn/content/38_64666.html.

（三）优化管理创新服务，全力建设电子政务工程

随着信息网络的普及与融合，电子政务在提高行政效率、改善政府效能、扩大民主参与等方面的作用日益显著。为转变政府职能、节约行政成本、增强政府的指导和服务功能，南陵县政府认真组织实施了电子政务建设工程，旨在优化整合各类信息资源，搭建县、镇、村三级联网的政务应用平台，加快全县信息化建设。县委、县政府成立了县信息化工作领导组，设立了信息办和网宣办，通过招标，以县电信公司出资、县政府承租的方式进行电子政务硬件建设，同时出台了《南陵县电子政务一期工程实施方案》。南陵县电子政务工程的建设，对实现机关办公自动化、节约行政成本、提高办公效率发挥了重要作用，其经济效益和社会效益十分显著，估计每年可节约行政开支200万元以上①。

对内：实现政府内部办公自动化。

2009年6月1日南陵县信息办印发《南陵县人民政府信息化办公室关于全面实施无纸化办公工作的通知》，自此，全县除涉密文件外，各镇、县直各单位一律不再使用纸质文件，全面实现无纸化办公。县信息办要求各单位机要管理员每个工作日及时、按时登录电子政务平台，切实做好本单位电子公文的收、发文流转工作，并在第一时间提醒相关领导和科室阅办，做好跟踪服务。县信息办对各镇、县直各单位电子政务平台使用情况进行持续的督查和督办，将其结果适时进行网上通报。目前，南陵县每个机关单位均有专人通过设定的账号登录到平台内进行公文、邮件、通知的收发操作，初步形成了一条全县各部门上传下达、互相贯通的电子政务网络，电子政务系统全年用户平均使用率位居全省前列。

对外：开通各种渠道，深化“互联网+政务服务”建设应用。

一是全力打造优秀的政府门户网站。由中共南陵县委、县政府主办，南陵县信息化办公室承办的南陵县门户网站——“中国·南陵”网于2008年全新改版开通运行。新版的网站，以“全方位展示南陵形象、多层次服

① 南陵县6月1日全面实现无纸化办公[EB/OL].[2009-06-01]. http://www.nlx.gov.cn/topic/topic_view.php?id=6218.

务社会大众”为核心理念。在功能上，对所有栏目重新进行需求分析；在形式上，着重加强了网页的布局规划和美工设计；在内容上，由各单位积极报送信息资料，保证网站有丰富的信息量；在管理上，建立了信息报送工作考核制度等长效机制，并由信息办、网宣办安排专人负责网站的日常管理、更新与维护。作为地方综合性门户网站，改版后的“中国·南陵”网栏目设置更加合理，页面布局更加美观，信息内容更加丰富，服务功能更加齐全，成为南陵县对外宣传和服务的良好形象和窗口。“中国·南陵”网对促进南陵县经济、社会的健康、平稳和快速发展发挥了重要的积极作用，曾获得“安徽省优秀政府网站”等殊荣。

二是政务服务中心积极落实“互联网+政务服务”工作，推进行政权力和公共服务网上运行。2017年5月，南陵县政务服务中心完成各窗口单位一站通平台与各单位自己的内网对接以及平台调试。6月网络平台运行正常，21个单位在窗口运行网上一站通平台运行的项目共计284项，其中行政权力项目有185项，社会公共服务项目有99项。6月份一站通平台办件量达到983件，热门办事项1038件。7月份一站通平台办事量达到1615件，热门办事项达到1802件，办件数量逐月递增。大厅在“互联网+政务服务”宣传上，每个部门业务窗口都制作了网上办理业务宣传单，设有自助网上申请办事区、公开信息临时查询处，还设置了导办台对前来办事的人员给予引导。南陵县政务服务中心正积极落实“互联网+政务服务”工作各项要求，力图建成办事效率更高、市民满意度更高的政务服务中心[①]。

三是积极开拓移动新媒体公共服务。南陵县主动适应“互联网+”发展趋势，充分发挥移动新媒体服务优势，积极推动线上线下深度融合、协同联动的全新公共服务平台。2018年1月12日，南陵县人力资源和社会保障局官方微信公众号“南陵人社”正式上线。今后还将根据用户使用和反馈，进一步优化和完善公众号服务功能。同时，积极贯彻落实新媒体建设要求，对接“安徽政务服务网”“易户（企）网”，全力打造“多位一体”

① 县政务服务中心积极推进“互联网+政务服务”工作[EB/OL].[2017-10-16]. http://www.nlx.gov.cn/content/38_136120.html.

的“互联网+南陵人社”矩阵服务体系①。

另外，值得一提的是，南陵县高度重视网络问政工作。县政府坚持问政于民、问需于民、问计于民，充分利用政府网站开设问政互动平台，明确专人负责，建立和完善对网民留言的收集、整理及回复制度，加大跟踪处理和督促落实力度，及时回应社会关切，正确引导社会舆论，畅通社会公众参与渠道，充分发挥政务公开在知民情、汇民智、解民忧方面的重要作用。县政务公开办公室创新思路，每年邀请一些网民关注度较高的单位做客“在线访谈”，引导网民参与讨论，并就网民关注的热点、焦点问题现场与网民对话交流，倾听网民的心声和需求，解答网民的疑虑和困惑。访谈结束后，还将网民提问和嘉宾回复内容进行归类整理，编发简报，供各单位参考②。此举有效开辟了网络问政的新渠道，真正形成了网民在这头向政府传递所思、所想、所需，政府在那头听民声、纳民意、解民忧的良好机制。

三　南陵县信息服务的经验与启示

习近平指出，建设网络强国要有丰富全面的信息服务。《国家信息化发展战略纲要》也提出要把提高信息服务能力作为保障和改善民生的有力支撑。信息服务是电子政务服务应用的最基本内容，是指政府通过电子政务服务系统向公众和企业等发布公共信息，以促进政府行政的公开化、透明化及数据资源的广泛共享③。南陵县信息化建设的成果为提升信息服务能力提供了有利的条件，其信息服务的实践也为县域信息服务能力的提升提供了经验与启示。

（一）优秀的人才队伍是信息服务的人力保障

“千军易得，一将难求”，习近平曾指出，建设网络强国要有高素质的

① “南陵人社”微信公众号正式上线[EB/OL].[2018-01-15]. http://www.nlx.gov.cn/content/38_138425.html.

② 南陵县在线访谈开辟网络问政新渠道[EB/OL].[2010-11-02]. http://www.nlx.gov.cn/content/32_67777.html.

③ 胡广伟，吴云. 电子政务服务能力管理理论与方法[M]. 北京：科学出版社，2014:31.

网络安全和信息化人才队伍，要把人才资源汇聚起来，建设一支政治强、业务精、作风好的强大队伍。地方政府应当完善人才培养、选拔、使用、评价、激励机制，壮大信息化人才队伍。南陵县深知人才对于信息化建设的重要性，始终高度重视信息化人才的引进和培养。作为南陵县信息化建设的主要推进单位，县信息办就是拥有一支优秀人才队伍的代表。这是南陵县信息化建设战线上一支充满活力、开拓进取的年轻队伍，主要承担县政府门户网站建设维护、电子政务规划管理、政务公开深入推进、互联网宣传管理等职责，推进全县信息化建设。由于工作成绩突出，曾获市“政务公开工作先进单位”“青年文明号”等称号。南陵县信息办主任胡丹丹更是出类拔萃，作为计算机专业人才，她曾获南陵县“新农合信息化建设特别贡献奖”、安徽省“新型农村合作医疗试点工作先进个人”，为南陵县新型农村合作医疗的信息化建设做出了重大贡献。她自主设计开发的“南陵县新型农村合作医疗信息系统”，获得了芜湖市“首届信息化建设优秀工程奖”。她锐意进取、勇于创新，积极探索出了一条适合南陵县实际的信息化建设之路，为南陵县的信息化建设事业做出了突出贡献，2009年当选为芜湖市首届“信息化建设十大风云人物”。这些荣誉，不仅是对胡丹丹同志工作成绩的肯定，也是对南陵县信息化建设工作成绩的肯定，并佐证了具备开拓精神、创新意识以及专业素养之于信息服务领军人物的重要性。

（二）完善的信息基础设施是信息服务的物质保障

建设网络强国要有良好的信息基础设施，形成实力雄厚的信息经济。地方政府应当首先完善各部门的信息基础设施，包括计算机设备、网络等硬设施以及软件系统、政策法规、数据规范、技术标准等软设施。建设前者相对容易，而完善后者相对较难，但如果因为追求眼前成果而忽视软设施的细致规划，会为后期建设带来无尽的麻烦。近年来，南陵县硬件基础设施得到了较快发展，同时并未忽视政策法规、软件系统、技术标准等软设施的完善，这为南陵县信息化的推进提供了可靠的保障。南陵县电子政务建设的经验再一次印证，县区级电子政务平台应本着量力而行、应用为先的目标进行设计和建设，以国家和省、市关于电子政务建设的政策规定和技术标准为依据，结合本地信息化发展实际情况，按照“统筹规划、分步实施，应用主导、资源共享，突出重点、务求实效”的原则，对软、硬件和网络、安全等技术体系进行设计规划并组织实施，从而构建一个标准统一、功能完善、综合应用、安全可靠的政务平台①。

（三）整合的共享信息资源是信息服务的内容保障

信息资源日益成为重要生产要素和社会财富，信息掌握的多寡成为国家软实力和竞争力的重要标志。近年来，南陵县加强规划设计，优化整合各类信息资源，充分利用现有政府网站和服务中心基础设施，结合集约化社区服务信息网络平台建设，建立、使用由电子政务网络、政府网站、业务管理系统、应用及数据服务中心和信息安全保障体系等组成的统一电子政务平台，使信息资源实现共享和流通，以适应信息服务工作的需要。

（四）健全的信息发布机制是信息服务的制度保障

地方政府必须健全公共信息发布机制，确定怎样促进公开、公开哪些信息、如何发布信息，只有这样才能促使各部门遵守制度完成日常信息发布工作，并保障公共信息的安全。南陵县严格执行政府信息公开条例，切实加强组织领导，强化工作部署，推进任务落实，不断提高政务公开水平，曾获全市“政务公开工作先进单位”的称号。其主要做法如下：一是制定信息公开制度，健全工作机制。南陵县根据我国政务信息公开工作要求，并结合南陵县工作实际，研究制定了《南陵县政府信息公开工作统计制度》《南陵县门户网站政府信息发布制度》《南陵县公文信息公开属性审查制度》等各项政务信息公开制度，并明确分管领导和具体经办人，确保政务公开工作职责明确、责任到人，保质保量完成。二是确定年度工作要点，合理分解任务。南陵县政府办公室根据《关于深化政务公开加强政务服务的实施意见》，每年确定不同的政务公开和政务服务工作要点。为了让实施意见落到实处，还将任务进行详细的分解，明确指定各项任务的牵头责任单位

---

① 胡丹丹.县区级电子政务平台需求分析与建设要求[J].电脑知识与技术（学术交流），2013(2)：948-951.

和主要参加单位，并要求各单位加强组织领导、明确责任分工、加强督查落实。三是加强对政府工作人员的培训。组织相关人员学习《政府信息公开条例》，提高工作人员对信息公开工作的思想认识、业务能力和工作水平，编制工作流程图。四是拓展公开渠道。拓宽政府信息公开渠道和形式，加强政府信息公开网络平台建设，利用宣传栏、电子显示屏等形式公开政府信息。为拓展政府信息公开渠道，充分利用互联网方便公众获取政府信息，南陵县选取有条件的镇、社区和网吧设立政府信息公开网示范查阅点，通过以点带面，全面推动政府信息公开网示范查阅点建设，提高全县政务公开工作水平①。

（五）富有成效的技术培训是信息服务的能力保障

信息服务技术培训包含两方面内容：一是对内部政府工作人员的技术培训，以提高信息服务效率。南陵县经常邀请专家对相关负责人和基层工作人员进行大覆盖面的培训，使其了解信息服务工作的重要性，熟悉相关业务流程和系统平台的使用，提高其信息服务素质和能力。为弥补培训在时间、范围上的局限性，南陵县还专门组建专业技术队伍，建立各种联系沟通渠道，在培训会之外的时间对工作人员加强业务指导，解决日常工作中可能遇到的各种实际问题。二是对外部社会用户的技术培训，以保证公众掌握正确获取信息服务的方法。不少地方政府忽视了对外部社会用户的培训，导致公众无法适应信息化服务模式而转向传统服务模式，降低了电子政务服务系统本该有的效益。南陵县特别重视农村信息化培训，按照“先镇村干部，再种养大户，后普通农户”的学习顺序，开展“信息大篷车”培训、农村劳动力“阳光培训”工程，将计算机应用纳入专业技能培训中②。为了增强培训效果，南陵县创新方式，制订切实有效的培训计划，安排针对性强的培训内容，采取丰富多样的培训形式，将农村信息化的知识送下乡、送进村，提高广大农

① 关于确定我县政府信息公开网示范查阅点的通知[EB/OL].[2009-05-17]. http://www.nlx.gov.cn/content/495_73616.html.

② 南陵县：实现三级联网推进信息化建设[EB/OL].[2009-06-09]. http://www.ahnw.gov.cn/nwkx/content/EA9B6099-B9E5-4FF0-B2A6-DB849F816FD0.

民的信息化意识和应用水平，有力推动了农村信息化综合信息服务工作的深入开展。

（六）持续广泛的宣传推广是信息服务的效益保障

新开发的信息服务内容需要依赖社会宣传的方式告知公众，持续的宣传也可以提高公众对信息服务的接受度。信息服务项目如果后期宣传推广不力，就会造成使用率低的问题，不仅达不到项目建设应有的效果，还浪费了前期大量的人力物力财力。南陵县积极推进信息服务的宣传推广工作，开展“政务公开宣传月”“政务公开政务服务工作集中宣传日”“信息化大篷车”等活动，一方面定点向市民集中宣传各单位政务公开和政务服务事项，另一方面将信息化课堂搬到居民家门口，不仅让群众了解如何利用信息设备享受快捷的服务，还进一步提高群众对信息化的了解，营造了广大群众关注、了解、参与信息服务工作的良好社会氛围。

四　进一步提升县域信息服务能力的建议

信息化的全面实施是政府建设无法回避的趋势，各地政府机构的能力能否满足信息化发展战略的要求，以一种成本适当的方式向公众、企业及其他组织提供高效的信息服务，是县域信息化发展过程中不可规避的战略问题。依据信息服务能力管理的理论与方法，结合我国各地尤其是南陵县信息化建设和信息服务的实践，笔者针对加强县域信息化建设、提升信息服务能力，提出以下几点建议：

第一，重视信息服务的战略管理。研究表明，政府职能部门信息服务战略管理对信息服务的绩效存在显著影响，对及时发现内外部环境变化、制定应变策略、提高用户满意度等方面有较大的作用。尽管战略管理对信息服务能力的影响有时并不能达到立竿见影的效果，但对长期服务绩效具有间接的作用。因此，各级地方政府职能部门应当重视战略管理的重要性①。

① 胡广伟，吴云．电子政务服务能力管理理论与方法[M]．北京：科学出版社，2014：104.

第二，增强信息服务的领导意愿、团队认同和下属认同。领导在战略、决策、协调方面具有决定权，他们越关注服务项目，则越有助于信息服务工作的“落地”；团队则可以在一定程度上补位领导的“有限理性”，将社会需求和环境的变化融入决策。而下属是信息服务的具体提供者，提升他们的工作认同感，才能真正为公众和企业提供高质量的信息服务。

第三，进一步整合政府业务流程和信息资源。整合政府业务流程和信息资源对提供高质量的电子政务服务有显著影响。政府部门的整合包括纵向整合和横向整合，纵向整合指在不同行政层级、同一职能部门之间，以从中央到地方的垂直网络为依托进行的业务整合；横向整合是指同一层级、不同职能部门之间进行的业务整合。由于受“条块分割”的管理体制的制约，同一职能部门的上下层级之间联系的紧密程度远远超过同一层级的不同职能部门，因此纵向整合相对容易。而横向整合涉及跨部门业务流程、信息资源以及权属关系的再造，所以受到的阻力较大①。但只有纵向整合和横向整合实现良好发展和良性互动，才能将提供“一站式”信息服务落到实处。

第四，培育信息产业，实现自主创新。信息产业发展水平在一定程度上决定着信息化发展水平，提高信息产业竞争力是我国信息化发展的基本经验和战略重点。南陵县着力培育信息产业，电子信息及智能终端产业近年来得到长足发展，并建成省级电子信息产业基地。下一步将依托现有省级电子信息产业基地，重点引进一批智能终端制造和电子元器件生产企业。通过政策扶持和鼓励应用示范，推动信息产业集聚发展，积极引进风投、基金、创客平台，打造南陵智能终端产业园。到2020年，电子信息及智能终端产业实现产值50亿元，培育一家具有国际竞争力的知名企业，培育一家上市公司②。形成具有地区竞争力的信息产业生态，才能实现自主创新，掌握信息化发展的主动权。

第五，发展事务服务和参与服务，全面提升县域电子政务服务能力。

---

① 胡广伟，吴云.电子政务服务能力管理理论与方法[M].北京：科学出版社，2014：128.

② 南陵县国民经济和社会发展第十三个五年规划纲要[EB/OL].[2016-03-30]. http://gk.wh.cn/xxgkweb/sx-public/showView.jsp?newid=991911.

总体而言我国电子政务服务水平的国际排名还比较靠后，各省电子政务服务能力普遍较低且区域差异明显，不足以满足公众日益增长的公共服务需求。因此，提升电子政务服务能力成为建设“服务型政府”、增强区域竞争力的迫切要求。电子政务服务内容包括信息服务、事务服务和参与服务三个部分，信息服务重在向公众和企业发布公共信息，事务服务重在为公众和企业办理各项事务，参与服务则重在引导企业和公众参与政策制定和行政决策。南京大学胡广伟等人的研究表明，我国地方政府提供信息服务的能力相对较高，而事务服务和参与服务能力则明显低于信息服务能力，均有待提高。如何在信息服务的基础上进一步发展事务服务和参与服务，全方位提升电子政务服务能力，是县域信息化进程中各地政府需要深入思考的命题。

五 结 语

“十三五”时期，国内经济进入新常态，安徽省加快调结构、转方式、促升级步伐，芜湖市着力打造高素质人才支撑的经济和城市升级版，南陵县则迎来区位优势提升、潜力加速释放、产业格局优化、重大战略叠加等机遇，但同时也面临发展基础不够稳固、开放融合不够充分、城市功能不够完善等挑战。令人欣慰的是，南陵县诸多领域走在全国前列，获得“全国科技进步先进县”“全国农业标准化示范县”等荣誉称号[①]。2017年，南陵县经过严格审核，以全省第一的排名成功获批“安徽省质量强县（市、区）”[②]。综合来看，当前的南陵县处于工业化和城镇化加速发展时期，也是爬坡过坎、转型升级的关键时期，如何突破相对封闭的格局，扩大开放，尽快融入区域经济中，是南陵县面临的紧迫任务。这就要求南陵县作出前瞻性的规划安排，加快改革创新，掌握经济社会发展的主动权[③]。

① 参见2017年南陵县政府工作报告。

② 我县获批“安徽省质量强县（市、区）”[EB/OL].[2017-04-07]. http://www.nlx.gov.cn/content/32_130963.html.

③ 南陵县国民经济和社会发展第十三个五年规划纲要[EB/OL].[2016-03-30]. http://gk.wh.cn/xxgkweb/sxpublic/showView.jsp?newid=991911.

加强县域信息化建设，提升信息服务能力，有助于南陵县抢抓国家建设长江经济带等重大战略机遇，开创“十三五”发展的新局面，早日实现“平安、美丽、富裕”南陵的美好愿景。政府应充分利用信息化发展的契机，制定发展战略，增强服务意识，整合业务资源，培育信息产业，加快步伐推进信息化建设，提升信息服务能力，将“服务型政府”理念落到实处。

乡村振兴中的乡镇政府服务能力建设

——基于长丰县杜集等三乡镇实证分析

李　雲　王义德[①]

摘　要：　实施乡村振兴战略，是党的十九大作出的重大决策部署，是决胜全面建成小康社会、全面建设社会主义现代化国家的重大历史任务，是新时代“三农”工作的总抓手。加强乡镇政府服务能力建设，提升服务效能成为乡村振兴战略的必然要求。长丰县杜集等乡镇在加强政府服务能力建设中所采取的积极措施和取得的成效，为进一步提升乡镇政府服务能力提供了有益借鉴。在乡村振兴新的实践中，必须用习近平新时代中国特色社会主义思想为指导，提高对乡镇政府服务能力建设的认识，强化政府公共服务功能，建立服务供给有效机制，完善信息服务平台，提升适应乡村振兴需要的服务能力。

关键词：　乡村振兴战略　乡镇政府　服务能力建设　长丰县

实施乡村振兴战略，是党的十九大作出的重大决策部署，是决胜全面建成小康社会、全面建设社会主义现代化国家的重大历史任务，是我们党“三农”工作一系列方针政策的继承和发展，是新时代“三农”工作的总抓手。在新形势下，实施好这一战略决策，必须要“转变政府职能，深化简

---

① 李雲：安徽合肥人，安徽师范大学法学院政治学理论专业2015级硕士研究生，研究方向为政府理论。王义德：博士，安徽师范大学法学院教授，硕士生导师。

政放权，创新监管方式，增强政府公信力和执行力，建设人民满意的服务型政府”。也就是说，加快乡镇政府职能转变，强化服务功能，提升服务效能，是促进农业农村经济持续健康发展的必然要求，为脱贫攻坚、决胜全面建成小康社会创造了条件，也有利于进一步推进乡镇治理体系和治理能力现代化。因此，开展乡镇政府服务能力建设问题的探讨，成为推进乡村振兴战略中的重要课题。

一 乡村振兴战略对乡镇政府服务能力建设提出新要求

乡镇政府是我国最基层政府，是国家法律政策落实到“最后一公里”的重要执行者，是基层治理的重要组织者，也是基本公共服务重要提供者。因此，加强乡镇政府服务能力建设，对推进乡村振兴战略有着特别重要意义。

（一）加强服务能力建设，是适应经济社会发展新常态的要求

党的十八大以来，以习近平同志为核心的党中央在科学分析国内外经济发展形势、准确把握我国基本国情的基础上，对我国经济发展的阶段性特征做出重大战略判断，提出我国经济发展进入新常态。认识新常态、适应新常态、引领新常态，对于我们进一步推动经济持续健康发展，协调推进“四个全面”战略布局，实现“两个一百年”奋斗目标和中华民族伟大复兴的中国梦，具有重大而深远的意义。

党的十九大明确提出，要坚持以习近平新时代中国特色社会主义思想为指导，紧紧围绕统筹推进“五位一体”总体布局和协调推进“四个全面”战略布局，牢固树立五大发展新理念，加快推进乡村振兴战略，加强乡镇政府服务能力建设。实施乡村振兴战略，既要构建现代农业体系、完善农业支持保护制度，又要健全农业社会化服务体系、健全乡村治理体系，而这些都离不开乡镇政府的大力支持，实质上就是乡镇政府服务能力的支撑，要主动适应经济社会发展新常态新要求。

乡镇政府服务能力建设，需要加强乡镇政府的公共服务职能，具体做

好义务教育、社会保障、医疗卫生、公共文化体育等服务内容，乡镇政府提供农业农村经济发展、农民基本权益保护、扶贫开发与救济等方面的公共服务。同时需要创新乡镇公共服务供给方式，厘清乡镇政府和村民委员会、农村集体经济组织之间的权责边界，健全乡村治理体系，建立乡镇公共服务的多元供给机制，引导农村集体经济组织、农民专业合作组织等承接政府的购买服务项目。努力适应人民群众新期待，准确把握实现基本公共服务均等化的发展方向，着力增强乡镇干部宗旨意识，深化乡镇管理体制改革，强化乡镇政府服务功能，加强乡镇公共服务有效供给，推动乡镇政府服务水平整体提升，切实提高人民群众的生活水平，为脱贫攻坚目标的实现创造良好条件，为加强基层地区建设、推动全省经济社会发展凝聚新动能，主动适应经济社会发展新需求，努力实现“两个一百年”奋斗目标，为实现中华民族伟大复兴的中国梦作出新贡献。

（二）加强服务能力建设，是增强人民获得感幸福感的根本要求

习近平总书记高度重视乡镇工作，多次深入乡镇调研，要求乡镇要把为民服务工作搞好，要以百姓满意不满意为标准改进工作，提高服务水平。2017年2月，中办、国办印发的《关于加强乡镇政府服务能力建设的意见》中明确提出乡镇政府能力建设的总体要求，是以强化乡镇政府服务功能为重点、以优化服务资源配置为手段、以创新服务供给方式为途径，改善农村地区的经济社会发展状况，适应社会发展新要求，带领人民创造美好生活，增强人民获得感、幸福感，这为乡镇政府服务能力建设指出了明确方向和目标要求。

随着改革开放和社会生产力的发展，我国社会主要矛盾已经转化成人民日益增长的美好生活需要和不平衡不充分的发展之间的矛盾。城乡基层的社会结构、利益格局和人民群众的思想观念发生了深刻变化，乡镇日益成为各种利益关系的交汇点和社会矛盾的集聚点。由于城乡发展不平衡的存在，社会民生领域发展不充分，突出表现在城乡收入分配差距依然较大，脱贫攻坚任务艰巨，民生领域还有不少短板，群众在就业、医疗、居住、养老等方方面面面临不少难题。

实施乡村振兴战略的一个重要方面是坚持农业农村优先发展，其总要求正是“产业兴旺、生态宜居、乡风文明、治理有效、生活富裕”。促进农村地区新兴产业发展，促进产业结构优化升级，以工促农，工农互惠。注重农村地区环境保护，增强资源节约和环境友好型社会建设，增强社会发展的可持续性，打造宜居型新农村。治理乡村风尚，崇尚文明，树立农村文明新风尚。加强农村治理能力和体制建设，增强治理的合理性和有效性，提高农村的现代化发展水平，促进经济发展和社会进步。乡村振兴战略实施的根本目的在于推动“三农”问题的有效解决，最终落脚点在于实现农民的美好生活。农民美好生活的标志除了富裕之外，还有获得感、幸福感和安全感，贯彻实施乡村振兴战略的重要着力点是加强乡镇政府服务能力建设，通过提高政府的服务水平来增强人民群众的服务获得感、幸福感和安全感，并在构建乡镇政府服务能力评价指标体系和标准的过程中，将人民的获得感、幸福感和安全感作为其重要组成部分，以人民生活状况的改善、生活质量的提高、基层社会状况的进步作为乡镇政府服务能力建设的根本目标。

（三）加强服务能力建设，是推动城乡融合发展的客观要求

党的十九大报告明确提出“建立健全城乡融合发展体制和政策体系”，这是中央文件首次提出“城乡融合发展”的概念，它符合新时代中国特色社会主义的本质要求，也是实施乡村振兴战略，加快推进弃农业农村的根本保障。早在党的十六届三中全会就明确提出要“统筹城乡发展”。2012年11月，党的十八大报告又明确提出要“推动城乡发展一体化”，建立以城带乡、城乡一体的新型城乡关系。城乡统筹发展强调政府的统筹作用，发展一体化强调一体化目标，而城乡融合发展强调融合互动和共建是实现城乡共荣和一体的重要途径，其表述更加符合现阶段化的发展特征。从“统筹城乡发展”到“城乡发展一体化”，再到“城乡融合发展”，既反映了中央政策的一脉相承，又符合新时代的阶段特征和具体要求。乡村振兴战略的提出反映了党中央对于过去城乡关系的重新审视，这是在遵循城乡发展规律、转变“以城统乡”发展思路、升级城乡统筹发展理念的基础上给出的

科学论断。城乡之间由分离、对立走向融合是必然的发展趋势，是城乡关系演变的一般规律。随着城镇化水平的提高，越来越多的青壮年乡村劳动力选择到城镇工作、生活，乡村人口增长趋于缓慢，农村地区多为老人、妇女和儿童在留守。改善农村地区状况，提高农村地区现代化水平，要求在乡村振兴战略导向下，从城乡统筹发展理念升级到城乡融合发展理念，建立健全城乡融合发展的体制机制和政策体系，重视乡村价值塑造，弥补乡村发展短板，促使城市和乡村共生共荣、实现共同发展。

乡镇政府服务能力建设方面，深化农村改革、促进城乡融合发展，整合乡镇发展资源、合乡并村，降低行政成本、整合发展资源、优化发展空间，破解发展障碍。构建现代基层管理体制机制，推动公共服务向基层延伸，成为各地加强政府服务能力建设的重要之举。需要更加重视乡村基本公共服务体系完善，从提供适应乡村发展需求的视角设计乡村服务提供体制机制和政策，坚持为民服务与管理创新相结合，坚持统一规划与因地制宜相结合，坚持治理优化与共同体构建相结合，坚持自然演变与有规划的社会变迁相结合，坚持实现改革目标与尊重群众意愿相结合，充分调动广大人民群众参与合乡并村的主动性、积极性和创造性，优化基层社会治理，激发乡村社会活力以推动在保持乡村服务特色的前提下实现城乡服务融合发展，进而激发乡村潜在活力、实现乡村振兴。

乡村振兴战略的实施既要重视宏观层次上的理念设计，也要重视微观层面上的实践活动。随着政府职能的进一步转变，乡镇政府服务能力建设是基层政府建设的主攻方向。在新时代背景下，实现乡村振兴要从基层政府做起，结合各个地方的实际状况，建设创新服务型政府，实现地方政府的理念实践和微观制度创新。长丰县杜集、义井和水湖等乡镇政府在政府服务能力建设中，结合实际，积极探索，创新治理方式和发展方略，实现了乡村发展的新突破，为政府服务能力建设提供了较为成功的个案。

二　杜集等三乡镇政府服务能力建设的主要实践与成效

长丰县在2016年安徽省61个县市经济实力排行居第三，被誉为全国商品粮生产基地县、全国粮油生产强县、全国设施草莓生产第一大县、全国中部百强县。其中，杜集、义井和水湖等乡镇是长丰县粮食、粮油、草莓生产大乡，经济快速发展对县的GDP做出了重大贡献。

自2013年以来，杜集乡的经济收益增长显著，2014年乡内年人均收入增长率达11.4%，2015年人均超过万元，同比增长14%。2016年人均收入稳定在万元以上，实现了经济的稳步增长①。2017年，义井乡财政收入突破800万元；全面推进招商引资工作，累计招引项目21个，实现到位资金231285万元；累计完成固定资产投资43415万元，年均增长8%，其中工业投资30210万元，省、市级土地整治项目15000亩，建成高标准基本农田22600亩②。先后荣获安徽省生态乡镇、合肥市造林绿化先进单位，连续三年全县目标管理优秀单位等荣誉称号。而水湖镇2017年招商引资到位资金预计完成25亿元，固定资产投资完成29亿元，同比增长23.45%；工业投资完成12亿元，同比增长33.3%；规模以上工业产值完成35.5亿元，同比增长14.5%，财政收入完成1.65亿元，同比增长15.4%，超额完成年初制定的各项经济任务③。

杜集、义井和水湖三乡镇快速发展的成绩，是积极贯彻中央各项政策与推进乡村振兴等各项举措的结果，也是在乡镇政府提供基本公共服务和支持中取得的。据笔者调查，近年来三乡镇党委和政府积极落实中央《关于加强乡镇政府服务能力建设的意见》，加快乡镇政府职能转变，重视政府服务能力建设，强化服务功能的发挥。

（一）创新政务服务方式，提高行政服务的效率和质量

乡镇政府作为最基层政府，服务对象主体是广大村民群众，如何不断提升其服务能力，提高办事效率和质量，不仅涉及村民生活的方方面面，影响村民对幸福感满意度的体验，也是对基层政府履行为民服务根本宗旨的直接检验。因为民众对于政府满意度的评价不是政府行政理念如何，而

① 参见2016年杜集乡政府工作报告。

② 参见2016年12月义井乡第十二届人民代表大会第一次会议政府工作报告。

③ 参见水湖镇2016年工作开展情况及2017年工作计划。

是在实践生活中与政府打交道时对政府及公务人员行政行为和方式的感知。所以，政府服务能力建设的重心在于为民办事，提高办事效率和质量，真正做到心系群众。

杜集、义井等乡镇在创建政府行政方式，提高政府服务效率和有效性问题上，主要从两方面着手：一是在服务方式改革的过程中，建立乡内政务服务中心；二是深入乡村调查走访，体察民情。如杜集乡和义井乡政府创建的一站式便民服务大厅集中了医疗、养老、计划生育、社会救助、社会福利等部门的工作人员，同时还设有种植业、经果林、养殖以及其他特殊农业技术部门咨询和服务窗口、综合服务窗口等。这是政府体制由管理型向服务型转变的重要举措，也是政府管理体制创新发展的必然要求。便民服务中心可以解决关乎人民利益的各项事宜，避免了在各部门之间奔走以及群众办事无处可去、无人解决的问题。同时，在服务中心各部门办事的烦琐程序也有了明显的改观，深入清理政府的审批项目和具体项目的办事程序，减少了工作量；政府在政策宣传上及时、到位，各项政策措施也有了具体解析，简约明了。各部门之间加强了工作上的相互联系，彼此之间相互协调，提高了政府服务的效率和质量。

杜集乡和义井乡政府在建立政务中心提供一站式服务的同时，还着力改变工作作风，深入调查走访，体察民情，效果明显。笔者在杜集乡政府调研期间，最为深刻的感触是政府部门领导和工作人员的行政方式异于传统的上传下达、发号施令，而是带领相关人员深入乡内各村亲自指导农民生产和生活。政府领导不再是生面孔，不再是高高在上，而是农民家里的常客，真正贴近生活，深入群众内部，深入基层。在杜集乡，政府工作人员是各项活动的领头人。农业综合站站长带领农业专家对乡内大的农产品生产基地进行实地考察；带领生产大户前往有机防控实验区学习新技术；带领贫困户学习新产品养殖技术，充分利用当地的优势，带领贫困户脱贫；深入到村，走访养殖、种植户，调研产业发展和产业规划工作，鼓励外出务工人员回乡，带头创业，为家乡的产业结构调整、产业发展理念注入新的血液。义井乡政府领导带领相关负责人深入定点帮扶村，开展精准扶贫工作。深入了解扶贫对象的家庭情况和需求，讲解扶贫政策。夏季，防汛抗旱工作至关重要，政府内部成立以乡长为领导的工作领导组，责任到人，下设办公室做好防汛抗旱各项准备工作。乡内各项民生工程完工之时，领导亲自带领小组组织验收，保证了民生工程的建设质量。

政策的有效性在于执行，人民真正享受到政策带来的实惠是政策制定的初衷，惠民利民才是民生大计①。杜集乡和义井乡加强政府服务能力建设的创新之处在于把维护基层群众利益作为服务的重点，群众面临的问题能得到最快解决。政府工作人员深入人民群众内部，了解人民生活状况，提高政府的服务效率，真正成了群众发家致富的领头人。

（二）创建信息帮扶平台，提高群众政治生活的参与度

公民的政治参与程度，是民主政治的重要指标，政治参与方式的创新是政府服务能力建设的关键。公民政治参与能力是公民能够影响政府决策的能力，公民能力的提高有利于促进政府服务能力建设，政府服务能力建设反过来又会拓宽公民政治参与的渠道，更好地契合公民的利益诉求，构建更为民主的公共领域②。只有信息公开、廉洁透明、基层群众广泛参与的地方政府才是真正面向群众、服务人民的政府，政府服务能力建设要实现政府信息公开、人民参与方式的创新。

传统的政府信息公开方式，具有明显的应用范围、使用方法和不具有普遍性等缺点，无法满足现代社会政治民主化的需求。2008年《中华人民共和国政府信息公开条例》正式实施，这就从法律层面上反映了公民有要求政府信息公开的权力，法律保障公民政治参与的权力。法律的执行需要政府的相关制度保障，进入信息化时代，电子政务开创了多元传递和言论自由的新格局，网络互动削弱了官僚制等级观念，从而使平等自由的思想交流成为可能③。政府网站是政府信息公开的一个重要平台，但是对于基层政府来说，面对从事生产活动的人民群众，考虑到人民的实际知识水平和能力状况，政府的信息公开制度需要进一步创新，要能够为广大农民所接

① 李抒望.当前我国社会管理创新的趋势[J].共产党人，2012(4):45-46.

② 夏德峰.公民能力与服务型政府建设[J].学习月刊，2012(1):25-26.

③ 李宗楼，王义德.安徽地方治理研究报告1[M].芜湖:安徽师范大学出版社，2015:68-69.

受、掌握和运用，不断满足群众对政治参与的新诉求。

“爱心众筹”项目，是在长丰县政府和各乡镇政府的共同监督下创建的公共帮扶平台。发起人在提供相关证明，确认信息真实准确的情况下，向广大群众寻求帮助。这是一个在县级范围内，群众互帮互助的爱心平台，充分发挥了政府的保障作用和号召力，汇聚人民群众的力量，解决迫切关系人民群众生活的关键问题。微信作为一款提供即时通信服务的免费应用程序，凭借其方便快捷和具有普遍性的特点，覆盖中国90%以上的智能手机用户，已经成为人们通讯、交流和社会生活的重要部分。杜集乡和水湖镇政府创新利用微信这一平台，通过公众平台、消息推送等功能，将政府的最新动态同步更新到微信平台。手机报、新闻报中的乡镇社区板块，及时更新乡内最新动态，发布实时信息。微信平台较以往的信息公告栏、政府公报、新闻发布会以及广播电视等公共媒体更为快速便捷，时效性更为突出。“文明e拍”项目，积极倡导行为文明，引导社会风尚，营造共创、共治、共享的浓厚社会氛围，鼓励共同创建文明乡镇，使广大农村地区呈现一种崇尚文明、和谐和健康的社会新风尚。

（三）培育新的发展模式，提升经济社会转型发展能力

经济社会发展是一个资源投入和产出的工程，政府发展方式的改善在于在特定的基础条件和投入水平下获得最大的社会产出，在社会发展过程中实现投入产出比的最大化①。经济社会发展方式的转型是为了在现有的经济和政治条件下实现社会发展的效益最大化。广大农村是社会发展的重要力量，实施转变农村地区的社会发展方式是提高社会效益和效率的重要条件。

义井乡和水湖镇政府在新的发展阶段，以产业调整为导向，不断加快现代农业园区建设，改变以往的社会发展方式。发展生态农业，开展乡内生态农业园区基础设施建设，推动园林苗木、有机果蔬、乡村生态旅游、农家乐等产业发展，积极建设现代化的农业园区，引进现代新兴农业和龙

① 李抒望.当前我国社会管理创新的趋势[J].共产党人，2012(4)：45-46.

头企业入驻农业园区。目前，乡内入驻企业已累计投资近4.2亿元，流转土地近万亩，市级生态农业园区对外形象得到进一步提升。其具体做法有以下几个方面。

一是以土地整治为平台，全力推进新型农村建设。目前，农村土地利用率下降，土地资源浪费现象仍很严重。根据现实状况，土地整治要与当前的农村发展特别是新农村的建设和发展有机结合，以此来保障社会经济的发展，保护和节约土地资源，统筹城乡内的土地资源配置。杜集乡内新农村建设项目成绩显著，2015年第一批次305亩土地增减挂钩项目已完成勘测界定、规划设计和招标工作。全面完成治理面积0.95万亩、总投资1320万元的省级高标准农田建设示范区项目工作已完成田块确认、公示工作，进入签字确认阶段。

二是以基础设施建设为载体，完善生态旅游功能。生态旅游发展是以生态环境保护为发展前提的生态友好发展方式，它以区域内有特色的生态环境为依托，形成新的经济增长点，并形成新的发展链条，带动地区产业的发展。为建设新时代的社会主义新农村，乡内正在实施一事一议水泥路项目，村村通项目，危房改造和农田水利设施建设，完善村内基础设施建设，充分发挥了当地现有的资源优势，转变当地的经济发展方式，增添了新的经济发展动力。

三是以改善民生为重点，推动社会事业的全面进步。民生是社会和谐之基，科学发展之要，民生问题是关系到社会发展的基本问题[①]。在广大农村地区，还存在着诸如住房、医疗、教育、养老、环境、农业发展等关系农民切身利益的民生问题，仍存在各种较为凸显的社会矛盾。截至目前，义井乡和水湖镇美好乡村建设取得初步进展，污水管网、门前硬化工程全面动工。社会综合治理不断加强，全面落实安全生产责任制度，做到了“小事不出村，大事不出乡”，群众满意度高。

---

① 李晓燕.地方服务型政府建设：定位与制度创新[J].社科纵横，2012(2)：29-32.

三　进一步推进乡镇政府服务能力建设的思考与建议

近年来，长丰县一些乡镇在加强政府服务能力建设方面的积极举措，提高了政府服务的质量和水平，群众对政府工作的满意度显著提高，但也存在一些不足与问题。在全面实施乡村振兴战略中，必须用习近平中国特色社会主义思想和乡村振兴战略指导，依据《中共中央 国务院关于实施乡村振兴战略的意见》和《关于加强乡镇政府服务能力建设的意见》，结合长丰县乡镇发展的实际，加快推进乡镇政府服务能力建设，不断提升适应乡村振兴需要的政府服务能力。

（一）用习近平新时代中国特色社会主义思想作指导，提高服务能力建设的再认识

习近平新时代中国特色社会主义思想，是我们党对十八大以来习近平一系列重要讲话和治国理政新理念新思想新战略的新概括，已载入党章，是我们党长期坚持的指导思想，是全党全国人民实现中华民族伟大复兴中国梦的行动指南。加强乡镇政府服务能力建设，必须以习近平新时代中国特色社会主义思想为指导，紧紧围绕统筹推进“五位一体”总体布局和协调推进“四个全面”战略布局，牢固树立“五大发展”新理念。坚持党管农村工作，牢牢把握中国特色社会主义方向，始终把党的领导作为加强乡镇政府服务能力建设的根本保证，充分发挥乡镇党委领导核心作用，夯实党在基层的执政基础，确保党中央、国务院和省委省政府决策部署得到全面贯彻落实。加强顶层设计，鼓励地方探索，尊重基层首创精神，着力破除体制机制障碍，坚持以法治思维推动乡镇政府服务能力建设，保证行政权力规范透明运行，人民权益切实有效保障，提高乡镇政府服务能力建设的自觉认识。

我国提出乡镇政府服务能力的建设目标，既把握了人类社会治理变革的新趋势，也前瞻性地规划了未来的政府治理模式。这就决定了服务型政府的战略目标是构建全新的政府治理模式，不是简单的既有政府模式框架

下的技术性改进，或者是公共服务提供内容、技术、手段的改进①。

乡镇政府作为乡村经济建设的领导者、社会发展的引导者，要自觉认识到服务能力建设的重要性。广大农村地区所处地域距离城市相对较远，经济发展方式单一，动力不足，相对落后。经济发展新的增长点要依靠转变农业发展结构，实现技术和生产方式的革新，为农村经济发展提供新的动力。要通过制度创新调动广大人民的积极性，维护人民的各项民主权力，保障人民的主体地位，增强农民发展生产的自主性和积极性。

在推进乡镇振兴过程中，既要不断提高政府服务民众的自觉性认识，也要改变广大农村地区的传统思维观念，加大对外交流与学习，提高农村生产的科学技术水平和农民的思想水平。对于政府而言，思维创新尤为重要，政府工作人员要树立服务意识，自觉履行职责。杜集乡政府改变了传统的官本位思想，顺应时代的要求，在党和国家的带领下建设农村经济，在新的时代背景下寻找新的契机。

（二）深化乡镇政府职能转变，优化政府公共服务功能

在四十多年来的农村改革实践中，我国乡镇的职能由原先单一经济管理模式转向服务经济社会发展与民生需求的服务职能，并取得重大变化和显著成效。在实施乡村振兴战略全面建成小康社会新时代，乡镇政府职能作用发挥得好坏，直接关系到农村改革发展的好坏，影响乡村振兴发展目标的实现，决定着我国全面小康社会的成色和社会主义现代化的质量。因而，加快乡镇政府职能转变，优化政府公共服务功能，成为全社会十分关注的问题。

一是要深化转变乡镇政府的社会管理职能。乡镇政府要紧密结合社会实践，充分利用社会资源，以社会现有条件下的政治经济为依据，遵循社会运行的自身规律进行创新。社会治理创新作为民主政治发展的实践过程，其发展是以完善社会管理为前提，以维持良好的社会发展秩序、产生良好的社会经济和政治效益为目的，在实施过程中不能发生目标的偏移。

---

① 张康之.我们为什么建设服务型政府[J].行政论坛，2012(1)：1-7.

二是要优化乡镇基本公共服务资源配置，统筹推进城乡公共服务发展，加快构建覆盖城乡居民的基本公共服务体系，实现城乡公共服务均等化。合理规划确定各类公共服务设施的等级、规模和服务半径，提高公共服务设施利用率。完善教育、科技、文化、卫生、体育等公共服务设施，加快公益性社会福利和社区公共服务设施建设步伐，促进城镇公共服务设施向基层社区和农村延伸。推进城镇基本公共服务常住人口全覆盖，享有基本公共服务。

三是要扩大乡镇政府服务管理权限，按照权力下放、权责一致的原则，根据不同基础、不同类型的乡镇经济社会发展需要，探索采取授权、委托等多种形式，逐步下放与乡镇职责任务相适应的服务管理权限，扩大乡镇政府在农业发展、农村经营管理、环境保护、扶贫济困、公共服务等方面的服务管理权限，完善基层政府功能。加强乡镇便民服务机构建设，整合基层公共服务和行政审批职责，打造综合、便民、高效的政务服务平台，进一步优化服务方式，实行政务服务平台外无审批。强化乡镇政府对涉及本区域内人民群众利益的决策、项目和公共服务设施布局的参与权和建议权。

（三）建立有效服务机制和信息服务平台，提升政务服务水平

加强乡镇政府服务能力建设，优化政府公共服务功能，离不开服务供给机制建设和信息服务平台，建立较为完善的服务供给机制和信息服务平台，有利于提高政府的服务效能。因此，要重视建立公共服务有效供给机制，包括乡镇基础设施建设、公共服务项目，引导信贷资金投向农村和小城镇。建立完善以财政投入为主体、村级集体经济为补充的村级组织运转经费保障机制，进一步规范村级组织运转经费投入，增强村级组织自我保障能力。要加强社区治理体系建设，完善社区服务体系，充分发挥社会工作专业人才在乡镇公共服务提供中的作用。全面梳理现有各类网格管理资源，构建统一规范的网格化管理体系。鼓励发展专业合作、股份合作等多种形式的农民合作组织，扶持社会力量兴办为民服务的公益性机构和经济实体。

加强公共服务信息平台建设，构建集行政审批、公共服务、阳光政务、效能监察、互动交流等功能于一体的政务服务，推动县乡镇之间、县级职能部门之间互联互通和业务协同，积极构建面向公众的一体化在线公共服务体系，并为贫困乡镇建立线上线下互动的信息化综合服务点，推动医疗、教育、就业、社会救助、社会保险等政策落地。以统一的数据共享平台交换系统为支撑，逐步实现县乡镇政务服务事项的一窗口办理、一站式服务、一平台共享、全县域通办和全流程效能监督。实行首问负责、办事代理、限时办结、服务承诺，积极推行行政审批和公共服务网上办理，方便群众办事。扩大政务服务事项网上受理、办理的数量和种类，清理不必要的证明和手续，优化服务流程，简化群众办事环节，提升政务服务水平。

（四）健全政府服务需求表达和反馈机制，保障群众权益需求

乡镇政府的公共服务是面向广大群众，提升服务质量离不开广大群众的参与，建立服务需求表达和反馈机制，可以让广大群众和各种社会组织积极参与政府服务能力建设，也可以让政府及时了解群众的需求，提供有效服务。所以，健全公共服务需求表达和反馈机制，完善群众权益保障机，强化群众对公共服务供给决策及运营的知情权、参与权和监督权，发挥各类社会组织在公共服务需求表达和监督评价方面的作用，显得尤为重要。针对乡镇具体实际，建立并完善乡镇领导信访接待、党委领导的民主协商机制，推行重大事项听证，建立健全人大代表反映情况和建议的“直通车”等各种方式和制度，及时解决群众的合理合法诉求。要推进乡镇政务公开，完善乡镇政务公开和村务公开联动机制，制定政务公开、村务公开实施方案等，对群众关心和涉及群众切身利益的重要事项应做到随时公开。充分发挥现代互联网、微博微信、移动客户端等新媒体的作用，及时发布乡镇政府信息。积极应用大数据、云计算等先进理念、技术和资源，及时了解公共服务需求，动态掌握实施效果。

（五）强化服务能力建设的组织保障，改进绩效管理与运行监督

“坚持党对一切工作的领导。党政军民学，东西南北中，党是领导一切的。”这是中国特色社会主义最本质的特征，也是中国特色社会主义最大的制度优势。加强乡镇政府公共服务能力建设，必须加强乡镇党委的领导，树立和强化党委总揽全局、协调各方的意识，充分发挥在推动乡村振兴战略中的政治引领功能，确保党中央的各项决策部署在基层落地生根。加强对乡镇政府的领导和支持，为乡镇政府依法行使职权、扎实开展服务能力建设提供坚强的政治保证。必须加强乡镇干部队伍建设，切实把党的十九大提出的培养、造就一支懂农业、爱农村、爱农民的“三农”工作队伍要求和中央印发的《关于加强乡镇干部队伍建设的若干意见》落到实处，为实施乡村振兴战略提供人才保障。加强乡镇干部能力素质和优良作风培养和锻炼，增强乡镇干部宗旨意识，建立完善乡镇干部轮训制度，加强乡镇干部管理监督，强化激励保障措施，充分激发和保护乡镇干部履职担当、创新实干的激情动力。

改进服务绩效管理机制，直接关系到乡镇政府公共服务效能。县级政府要以乡镇政府职责为依据，结合不同乡镇功能定位，建立科学化、差别化的乡镇政府服务绩效考核评价体系，完善绩效评估机制，强化绩效结果运用，坚持把考评结果作为乡镇领导班子建设和干部选拔任用、评优评先、培养教育、管理监督、激励约束的重要参考，对工作实绩差、群众满意度低的乡镇领导班子和干部，要按照有关规定责令整改、通报批评、严肃问责。

强化乡镇政府权力运行监督，结合实际，研究确定乡镇政府推行权力清单和责任清单工作的具体办法，公开乡镇权力运行流程，推进乡镇决策公开、管理公开、服务公开和结果公开。建立健全乡镇议事规则和决策程序，完善乡镇政府重大决策出台前向本级人大报告制度和向社会公示制度，明确重大决策范围。健全乡镇行政权力运行制约和监督体系，加强县级政府对乡镇政府经常性指导和监督，切实发挥乡镇人大依法监督职能和人大代表的主体作用，充分发挥人民团体、社会组织、村民委员会和舆论监督

作用，强化监督。研究制定相关配套政策措施，加强政策支持、工作指导和督促检查，推进工作落实。

四 结 语

在全面建成小康社会，加快农业农村现代化，提升亿万农民获得感、幸福感的新形势下，加强乡镇政府服务能力建设已成为政府自身完善和发展的主要方向及社会和谐稳定发展的内在趋势。长丰县杜集等三乡镇在服务型政府建设进程中的探索和成效进一步证明，乡镇政府在推进乡村振兴与建设美丽乡村新的实践中，必须全面贯彻党的十九大精神，用习近平新时代中国特色社会主义思想为指导，深刻领会“坚持农业农村优先发展，按照产业兴旺、生态宜居、乡风文明、治理有效、生活富裕的总要求”，依照《中共中央 国务院关于实施乡村振兴战略的意见》，进一步提高对乡镇政府服务能力建设的重要性紧迫性认识，加快政府职能转变，整合优化公共服务和行政审批职责，建立与完善服务供给体制机制，打造“一门式办理”“一站式服务”的综合服务平台，提高服务质量和水平，努力建成人民满意的政府，推动农业全面升级、农村全面进步、农民全面发展，谱写新时代乡村全面振兴新篇章。

基层治理能力建设

JICENG ZHILI NENGLI JIANSHE

县域社会治理创新的当涂样本

陈 勇[①]

摘 要： 县域层面的社会治理创新，是应对当前基层社会问题挑战的必然选择，事关国家的长治久安和民众的安居乐业，是对国家能否在基层实现治理体系和治理能力现代化的重大考验。本文以当涂县作为考察县域社会治理的样本，总结其在社会治理创新上的积极探索。针对县域社会治理的固有困境和现有不足，对当涂的社会治理创新的提升路径提出具有可行性的建议，认为要学习其他地区社会治理的成功经验，转变政府的观念和角色，促进社会组织等多元主体的协作，发挥市场资源助推作用，等等。对当涂样本的考察，或对总体的县域社会治理创新的探索具有一定的启示意义。

① 陈勇：南京大学在读博士，安徽师范大学法学院讲师，安徽师范大学法治中国建设研究院研究员。

关键词：　县域社会治理　创新　当涂

完善中国特色社会主义的社会治理体系，是实现国家治理体系和治理能力现代化的重要一环。习近平总书记在十九大报告中强调要"加强和创新社会治理，维护社会和谐稳定，确保国家长治久安、人民安居乐业"。党的十八届三中全会通过的《中共中央关于全面深化改革若干重大问题的决定》（以下简称《决定》），针对社会治理创新这一重大战略任务，指出："必须着眼于维护最广大人民根本利益，最大限度增加和谐因素，增强社会发展活力，提高社会治理水平。"

"郡县治，天下安。"习总书记在十九大报告中指出要"推动社会治理重心向基层下移"。社会治理创新的战略任务能否顺利完成，最终将取决于全国两千多个县（市）对中央精神的践行与地方经验的探索。本文以当涂县为研究样本，陈述当涂县的社会治理现状，总结该县在社会治理创新上有价值的实践探索，也针对如何进一步提升县域社会治理创新的可能路径作一些尝试性的探讨。一叶知秋，以当涂样本来观照我国总体县域社会治理创新的现状和前景，或有见微知著的启示意义。

一　社会治理：理念与县域样本

在西方的语境中，"治理"（Governance）意味着政府分权和社会自治，其社会治理（Social Governance）以社会中心主义和公民个人本位为依归，在"本质上是理性经济人为基础的社会自我治理"[①]。而基于和西方在国情上的差异，中国的社会治理强调党的领导、政府主导和社会多元主体的参与。在中国语境下，社会治理是指政府、社会组织、企事业单位、社区以及个人等多种主体通过平等的合作、对话、协商、沟通等方式，依法对社

① 王浦劬.国家治理、政府治理和社会治理的基本含义及其相互关系辨析[J].社会学评论，2014，2(3)：12-20.

会事务、社会组织和社会生活进行引导和规范，最终实现公共利益最大化的过程。

（一）社会治理理念在我国的缘起

中央关于社会治理思想的提出，既是对现实中社会领域中问题和矛盾凸显的响应，也是理念层面不断更新的一种反映。

1. 现实层面

自改革开放以来，中国社会的剧烈变迁引发了前所未有的多维度深刻转型，即从农业社会到工业社会、从计划经济到市场经济、从单一性社会到多样性社会、从人治向法治的转型。就特征而言，中西方的社会转型存在两个重大差异：其一，西方的转型是单纯地从传统社会过渡到现代社会，具有单一性，中国则既面临从传统到现代的转型，又面临作为社会主义国家进行自我革命所带来的转型，具有双重性；其二，西方社会的转型是在一两个世纪的漫长时段里完成的，而中国的转型则是“被积压在一个相对有限的时空当中”进行的。在此背景下，中国社会转型催生出一系列社会问题，其复杂性和特殊性均远甚于西方社会。这其中既包括客观层面的结构性、变迁性社会问题，也包括主观层面的观念性社会问题（见下表）。

当今中国社会问题的类型与具体体现[①]

	类型	具体体现
客观	结构性社会问题	人口结构、贫困、城乡关系、劳动就业、少数民族
	变迁性社会问题	腐败问题、住房、教育、公共安全、环境问题、社会保障、人口迁移、农民工问题、独生子女问题、群体性事件
主观	观念性社会问题	意识形态、消费主义、诚信缺失、精神疾病、自杀

应对这些复杂多样且带有急迫性的社会问题，仅靠单一的政府力量显然是不够的，协同多元社会主体力量进行社会治理创新是必然趋势。

① 此分类部分借鉴了王强的思路，并作了修正和补充。参见：王强．社会问题和社会失范的类型、成因、对策雏议[J]．中共南宁市委党校学报，2004(2)：34-37.

2. 理念层面

社会治理理念成型的过程，也是“社会”逐渐被纳入社会主义建设总体规划基本范畴的过程，依循“社会管理—社会治理”路径演化而来的过程。从中华人民共和国成立到80年代初，国家的战略规划通常建立在“经济—政治—文化”的基本架构上。自1982年“六五”计划开始，新增了社会发展的内容，2002年党的十六大正式将“社会更加和谐”作为实现全面小康社会的目标之一，在此理念引领下，2004年党的十六届四中全会首次提出要加强“社会建设”，并于2007年在党的十七大将其提升到“四位一体”①的战略高度。在此过程中，“社会管理”理念首次在1998年提出，并在2002年中共十六大报告中提升为政府的四项主要职能之一，此后，中央从多方面强调了“社会管理”的重要性。2013年，中共十八届三中全会通过的《决定》首次提出“社会治理”理念，并对社会治理体制创新进行具体部署，将推进国家治理体系和治理能力现代化作为全面深化改革的总目标之一，彰显了党的执政理念与时俱进的新变化。

从“社会管理”到“社会治理”，不是简单的一字之易，而更多地体现出治理理念和模式的深刻变化：在主体方面，社会管理主要强调政府的统管作用，体现的是单一性，社会治理则强调政府、事业单位、社会组织和公民个体等多元主体的共治，彰显的是多元性；在路径方面，社会管理更多地强调政府自上而下地对社会事务进行管控，社会治理则是在政府主导下，行政机制和社会机制并行，倡导自上而下和自下而上的良性双向互动；在手段方面，社会管理主要依靠政府的行政权力，社会治理则综合应用权力、市场、法律、文化和习俗等多种手段。

（二）县域社会治理及样本——当涂

县是我国最基本的行政单位，自秦在全国推行郡县制以来，已有近两千年的历史。县一级作为承上启下的关键环节，是发展经济、保障民生、维护稳定、促进国家长治久安的重要基础。习近平总书记非常关注县域治

---

①“四位一体”是指十七大提出的我国现代化建设总体布局，即经济建设、政治建设、文化建设、社会建设四位一体。

理，他强调县一级工作做好了，党和国家全局工作就有了坚实的基础①。

基层是解决社会问题、处理矛盾纠纷的第一道关口，因此县域层面的社会治理除了整体层面的一般性特征外，还具有基层层面的独有特征。有研究者总结，在我们国家政权结构和党的组织结构中，县域是中央领导和基层治理的连接点，是政府权力的神经末梢，处于容易引发社会问题的敏感区域，是新时期社会治理创新的重点和难点所在。本文以当涂县为样本来展开对县域社会治理议题的探究。

当涂县，位于安徽东部，坐落于长江下游南岸，自古就因地缘的军事价值和丰饶的物产而闻名遐迩。据《当涂县志》所载，当涂自古就以“密迩金陵、冠山履湖、大江环抱”之险要之势，素为兵家必争之地，也因“温和的气候，丰饶的土地，充足的水源”，孕育成典型的江南鱼米之乡。现今，当涂因处于长三角经济圈与皖江城市带交汇处，地理位置的重要性被赋予了新的时代意义，成为安徽省“重要的沿江沿边县、东向发展的桥头堡”。近年来，当涂加快转型升级步伐，经济社会发展成就喜人，县域综合实力进一步增强，始终走在全省“第一方阵”前列。

与此同时，伴随着当涂经济社会的转型，前文述及的一些社会问题也渐次突显。当涂县政府作为和基层接近的行政单位，必须直接应对群众的利益诉求和各种社会问题，接受“面对面”的考验。资源的不足也是现实的困难，亟须创新体制机制，将政策支持及人、财、物等资源更多地投向基层。问题繁多、资源不足，对当涂的社会治理创新提出了挑战与期待。

二　当涂社会治理创新的实践探索

“社会安定，国家祥和；社会动荡，举国遭殃。”②在中国发展进入新时代，各项改革进入深水区的背景下，如何确保社会既充满活力又和谐有序，对中央和地方的社会治理能力都提出了更高要求。十八届三中全会

① 习近平强调县域治理告诉你县委书记如何当[EB/OL].[2015-08-28].http://cpc.people.com.cn/xuexi/n/2015/0828/c385474-27527624.html.

② 郑功成.新时期社会治理的挑战与机遇[N].光明日报，2015-01-26.

《决定》将创新社会治理体制提升到重大战略的高度，为县域社会治理创新确立了指导原则。2016年当涂县政府工作报告中提出要“提升社会治理水平”，要“加快推进社会治理体系和治理能力现代化建设”。为贯彻“系统治理、综合治理、依法治理”原则精神，当涂结合本地实情，通过打造“平安当涂”“法治当涂”“活力当涂”“幸福当涂”，在打牢基石、规制保障、动能接续、价值依归四个方面，铺开了县域社会治理创新的当涂图景。

（一）平安当涂——社会治理创新的牢固基石

保一方平安历来是社会治理的最基本要求，也是第一位的要求。习近平总书记指出：“平安是老百姓解决温饱后的第一需求，是极重要的民生，也是第一位的发展环境。”十八届三中全会《决定》要求“全面推进平安中国建设，确保人民安居乐业、社会安定有序”。为此，当涂县将打造“平安当涂”摆到了突出位置，作了方方面面的努力。

在社会治安方面。当涂县公安局大力开展“铸安”行动：规范信访秩序；积极创建和谐社区；重拳打击恶势力团伙，破获“黄赌毒”案件；建立前端高清防控点、视频防控中心，成立三级视频巡查队伍，打击犯罪。行动成效显著，据统计，2011年当涂县的犯罪人数为比上年下降87.8%，2014年全县共立刑事案件同比下降6.58%，2015年的命案破案率达100%[①]；发生一般处理程序以上交通事故持续下降，2011年交通事故数量同比下降44.9%，2014年交通事故死亡人数同比下降16.98%[②]。

在安全生产方面。当涂县委县政府要求各单位“牢固树立红线意识”，严格落实安全生产“党政同责、一岗双责、失职追责”和“一票否决”制度，严格执行重大隐患挂牌督办制度。县安委会每年都开展安全生产“七进”活动[③]，营造了人人想安全、人人抓安全的浓厚氛围。近年来，全县安全生产形势持续平稳，生产安全事故起数和死亡人数逐年下降，未发生一起较大以上生产安全事故，未发生安全生产“一票否决”情况。

---

① 马鞍山年鉴(2015)[M].芜湖：安徽师范大学出版社，2016：61-62.

② 马鞍山年鉴(2015)[M].芜湖：安徽师范大学出版社，2016：410-411.

③ “七进”活动指进学校、进机关、进社区、进企业、进农村、进家庭、进公共场所等。

在食品安全方面。2015年，当涂县将创建全省食品安全示范县列入政府工作报告的重点工作，并为此成立了以县长为组长的工作领导组，组建了当涂县市场监督管理局，在全县8个乡镇设置了食品药品监督管理所，分级承担食品安全监管工作。重点开展了农村食品市场、肉及肉制品、食用油等食品安全专项整治。基于这方面的突出表现，当涂县在2016年被省政府授牌命名为全省首批食品安全示范县，成为马鞍山市唯一获此殊荣的县①。

“平安当涂”建设大大遏制了社会不稳定因素，社会整体安定和谐又充满活力，获得了民众的积极评价，据当涂有关部门问卷调查显示，当涂县群众的安全感和治安状况满意率都超过90%②，充分证明了“平安当涂”建设的成效显著。

（二）法治当涂——社会治理创新的规制保障

“全面依法治国是国家治理的一场深刻革命”，在关于社会治理和法治两者关系这一议题上，习近平总书记也指出，“要广泛开展依法治理活动，提高社会治理法治化水平”。为全面落实依法治国基本方略，《当涂县“十三五”期间依法治县纲要》适时出台，2016年当涂政府工作报告进一步确认将全面推进依法治县，弘扬公平正义，坚持依法行政，“法治当涂”建设由此全面铺开。

其一，坚持依法执政和依法行政。《当涂县依法行政和法治政府建设规划（2016—2020年）》在2016年年末发布，总目标就是把政府工作全面纳入法治轨道，用法治思维和法治方式履行职责。当涂县委县政府对现阶段主要任务进行了具体部署，包括依法全面履行政府职能，健全依法决策机制，提升制度建设水平，严格规范公正文明执法，全面推进政务公开，强化行政监督和权力制约，依法化解社会矛盾，加强依法行政能力建设，

---

① 马鞍山市当涂县荣获“全省食品安全示范县”[EB/OL].[2016-01-07].http://jiangsu.china.com.cn/html/2016/ahnews_0107/3264487.html.

② 当涂县扎实推进平安当涂建设[EB/OL].[2011-11-09].http://www.dangtu.gov.cn/DocHtml/1/2011/11/9/201111092144255080.html.

加强组织领导和工作保障，等等。

其二，保护群众利益，打击违法犯罪。坚持司法为民，围绕社会敏感热点问题主动作为。重点抓好恶意拖欠农民工工资、金融犯罪、小区物业管理纠纷等方面司法案件的妥善处理；畅通表达渠道，实行网上受理信访制度，全力维护群众合法合理利益诉求，对涉法涉诉信访依法终结。在打击犯罪方面，健全稳定风险防控体系和公共安全治理体系，形成点线面、网上网下、人防技防物防相结合的稳定风险防控和妨害公共安全依法打击机制①。

其三，加强法治人才队伍建设。习近平总书记在2017年3月视察中国政法大学时强调了“一支高素质的法治工作队伍”对法治中国建设的重要意义。当涂县大力培养、引进法治人才，着力建设一支执法、司法的专门队伍，为推进依法治县提供人才支撑。法院系统被要求强化学习教育，严格内部管理，推进党风廉政建设，充分发挥党组织的战斗堡垒作用和党员的先锋模范作用，加强法院干部队伍建设，同时努力打造一支忠诚、干净、有担当的干警队伍。

其四，加大宣传教育力度，增强当涂社会的法治观念。2016年，当涂县制定了《关于在全县公民中开展法制宣传教育的第七个五年规划（2016—2020年）》，要求以法治方式化解社会矛盾，并要求县各级领导干部强化法治意识，带头尊法、学法、知法、守法。敦促相关机构抓好法治宣传教育，提高全民法治意识。组织多种形式的宣传活动，形成学习宣传宪法、推动党的十九大精神贯彻落实的热潮；为贯彻中央宣传部、司法部《关于在公民中开展法治宣传教育的第七个五年规划（2016—2020年）》，当涂县“七五”普法活动全面启动。近年来，当涂县全民法治观念和法律素养明显增强，全社会尊法、学法、守法、用法的氛围日益浓厚。

（三）活力当涂——社会治理创新的动能接续

一个社会能否健康有序发展，取决于是否具有良好的动力机制和平衡

---

① 雷云.新常态下加强县域社会治理的认识与思考[EB/OL].[2016-01-18].http://dangjian.people.com.cn/n1/2016/0108/c117104-28028186.html.

机制。动力机制用于释放社会发展的能量，动力机制若失灵，中国特色社会主义就会失去活力，就无法保持发展进步。社会治理创新，正需要强大的动力机制提供动能来源。2016年当涂县政府工作报告将“活力当涂”建设设定为今后五年的目标任务之一，在夯实根基和激发活力两方面下足功夫。

一是在物质基础层面打下扎实的基础。近年来，当涂县坚持工业强县战略，大力实施“1234”发展战略[①]，致力打造经济繁荣的“活力当涂”。在新常态新形势下，当涂的经济“调转促”工作仍取得重大进展，培育了新的经济增长点，经济体量进一步做大、发展质量进一步提升、产业结构进一步优化，综合实力“在全省十强中争先、在全国百强中进位”[②]。当涂县连续5年进入全国百强县行列，2017年升至第72位，

难能可贵的是，当涂“经济强县”建设不再依赖传统的粗放式增长模式，而立足于建设动力强劲的“创新当涂”，并实现了对科技、制度和文化等领域的多方位覆盖，为当涂的发展提供了强大引擎。目前，当涂县自主创新能力不断提升，“双创”氛围日益浓厚，拥有一批创新型人才、科研机构和企业。据2016年当涂县政府工作报告的数据，当涂县年均新增高新技术企业5家、高新技术产品30个，高新技术产业增加值突破100亿元[③]。

二是在社会层面激发蓬勃活力。十九大报告中强调“打造共建共治共享的社会治理格局”。其中“共建共治共享”指向的主体，包括政府、社会组织和人民群众。传统的社会管理模式依赖僵硬的行政管制，事无巨细大包大揽，在一线人、财、物等资源紧张的情况下，基层工作人员疲于奔命却又“吃力不讨好”，其缘由正在于将社会组织和群众视为纯粹被管制的客体，未充分激发其活力，无法形成政府和社会的良性互动。

意识到问题症结所在之后，当涂县委县政府在两个方面加以改进：一是从自身改革入手，深化行政管理体制改革，在简政放权、放管结合、优

---

① 所谓“1234”发展战略，即建设“一个现代化中等城市，两个中心小城市，三个经济开发区，四个生态文化旅游区”。

② 活力创新绿色法治幸福——解读当涂未来五年发展的五个经纬度[EB/OL].[2016-06-20]. http://ah.people.com.cn/n2/2016/0620/c358342-28533074.html.

③ 参见2016年当涂县政府工作报告。

化服务等方面持续推进，健全“3+2”清单制度体系[①]。二是激励社会组织的协作和人民群众的参与，2014年，当涂县制定了《社会组织直接登记管理暂行规定》，激发社会组织活力，力争到2020年建成一个布局合理、结构优化、功能完善、作用明显的社会组织体系。

（四）幸福当涂——社会治理创新的价值依归

经济社会发展的终极目的是国家的长治久安和人民群众的幸福生活，这是党和政府一切工作的价值依归。习近平总书记指出，“实现中华民族伟大复兴的中国梦，就是要实现国家富强、民族振兴、人民幸福”，“人民对美好生活的向往就是我们的奋斗目标”。社会治理作为一种手段，归根结底正是服务于这一根本价值。2016年当涂县政府工作报告将打造共建共享的“幸福当涂”作为五大政府工作目标之一，提升民众幸福感。

首先，在发展规划和资金投入上对民生倾斜。当涂坚持以民生为导向，2016年当涂县政府工作报告提出要“突出抓好社会民生，共享转型升级、加快发展新成果”[②]，加大民生投入，实施民生工程。为此，县财政局调整和优化支出结构，压缩一般性支出，严控“三公”经费支出，加大对民生支出和重点项目的保障力度。在全县累计40.57亿元的财政支出中，民生类支出占比达80.2%。2015年，当涂县实施了31项民生工程，24项补助保障类项目全部足额发放到位，7项工程完工项目资金全部拨付到位[③]。2011—2016年，当涂县累计实施民生工程57项，投资达115亿元。

其次，提升民众具体的“幸福感”。当涂县将提高群众的满意度和幸福感作为工作的出发点和落脚点。“幸福当涂”理念被融入当涂城乡一体化建设中，不再刻意将农村建得像城市一样，而是要把城市建设得更像城市、农村建设得更像农村，使其成为一座富有江南水乡特色、充满现代化气息、宜业宜居的中等城市。此外，当涂县还举办了多种形式的社会活动服务民

---

① 所谓“3+2”清单制度，指“权力清单、责任清单、涉企收费清单”3单建设，加上“中介服务、公共服务”2项服务的改革模式。

② 参见2016年当涂县政府工作报告。

③ 朱长才．安徽财政年鉴[M]．合肥：安徽人民出版社，2016：302.

众，如由多部门协作，县文明办、团县委、县妇联、县青年志愿者协会主办的“践行雷锋精神，助推幸福当涂”志愿者服务月活动，还有为群众提供安全出行、医疗保健、法律咨询等方面的服务，社会反响良好。

“幸福当涂”建设极大提升了民众的获得感、满足感和幸福感。近年来，当涂县城乡居民收入持续走在全省县级前列，社会就业更加充分，社会保障和公共服务体系更加健全，文化事业日趋繁荣，人民群众的精神文化需求得到有效满足，当涂县也成功创建了全国文明城市。随着当涂县将“当涂打造成为人民群众全省最富、保障水平全省最高、公共服务全省最优、生活环境全省最好的县城”计划的稳步推进，人民群众的幸福感必将进一步提升。

三　当涂社会治理创新提升路径

当涂县在社会治理创新上取得显著成绩的同时也存在一些不足，也仍面临不少困难和制约因素：内在层面上，经济建设一手硬、社会治理一手软的问题依然不同程度地存在；政府、市场和社会在社会治理中的角色仍未完全厘清，协同作用未充分发挥出来。外在层面上，当涂作为中西部省份的一个县，物质基础仍不是特别雄厚；新形势下的社会治理经验也相对欠缺，县域层面的社会治理的固有特征也带来挑战，必须直面形形色色的特殊的基层社会问题。

在此背景下，可采取哪些可行性路径来推进社会治理创新呢？一方面，应继续强化既有的重要的一般性举措，如继续推进“法治当涂”的建设；针对普遍存在的资源下沉问题，继续加大对基层一线的资源投入，等等。另一方面可以在以下几方面着力：学习其他地区成功的社会治理经验，更新政府在社会治理中的角色观念，强化社会组织的协作功能，利用市场作为外部资源的助推作用，等等。

（一）他山之石：成功经验的学习

中国作为一个国情较为复杂、各地发展并不同步的国家，不均衡性既体现在经济领域，也体现在社会治理方面，向拥有成功社会治理经验的地区学习，不失为加快社会治理创新的一种有效途径。下文列举的范例，有些以宏观布局见长，有些以技术应用取胜，有些以方法独特出彩。所谓他山之石，可以攻玉，这样的成功经验值得我们虚心学习和借鉴。

1. 调整发展观念，处理好政府、市场和社会组织之间的关系

在这一点上，广东及周边一些地区给我们提供了很好的样板。珠三角地区很多县市逐渐淡化了单纯的GDP主义的发展理念，不再唯GDP为上，而一些新的指标正在逐渐成为衡量社会发展健康状况的重要依据，如有没有社会冲突与大规模群体性事件、经济建设是否绿色环保、老百姓是否满意等①。这些地区的共同特征就是既有强大的市场力量，又注重分权于社会，政府和社会组织结成了良好的合作关系。广州、珠海、顺德等地很注重培植社会组织，为其发展提供了广阔的空间，整个广东省的服务型社会组织都比较发达，珠海的医疗纠纷处理得较好，也得益于政府和社会组织的良好合作关系②。

作为浙江嘉兴的一个县级市，桐乡市的“三治合一”建设颇有可借鉴之处。所谓的“三治”，指法治、德治、自治，其要旨在于以法治“定分止争”，以德治“春风化雨”，以自治“内消矛盾”③。换言之，通过法治配置政治资源，通过文化道德的涵化来规范人们的意识和行为，通过社会自治组织来配置社会资源，三者相辅相成。北大俞可平教授对这种模式给予了高度评价，认为它体现的是权力的重新配置，是政府的一种自我革命；突出社会组织的自治，重塑社会道德规范，助推社会的自我管理和治理，以此构筑了一种新型的政府与社会关系。这种模式对基层（尤其是农村）的社会自治有重要的启示意义。

---

① 郑永年. 中国模式还能撑多久?[EB/OL].[2014-09-19].http://blog.sina.com.cn/s/blog_486c68b30102v1my.html.

② 郑永年. 社会治理探索广东须先行一步[EB/OL].[2014-12-30].http://gz.southcn.com/g/2014-12/30/content_115335413.htm.

③ 孔越，张潘丽. 桐乡“三治”：看一个县域如何创新社会治理[EB/OL].[2016-06-23].http://www.cnjxol.com/xwzx/jxxw/szxw/content/2016-06/23/content_3665744.htm.

2. 应用现代信息技术手段,提升社会治理质量

成都成华区的“智慧治理”模式正是彰显现代信息技术手段作用的极好样板①。为了应对城市化加快、“棚户改造”工程推进、流动人口剧增给基层治理带来的挑战，成华区通过政府数据共享、治理信息化、服务智能化，打造“智慧成华”，构建“大联动、微治理”的“智慧治理”新模式，协同为居民提供服务。该区的社会服务、城市管理水平大幅提升，社会不稳定因素被极大地遏制或消除。成华区在成都市居民幸福感测评中荣登榜首，正是对“智慧治理”模式成效的最好褒奖。

大连的综治信息化平台是一个善用现代信息技术手段为社会治理服务的范例。该平台利用“互联网+”的大数据技术，涵盖了19个大项、150个小项的综治业务模块，实现了综治专项工作业务范围全覆盖；能高效率地进行人口管理，应对突出事件，对社会治安防控工作大有助益。该平台使大连的社会治理走向智慧化、立体化、平台化、服务化；办事程序大大简化，工作效率和服务水平显著提高，为民众提供了更优质的公共服务，得到民众的高度评价。

3. 县域社会治理的创新贵在方法的因地制宜、推陈出新

山东曲阜“以儒治乡”模式近年来引起专家和媒体的关注，其可贵之处在于立足本地独特的文化资源，探索“文化治理社会”的新路径。作为享有“东方圣城”盛名的孔子故里，曲阜拥有得天独厚的传统文化资源，当地政府积极地将儒家文化资源运用于社会治理，大力推进“彬彬有礼道德城市”建设；针对基层社会矛盾集中而复杂的形势，创造性地将“礼之用、和为贵”“德不孤，必有邻”的优良思想传统融入社会矛盾纠纷工作机制中，在405个自然村建立“和为贵”调解室和“民情夜会”制度，探索诉讼渠道之外的柔性化解途径，以春风化雨的方式促进了社会的和谐稳定。

在社会治理创新上兼具方法的新意和实际的成效，东莞是另一个好的范例。东莞根据本地特有的人口问题复杂、公共服务难度大的实情，建立

① 参见王礼鹏的《社会治理创新的地方经验及启示》一文，刊于《国家治理》2016年第22期。此外，下文中的成都成华区、大连、山东曲阜、东莞等几个地区的案例也参考了此文。

"同城共享"的积分体系，这是一种"以贡献赢得积分，按积分享受服务"的独特的公共服务供给模式。既能让流动人口和本地人口共享改革发展成果，又能凭借风险预警积分机制，化解各种社会矛盾纠纷，还能通过文明行为记录制定有针对性的奖惩制度，对个人、企业和社会组织的信用情况进行监管。在这种模式下，党政群、社会、市场的资源和力量得到充分的激发，基层社会治理能力得到极大的提升。

（二）政府角色：由管到治的转换

十九大报告指出，要"完善党委领导、政府负责、社会协同、公众参与、法治保障的社会治理体制"。在新型的社会治理体制中，政府不再是单一的管制角色，而是政府、社会、公众的多元主体共治；不再是行政意志任意专断，而强调社会治理在法治的框架下运行，追求"社会化、法治化、智能化、专业化"。唯有如此，才能真正提高社会治理水平。政府在社会治理中的角色必须转换，不管是观念层面还是制度层面都是如此。

1. 观念层面

首先，要摒弃执政者的精英主义偏见。这种精英主义观念，指的是与人民群众主体观相对立的精英主义历史观持有者所具有的观念。有研究者认为这种偏见体现在三个方面：一是轻视甚至漠视群众的创造性作用；二是对群众的对立化、妖魔化；三是变质为官僚主义，延缓甚至阻碍社会治理创新[①]。毋庸讳言，这种偏见在一些政府官员思维中是存在的，他们在实际工作中不相信、不依靠群众，党的群众路线往往得不到真正的贯彻落实。从这种观念出发，群众在社会治理中的作用被完全曲解，被视为完全被动的被管制者，自然也就无法激发民意、民智、民力在社会治理创新中的主体作用。只有摒弃这种偏见，在观念上摆正政府角色位置，才能真正激发群众和社会在社会治理中的活力。

其次，强化服务意识。随着我国经济和社会结构的深刻转型，就业、人口、资源、环境等方面沉重的压力随之而来，对公共服务相应的需求日

① 张雪梅.新时期社会治理创新的制约因素与民主路径解析[J].社会主义研究，2014(1)：111-119.

趋扩张，这些挑战凭政府一己之力是无法独立应对的。在多元主体共担社会治理责任的格局中，政府必须树立“服务为先”的公共服务观念并培育相应的能力，必须从根本上去除政府本位主义观念，完成从“官本位、政府本位、权力本位”观念向“民本位、社会本位、权利本位”观念的转变，更好地创建服务型政府。

最后，是确立边界意识。政府要摆脱旧式的“全能政府”的观念，那种“管得过多，统得过死”的刚性行政体制不仅没有取得好的治理效果，反而让政府在疲于奔命的同时，社会的活力被抑制。因此，要“打造共治共享”的社会治理格局，面对新形势，执政者要在“政府、市场、社会”三者之间厘清边界，该管的要管，不该管的要充分放权给社会和市场，以实现“政府治理和社会调节、居民自治良性互动”的社会治理效果。

2. 制度层面

首先，对GDP主义倾向的政绩考核制度进行改革。较长时期以来，过度偏向经济增长的政绩考核制度使GDP主义观念主导了政府官员的思想和政策选择，粗放式的经济增长虽带来统计数字一时的增加，但往往是以冷落民生、破坏环境、过度消耗资源为代价换取来的。更严重的是，GDP主义往往通过政府动员的方式，对社会进行破坏，造成社会领域的过度市场化、货币化，教育、医疗、房地产等领域因此深受其害，出现学者所描述的“经济增长越快，社会越不稳定”的不正常现象。纠正唯GDP为上的政绩考核制度势在必行。

其次，深化审批制度改革，夯实服务型政府制度基础。十九大报告指出，“转变政府职能，深化简政放权、创新监管方式，增强政府公信力和执行力，建设人民满意的服务型政府”，这是对深化“放管服”改革的最新部署。深化审批制度改革，不仅给政府做“减法”，给市场做“加法”，也要加大行业协会和社会组织的培育力度，发挥其自律管理以及在社会治理中的协作作用。这一制度改革的推进，有助于推进国家治理体系和治理能力现代化，进一步激发市场活力和社会创造力，为社会治理创新提供坚实制度基础。

（三）社会组织：重要主体的协作

长期以来，政府之外的主体在社会治理中是严重缺位的。十九大报告中强调要提高社会治理的“社会化”水平，“社会协同”成为创新的社会治理体制的重要特征，要“推动社会治理重心向基层下移，发挥社会组织作用”。总体而言，充分调动包括社会组织在内的社会力量参与社会治理，有助于促使社会从被动社会变为主动社会。社会组织角色在县域社会治理中的重要性不言而喻。

关于社会组织的具体作用，有研究者概括为以下几点：作为民生需求的扫描仪，凭借和民众接触紧密，了解实际的民生需求，社会组织本身又掌握了较多的社会信息和专业技能；充当公共服务的递送者，通过自募资金，或争取政府财政拨款提供外包服务，分担政府公共服务的责任；充当诉求表达的传声筒，社会组织通过听证、参政等方式将民众利益诉求向政府传达；充当公共冲突的调节器，借助和底层的密切关联，社会组织能预防潜在的社会冲突，协调、缓解爆发的公共冲突①。

为充分发挥社会组织在社会治理中的作用，中央和地方正积极向政策化、制度化的方向推进。关于激发社会组织活力时，十八届三中全会《决定》强调要加快实施政社分开，推进社会组织明确权责、依法自治、发挥作用；适合由社会组织提供的公共服务和解决的事项，交由社会组织承担；支持和发展志愿服务组织；限期实现行业协会商会与行政机关真正脱钩，对四类社会组织②要重点培育和优先发展，成立时直接依法申请登记。

2017年5月24日，中共安徽省委办公厅、省政府办公厅印发《关于改革社会组织管理制度促进社会组织健康有序发展的意见》，积极推动社会组织承接政府转移职能、提供社会服务、反映群众诉求；积极拓展社会组织直接登记范围，下放管理权限；通过政府购买服务来支持社会组织提供公共服务和社会服务；完善对社会组织的税收减免优惠政策。通过这些措施来优化社会组织健康有序发展和积极发挥作用的社会环境。安徽省社会组

---

① 谢舜.发挥社会组织在社会治理中的重要作用[N].广西日报，2014-04-22.

② 这四类社会组织包括：行业协会商会类、科技类、公益慈善类和城乡社区服务类社会组织。

织发展五年规划提出，将力争到2020年在全省建立健全统一登记、各司其职、协调配合、分级负责、依法监管的具有安徽特色的社会组织管理体制，社会组织总数将达到3.6万个。

《马鞍山日报》一篇关于社会组织提供养老居家服务的报道为我们提供了一个鲜活的例证。“淘管家”服务社是该市一家民办单位，属于公益性社会组织，它和当地政府建立了默契的合作关系，在政府的支持和培育下，依托街道和社区，联合其他社会力量开展社会服务工作。“淘管家”通过承接政府的服务项目获取项目补助资金，政府履行服务监督责任，确保补助的发放符合条件。社会力量参与养老服务，破解了以往“政府出钱办、群众围着看”的服务模式困局，不仅在社会组织和政府之间实现了双赢，社会组织提供更专业化的贴心服务，政府也实现了由“养老”向“管养老”的职能转变，而且让老百姓获得了实实在在的利益。

（四）市场力量：外部资源的助力

自改革开放以来，市场在资源配置中的作用日益突显，有效配置资源，促进了经济发展，也极大地推动了社会进步。十九大报告中强调要“使市场在资源配置中起决定性作用”。在社会治理领域，“政府、市场、社会”的关系需要重新定义。有研究者认为，市场主体是现代化的社会治理三大主体之一，是社会治理中最主要的资源配置者。市场主体通过发挥整合功能，促成对社会经济资源的有效配置，能够促进社会治理各主体间的分工和配合，从而优化经济社会秩序，提高社会发展效率[①]。

关于市场力量对社会治理的具体正向助推作用，综合相关研究，可归纳为以下四个方面：一是市场的发展为社会治理提供物质基础。市场促成了社会化大生产，为人类社会创造极大财富。市场经济通过推动企业发展、政府职能转型、利益主体多元化，催生了公民社会，进而又形成了以“政府、市场、社会”为主体的社会治理架构。二是市场的发展完善了社会组织架构。进入工业化时代以来，社会组织的出现顺应了社会化大生产和社

① 李恒全.增强社会治理主体的协调性[N].光明日报，2016-04-06.

会分工的需要，后者反过来也推动了前者的大发展。市场经济的发展为社会组织的顺利运行提供了制度规范基础，二者合力推动社会进步。三是市场经济通过对上层建筑的反作用推动了社会治理的创新，市场经济的成熟拓展了民众自主行动的空间，提升了其政治参与效能感，提高了民众参与社会治理的积极性；四是市场的发展提高了社会法治意识。历史事实表明，市场和法治二者是双生关系，市场经济的发展客观上推动了法治的进步和完善。在此过程中法治意识和法治观念被培育出来，并最终将个体、政府、市场、社会的行为纳入法治框架，为社会治理打下坚实的规制基础。

政府购买服务是利用市场机制服务社会治理的重要途径，通过一定的程序，将一部分公共服务事项交由社会力量承担，政府根据服务数量和质量支付费用。依照安徽省政府办公厅出台的《关于政府向社会力量购买服务的实施意见》，计划到2020年，基本建立比较完善的政府购买服务制度。当涂县近年来加大政府购买服务的力度，根据县政府公布的2016年政府购买服务目录，这类业务包括基本公共服务、社会管理性服务、行业技术性服务、行业管理性服务、政府履职所需辅助性服务和其他服务等6个大类，并细化为50多个小类，涵盖面甚广。当涂县财政在编制2017年部门预算时，政府购买服务预算涵盖的服务项目又有了新的扩展，涉及预算资金达10888万元。这反映了当涂县在利用市场力量服务社会治理方面迈开了更大的步伐。

四 结 语

县域层面的社会治理创新是应对当前基层社会问题挑战的必然选择。毕竟单纯的经济增长不会自动带来全面的社会进步，“富强民主文明和谐美丽”的现代化社会主义强国的建设，同样还维系在基层社会治理的进步和创新上，这事关国家的长治久安和民众的安居乐业，也是对国家能否在基层实现治理体系和治理能力现代化的重大考验。

县域层面的社会治理创新，既面临一般性的挑战，也面临基层社会治理的独有困境，当涂县的社会治理创新实践，是展示这一过程的一个很好的窗口。当涂县依托其打造“平安当涂、法治当涂、活力当涂、幸福当涂”战略，通过在打牢基石、规制保障、动能接续、价值依归四个方面的经营，取得了较显著的社会治理成效。但也仍存在一些短板，可在学习其他地区成功经验、转变政府观念和角色、完善法治、社会组织参与协作、市场资源发挥助推作用等方面进行提升。在习近平新时代中国特色社会主义思想的指引下，基层的社会治理创新实践必将取得更大的成就，也必将推动国家整体层面的社会治理创新再上新台阶，最终实现国家治理体系和治理能力的现代化，为实现中华民族伟大复兴的中国梦贡献力量！

新时代提升县域社会治理能力的思考

——舒城县社会治理的探索与实践

胡志立[①]

摘　要：　县域社会治理是国家社会治理的基础，也是推进国家治理体系与治理能力现代化的重要内容。近年来，特别是党的十八大以来，舒城县狠抓社会治理创新，着力提升县域社会治理能力，实现了经济持续健康发展与民生保障、社会和谐稳定的多赢局面。新常态下的县域社会治理要以党的十九大精神为指引，以习近平新时代中国特色社会主义思想为引领，创新体制机制，强化顶层设计，综合运用法治思维和信息化手段，不断提升县域社会治理能力。

关键词：　新时代　县域社会治理　治理能力

社会治理是指政府、社会组织、社区以及个人等各类行为主体，通过民主平等的关系，依法对社会事务、社会组织和社会生活进行规范和管理，实现公共效应最大化的过程。社会治理是国家治理持续有效开展的基础和重要环节，可以说国家治理现代化是系统工程，社会治理现代化是基础工程，而县域社会治理更是实现国家社会治理现代化的基础和关键。新形势下，深入研究县域社会治理现状，不断提升县域社会治理能力和水平，是新时代发展的要求，也是推进国家治理体系与治理能力现代化的重要内容。

---

① 胡志立：硕士，安徽师范大学出版社编辑。

一　提升县域社会治理能力是时代发展的迫切要求

改革开放以来，我国农业和农村经济得到了长足发展，农村社会面貌发生了较大的变化，但是长期分割的二元体制依旧存在，城乡经济社会发展不均衡的矛盾依旧十分突出，加之社会管理粗放和简单，积累了复杂的矛盾与冲突。这不仅影响到农村经济社会的发展，而且增大了社会治理的难度。县域作为农业和农村经济发展的主要承载地，社会治理难度日益增大，社会治理面临的困境和问题愈加突出，因而完善县域社会治理体系，提升县域社会治理能力迫在眉睫。

（一）县域社会治理是实现国家治理体系与治理能力现代化的基础

党的十八届三中全会通过的《中共中央关于全面深化改革若干重大问题的决定》提出了新形势下我国全面深化改革的总目标："完善和发展中国特色社会主义制度，推进国家治理体系和治理能力现代化。"国家"十三五"规划纲要也提出，"推进社会治理基础制度建设，构建共建共享的社会治理格局，提升社会治理能力和水平，实现社会充满活力、安定和谐"。党的十九大报告指出，"必须坚持和完善中国特色社会主义制度，不断推进国家治理体系和治理能力现代化。要加强和创新社会治理，打造共建共治共享的社会治理格局"。可见，新时代对社会治理提出了新要求。县域治理是国家治理的基石，是推进国家治理体系与治理能力现代化的基础和关键，要实现良好的县域治理，必须抓好县域社会治理，提升县域社会治理能力。

习近平总书记在会见全国优秀县委书记时指出："郡县治，天下安。在我们党的组织结构和国家政权结构中，县一级处在承上启下的关键环节，是发展经济、保障民生、维护稳定、促进国家长治久安的重要基础。"可见，县域治理在整个国家社会治理体系中起着承上启下的作用，具有主体多元、内容繁杂、方式多样、直接面对民众、直接关系民众切身利益等特点，肩负着县域范围内的公共服务和社会管理职能，是推进国家治理体系与治理能力现代化的重要着力点。就我国当前发展实际而言，县域是我国农村居民的承载地，已构成当代中国政治实体、区域经济和综合社区的基本单元。因而可以说，县域治理是基础，提升县域治理能力和水平，实现县域治理善治，才能为国家社会治理奠定坚实的基础。

（二）县域社会治理能力提升直接关系到全面建成小康社会目标的实现

十九大报告指出，从现在到2020年，是全面建成小康社会决胜期。全面建成小康社会，关键在于补齐“短板”，尤其是补齐城乡区域发展不平衡这块“短板”，因而统筹城乡协调发展，促进区域协调发展成为实现全面建成小康社会的重要内容。在我国，县域是城乡结合体，上接大中城市，下连广大农村，是统筹城乡发展和促进区域发展的落脚点。统筹城乡发展，促进区域发展，都离不开县域经济社会的发展，更离不开县域社会治理能力的提升。可以说，提升县域治理能力将直接关系到全面建成小康社会目标的如期实现。

发展壮大县域经济是实现县域社会治理的重要保障，也是全面建成小康社会的重要抓手。舒城县将“十三五”时期视为加速崛起、进位赶超、全面建成小康社会的攻坚时期，紧紧抓住全国政协机关、省政协机关扶贫联系点，以及“一带一路”、大别山革命老区振兴、长江经济带、合肥经济圈和六安茶谷建设机遇，按照“服务合肥、发展舒城、等位对接、全面推进”的战略定位，坚持“大目标、大提升、大项目、大转变”的总体思路，坚持“金三角”和“绿三角”的发展布局，以项目工作为抓手，以“调转促”为路径，以打造“四个舒城”为根本保障，大力实施绿色发展、工业强县两大战略，着力推动县域经济社会的发展，确保2020年实现全面建成小康社会的目标。

（三）县域社会治理能力提升是打好扶贫攻坚战确保脱贫任务如期完成的重要保障

十九大报告指出，要坚决打赢脱贫攻坚战，让贫困人口和贫困地区同全国一道进入全面小康社会是我们党的庄严承诺，确保到2020年我国现行标准下农村贫困人口实现脱贫，贫困县全部摘帽，解决区域性整体贫困，做到脱真贫、真脱贫。打好扶贫攻坚战，确保脱贫任务全面完成，是一项政治任务。要坚持精准扶贫、精准脱贫，强化党政一把手负总责的责任制，坚持大扶贫格局，注重扶贫同扶志、扶智相结合。新时代，脱贫攻坚的政治任务对各级政府特别是县域政府提出了新要求，县域政府必须加强社会治理创新，提升社会治理能力，坚持精准扶贫机制，坚决打好脱贫攻坚战，确保全面完成脱贫任务。

舒城县作为集山区、库区、老区、贫困地区和巢湖生态屏障及水源保护区于一体的县份，是国家级贫困县，脱贫攻坚任务依旧十分繁重。近年来，舒城县充分发挥区域优势，加大社会治理创新力度，着力推动贫困人口脱贫，确保早日完成扶贫攻击的目标。抢抓全国政协机关、省政协机关扶贫联系舒城的重大机遇，紧紧围绕“人脱贫、村出列、县摘帽”目标，把精准扶贫、精准脱贫作为基本方略，坚持扶贫开发与经济社会发展相互促进，坚持精准扶贫与社会保障有效衔接，坚持扶贫开发与生态保护并重，充分发挥政治优势和制度优势，动员各方力量，举全县全社会之力，为坚决打赢脱贫攻坚战开好局、起好步。实施“一村一品”助力江淮乡村精准脱贫，通过发展水稻、茶叶、蔬菜、油茶、畜禽、水产、休闲旅游、光伏等8个扶贫主导产业，帮助贫困人口真正实现脱贫。2017年，经安徽省第三方监测评估，舒城县全年实际脱贫7411户20410人，出列62个贫困村，脱贫攻坚工作取得了阶段性成效，为全县打赢脱贫攻坚战，如期实现“人脱贫、村出列、县摘帽”目标打下了坚实基础①。

因此，从某种意义上可以说，加强县域社会治理能力建设成为推进国家治理体系与治理能力现代化的基础性环节和重心所在，是促进县域经济社会持续健康发展的重要保证。尤其在全面深化改革时期，国家行政管理重心下移，新型城镇化进程加速推进，县域社会治理在国民经济发展、在国家和社会治理中的地位越来越重要，县域社会治理的良善与和谐事关人民民生福祉，事关基层和谐稳定，事关国家长治久安。

---

① 参见2017年舒城县扶贫工作总结报告。

二　舒城县社会治理的有力举措与积极成效

舒城县位于安徽省中部，大别山东北麓、江淮之间，是合肥近邻，长三角纵深腹地，合肥经济圈重要组成部分，省会辐射西南的联接带，历来就有“五省要冲，七省通衢，江淮腹地，皖中咽喉”之称。全县人口103万，总面积2100平方千米，现辖21个乡镇，1个省级经济开发区和1个省级旅游度假区，394个行政村，31个社区。舒城县资源丰富，气候宜人，以油茶、板栗为代表的农副产品享誉在外，并拥有万佛湖、万佛山、汤池温泉等绿色旅游资源，享有“安徽的北戴河、合肥的后花园”之美誉，先后荣获全国城乡交通运输一体化创建示范县、全国“四好农村路”示范县、全国义务教育发展基本均衡县、全国计划生育优质服务先进县、全国群众体育先进县、国家电子商务进农村综合示范县、全省平安县、全省文明县城、全省计划生育目标管理先进县、全省美丽乡村建设先进县、全省人民防空先进县等荣誉称号①。

（一）社会治理的新认识与新举措

1. 县委县政府高度重视与积极谋划

社会治理是一项系统工程，涉及民生保障、社会稳定、公平正义等诸多方面的内容，特别是在县域范围内的社会治理工作，内容十分繁难，关系更为复杂，因而县委县政府的高度重视和积极推动是推进县域社会治理工作的重要保证。为加快推进县域治理工作，舒城县委县政府能够系统谋划，扎实推进社会治理工作。一是思想上高度重视。顺应时代发展要求，切实转变社会管理理念，积极推动和创新社会治理工作，不断推进社会治理体制机制建设。二是强化制度建设。建立网上受理信访制度，健全就地依法解决群众合理诉求机制。完善政府工作人员学法用法制度，提升政府工作人员依法行政的能力和水平。深入开展矛盾纠纷排查调处工作，推动

① 参见2018年舒城县政府工作报告。

人民调解、行政调解、司法调解衔接联动。三是积极谋划社会治理工作。深入贯彻创新社会治理工作的各项要求，因地制宜，准确把握新形势下社会治理面临的新情况、新问题、新任务和新挑战，转变理念，创新思路，完善机制，认真谋划社会治理各项工作，着力推进社会治理创新，不断提升社会治理水平。

2. 强化组织领导与注重规划实施

为切实加强对社会治理工作的组织领导，舒城县按照“属地管理”和“谁主管谁负责”的基本原则，构建党委领导、政府主导、综治协调、各部门齐抓共管、社会力量积极参与的社会治理工作体制机制，不断强化对社会治理工作的组织领导。同时，舒城县始终坚持规划引领，并注重规划实施。编制“十三五”发展总体规划，在城市建设与管理、交通及农村道路建设、土地利用和土地整治、农业发展等国民经济与社会发展等诸多领域加强规划，推动组织实施。突出规划引领，坚持整体有序、联动开发，加快东部新城、南溪新区、政务文化新区建设。完成地下空间、商业网点、综合防灾和公共服务设施专项规划的编制工作，谋划实施了一大批打基础、管长远的重大基础设施项目，为城市经济社会的长远发展编制了宏伟的蓝图。2013年启动实施的16项重点工程，经过三年多的持续推进，已累计完成政府性投资158亿元，全长127千米的三条国省干道全面升级改造，建成全长31.28千米的县城外环，形成“一环五射”的交通大格局，为全县实现全面建成小康社会和全面脱贫奠定了坚实的基础。

3. 增加投入与发挥各方力量治理

我国著名学者李培林指出，“社会治理”相较于“社会管理”，更突出地强调“鼓励和支持各方面的参与”，强调更好地发挥社会力量的作用，而不是政府的管控。可以说，各方面的有序参与是实现社会善治的重要保障。舒城县积极推进社会治理创新力度，在加大政府投入的基础上，充分发挥市场化机制的重要作用，努力构建政府引导、社会各方有序参与的社会共同治理局面。如投资近亿元，每年财政补贴2800万元，推行“财政兜底、一元普惠、城乡一体”的民生公交模式，为居民出行提供极大的便利，获得国家交通部门的肯定和推广。同时，在养老、医疗卫生、教育等方面不断加大投入力度，切实保障居民的基本生活权益。总投资4.7亿元、1000张床位的县医院新区投入使用，公共卫生、医疗服务体系进一步完善，“看病难、看病贵”得到有效缓解。完善多元共治的食品药品安全、特种设备安全、产品质量安全监管体系，持续打假治劣，维护公平竞争市场秩序。健全完善安全生产责任体系，严格落实“党政同责、一岗双责、齐抓共管”要求，突出企业主体责任，切实抓好重点行业和领域的安全生产监管，坚决遏制重特大安全事故发生，确保社会安定有序、人民安居乐业。

（二）社会治理的新进展与新成效

近年来，特别是党的十八大以来，舒城县着力推进社会治理各项工作，实现了经济持续健康发展和各项社会事业的有效提升，切实增进了民生福祉，维护了社会和谐稳定。

1. 经济持续健康发展

社会治理有序能够推进县域经济的持续健康发展。舒城县正是在推进县域社会治理的同时，实现了县域经济的持续健康发展。统计数据显示（见下表），舒城县地区生产总值从2011年的113亿元增加到2016年的172亿元，年均增长9%；规模以上工业增加值从35亿元增加到52亿元，年均增长13%；固定资产投资从53亿元增加到157亿元，年均增长24.5%；财政收入从8亿元增加到16.6亿元，年均增长15.6%[①]。

舒城县“十二五”时期经济与社会发展主要指标完成情况[②]

	2010	2015	增速
地区生产总值（亿元）	93	160	9.7%
三次产业比	25.2：36.3：38.5	20：45：35	—
固定资产投资（亿元）	40.1	130	26.1%
财政收入（亿元）	5.8	15	20.9%

① 参见2017年舒城县政府工作报告。

② 根据2016年舒城县年鉴中相关统计报表整理。

续　表

	2010	2015	增速
规模以上工业增加值（亿元）	21.7	50.6	15.9%
市区常住人口（万人）	17.0	20.2	3.5%
常住人口城镇化率	36%	42.5%	—
城镇居民人均可支配收入（元）	—	21380	—
农民人均可支配收入（元）	4819	9290	—
城镇登记失业率	<4%	<4%	—
城镇基本养老、医疗和失业保险覆盖率	>95%	>99%	—
新型农村合作医疗参保率	>95%	>99%	—

2. 民生工程和社会事业扎实推进

坚持以人民为中心，把人民对美好生活的向往作为奋斗目标。舒城县始终加大民生投入，推进各项社会事业发展，扎实做好民生保障工作，满足人民对美好生活的向往。2017年，舒城县集中力量加强普惠性、基础性、兜底性民生建设，全年财政民生支出36亿元。五保、低保和社会救助制度不断完善，覆盖城乡居民的社会保障体系基本建立。加强医疗、医保、医药“三医”联动，推进分级诊疗制度实施和家庭医生签约服务。文化惠民工程提质升级，新建县级农民文化乐园9个、乡镇全民健身广场2个，更新村级农民体育健身工程80处，完成3.41万户直播卫星户户通和全省农村应急广播建设试点任务，老年活动中心、综合档案馆基本竣工，县规划展览馆向公众开放。建设安置房122.7万平方米，分配安置房1800套；改造老旧小区10万平方米，居民的住房得到有效改善。成功通过国家卫生县城复核，总投资4.7亿元、1000张床位的县医院新区投入使用，公共卫生、医疗服务体系进一步完善，“看病难、看病贵”得到有效缓解。脱贫攻坚力度不断加大，坚持精准扶贫精准脱贫方略，扶贫对象识别、政策体系和帮扶措施更加精准，脱贫攻坚成效明显，全年脱贫2.04万人，出列贫困村62个①。

3. 社会治理工作成效显著

舒城县结合社会管理工作面临的新形势新任务新要求，把加强和创新社会管理作为构建和谐舒城的主要抓手，坚持整体推进、重点突破，切实加强重点行业领域的隐患排查治理和专项整治，认真落实社会管理综合治理工作各项措施，有效推动社会管理工作持续深入开展。坚持领导开门接访、带案下访制度，着力解决群众合理诉求。深入推进信访制度改革，按照“三个不欠”（不欠经济账、不欠政策帐、不欠法律帐）的原则，着力打造“阳光信访”“责任信访”“法治信访”。积极推进110社会化服务体系建设，加强社会治安防控，建成治安监控点640个，立体化、数字化社会治安防控体系不断健全，人民群众安全感持续提升②；健全稳定风险防控体系和公共安全治理体系，形成点线面、网上网下、人防技防物防相结合的稳定风险防控和妨害公共安全依法打击机制，严厉打击各类违法犯罪行为，人民群众安全感和满意度不断提高。

三　舒城县社会治理的主要经验

（一）积极探索公共服务民营化改革

伴随着城镇化进程的日益加快，以及县域经济持续快速发展和人民生活水平逐步提高，人民对基本公共服务的需求呈上升趋势。为此，舒城县加大创新力度，率先探索推进公共服务民营化改革，建立新的公共服务运行机制和管理体制，加大公共服务的有效供给。如早在2004年就启动实施的舒城县干汊河镇在小城镇公益事业方面采取特许权拍卖、合同承包、竞争招标、政府补助等方式，先后在自来水厂建设与运营、集镇卫生保洁、幼儿园和小学建设与运营等项目上进行的民营化探索，取得了较好的绩

① 参见2018年舒城县政府工作报告。

② 参见2017年舒城县政府工作报告。

效[1]。这一创新举措曾获得2004年“中国地方政府创新奖”。同时，舒城县在道路建设与运营、乡镇自来水改造、教育等项目建设上积极推进公共服务的民营化改革，取得了诸多成功的经验。

推进公共服务民营化改革，是政府职能转变的重要内容和县域社会治理的迫切需要，不仅大大降低了运营成本，提升了运营效率，而且能够有效地改善公共服务的质量和水平，更迎合当前政府购买服务的新趋势和新要求。同时，民营化改革能够促使基层政府更新社会治理理念，加快政府职能转变，推动地方政府创新社会治理体制机制，变被动管理为主动治理，以民众的需求为出发点，以群众的满意度为标准，提供各类优质高效的公共服务，尽可能地满足群众的公共服务需求，真正做到“想群众之所想，急群众之所急”。

（二）加强综治维稳制度建设

信访维稳是基层政府的中心工作之一，加强综治信访维稳机制建设是加强社会治理创新的重要举措。舒城县高度重视信访维稳制度建设，不断探索和强化基层信访维稳工作的有效路径，切实做好信访维稳各项工作。一是建立领导接访制度。坚持领导干部开门接访、带案下访、包案处访，定期接待信访对象，及时有效解决信访对象反映的各类合理诉求。二是建立重大信访案件和群体性突发事件应急预警和有效处置机制，充分发挥县信访联席会议制度的优势，及时有效地应对和处置各类应急突发事件，做到早发现、早报告、早控制、早解决，切实防范和有效化解各类重大信访案件和群体性突发事件，维护区域和谐稳定。三是推进信访工作规范化建设。畅通居民利益表达机制，引导信访对象合理反映诉求，合法上访，同时，坚持“预防为主、调防结合”的工作方针，建立健全社会矛盾纠纷多元化解决机制，充分发挥人民调解在维护社会稳定、构建和谐社会中的“第一道防线”作用，积极深入开展矛盾纠纷预防、排查、调处工作，防止矛盾纠纷激化，为建设“法治舒城、平安舒城”做出积极的贡献。舒城县

---

① 唐亚林.小城镇公益事业民营化——对安徽省舒城县干汊河镇的调研报告[J].学术界，2004(4)：182-190.

已建立人民调解委员会459个，成立了交通事故、医疗纠纷、环境保护等11个行业性和专业性人民调解委员会，全县现有人民调解员2178人，调解信息员2409人[①]。

（三）强化基层组织建设

社区（村）是县域社会治理的基石，建立起一个有效的社区（村）治理体制，对实现县域社会治理乃至整个社会治理具有基础性的作用。十九大报告指出，应加强社区治理体系建设，推动社会治理重心向基层下移，发挥社会组织作用，实现政府治理和社会调节、居民自治良性互动。舒城县充分发挥社会组织作用，按照“狠抓重点、典型示范、争创特色、整体推进”的要求，积极推进社区组织建设，实现县域政府治理和社会调节、居民自治良性互动。一是推进村级集体经济发展。因地制宜，通过盘活存量资产、土地经营、探索“一村一品”等多种形式，探索集体经济发展的新亮点。同时，发挥区域优势，着力推进“茶油、板栗”农副产品发展，对具有一定规模的特色产品经济区域，兴建农贸市场、专业市场，开辟村级集体的收入来源，不断壮大村级集体经济的规模。二是抓好村（社区）干部队伍建设，增强基层组织能力建设。严格选拔程序和标准，择优配强基层组织领导班子，村（社区）组织领导班子队伍结构得以明显优化，组织选拔优秀村党组织书记挂任乡镇党委委员，进一步做好大学生村官选拔配备工作，提升村（社区）组织的社会治理能力。在汤池、河棚等乡镇试点建设“一平台两中心”工作，创建基层服务型党组织示范点56个。三是加大村（社区）干部队伍的培训力度，提升干部的素质。充分发挥县委党校干部教育培训的平台作用，综合运用远程教育站点和共产党员微信易信平台，加大对村（社区）干部的教育培训力度，切实增强干部的教育培训效果，提升干部的综合素质和治理能力。

---

① 我县人民调解工作成效显著[EB/OL].[2018-02-01].http://fzxc.shucheng.gov.cn/DocHtml/1711/18/02/00188762.html.

（四）始终注重民生改善

我国社会主要矛盾已经转化为人民日益增长的美好生活需要和不平衡不充分的发展之间的矛盾。政府要完善公共服务体系，保障群众基本生活，不断满足人民日益增长的美好生活需要，促进社会公平正义，形成有效的社会治理、良好的社会秩序，使人民获得感、幸福感、安全感更加充实、更有保障、更可持续。舒城县始终坚持保基本、兜底线，统筹安排好民生保障工作。完善民生投入激励约束和绩效评估机制，强化民生项目资金跟踪问效，扩大惠泽民生的效益。进一步完善社会保障体系，扩大社会保障的覆盖面，实现城乡居民养老保险和居民医疗保险制度的全覆盖，不断扩大城乡最低生活保障制度的覆盖面，实现应保尽保。积极推进以居家为基础、社区为依托、机构为支撑的社会养老服务体系，实现老有所养。深化教育领域改革，着力提升教育水平、学前教育保教水平，推进民办教育和学前教育规范化以及普通高中教育优质化建设。完善医疗卫生服务体系，加强县城医疗服务能力建设，推进医药卫生体制改革，推行分级诊疗，减轻群众就医负担。加大就业保障力度，寻求以创业带动就业的路径，切实帮助就业困难人员解决就业问题。

（五）坚持城乡协调发展

舒城县坚持城乡协调发展，着力推进城乡一体化发展规划，探索推进“多规合一”，将规划建设管理“六项行动”向乡镇延伸。2017年，继续实施小集镇建设“六个一”工程，扎实推进美丽乡村建设，完成了7个乡镇驻地建成区、14个省级中心村和5个自主建设中心村建设任务，建成茶谷小镇1个，茶谷小站8个，茶谷小院73个①。深入开展县城规划建设管理提升行动，推进县城道路建设、污水和垃圾处理、园林绿化和水环境治理，加快棚户区、老旧住宅小区改造，完善基础社会建设，不断改善人居环境。加大各类旅游资源开发，全面完成新四军四支队旧址改造升级和毛主席视

① 参见2018年舒城县政府工作报告。

察舒茶纪念馆景区提升工程。万佛湖成功申报国家5A景区，全年接待游客410万人次，实现旅游总收入21亿元。继续推进村村通道路拓宽改造工程，启动撤并村村通水泥路工程，有序推进县乡公路畅通工程。深入实施城乡环境治理工作，持续推进城乡环卫一体化，启动农村生活垃圾三年专项治理行动，打造一批生态宜居、乡风文明的美丽乡村，完成27个行政村农村环境综合整治任务。进一步集成优化客运站场功能和布局，新开通镇村新能源公交线路11条，进一步巩固城乡公交一体化成果。

四　进一步提升县域社会治理能力的建议思考

十九大报告指出，“加强社会治理制度建设，完善党委领导、政府负责、社会协同、公众参与、法治保障的社会治理体制，提高社会治理社会化、法治化、智能化、专业化水平。加强和创新社会治理，提高保障和改善民生水平，打造共建共治共享的社会治理格局。加强农村基层基础工作，健全自治、法治、德治相结合的乡村治理体系”。这对推进县域社会治理，提升县域治理能力提出了要求，也提供了根本遵循。

新时代推进县域社会治理，要以习近平新时代中国特色社会主义思想为指导，加强顶层设计，整体推进社会治理工作。同时，应结合县域特点，采取政府主导，社会、民众广泛参与的方式，发挥市场化优势，运用信息化技术和法治化手段，着力构建“网格化管理、社会化服务、信息化支撑、民意化考评”的“四位一体”社会治理体系，不断增强县域社会治理能力和水平，实现县域经济繁荣、生活幸福、社会和谐、长治久安。

（一）加强顶层设计

县域社会治理是一项日常性的系统工程，涉及公共服务和社会管理等多方面内容。这项工程只有开头，没有结尾，需要把科学的顶层设计和精细的规划实施、严格的执行程序、有效的绩效管理、应对新挑战的治理创新密切结合起来[①]，对社会治理工作进行系统性、完整性、全方位的统筹考

① 张继良.推进基层治理的十个理论问题[N].中国社会科学报，2016-02-18.

虑和部署安排，完善党委领导、政府负责下的多元主体协同社会治理体制。县域社会治理的目标是实现县域的“善治”。“善治”是治理所追求的理想状态，是“公共利益最大化的管理过程”，其本质特征在于它是政府与公民对公共生活的合作管理，是政治国家与公民社会的一种新颖关系，是两者的最佳状态①。新时代要实现县域社会治理的“善治”，就要在对县域社会治理体系和治理能力现状调查研究的基础上，深入研究当前社会治理存在的突出问题，分析问题存在的症结所在，并结合县域经济社会发展实际，提出县域社会治理体系和治理能力现代化的指导思想、总体要求、总体思路、目标原则、重点领域、行动计划等，并提出相关对策和建议。通过明确且具有指令性的顶层设计，将县域社会治理体制机制改革推上一个新的台阶，形成社会治理创新的强大动力，推动县域社会治理工作扎实有效地开展。同时，要创新体制机制，以体制创新推进治理创新，不断提升县域社会治理的能力和水平。

（二）发挥市场化优势

伴随着城镇化进程的日益加快，城镇与乡村之间的融合关系不断增进，县域的范围和构成也发生了重大变化，这对县域社会治理提出了新的要求。作为县域政府，在推进社会治理过程中，必须顺应时代发展的新要求和人民群众的新期盼，进一步调整和优化政府职能，在加强宏观管理的同时，充分运用和发挥市场化优势，提升社会治理的能力和水平。

一是进一步建立健全政府购买服务的体制机制。要在准确把握公众需求的基础上，全面梳理并主动提出购买服务的内容和事项，精心研究制定指导性目录，明确购买的服务种类、性质和内容。对于政府新增的或临时性、阶段性的公共服务事项，凡适合社会力量承担的，原则上都按照政府购买服务的方式进行。要确保政府全面正确履行职能，防止“卸包袱”，将应当由政府直接提供、不适合社会力量承担的公共服务事项推向市场。

二是推动各类社会组织的培育和发展，打造共建共治共享的社会治理

① 俞可平.敬畏民意:中国的民主治理与政治改革[M].北京:中央编译出版社,2012.

格局。随着政府从“大包大揽”向“购买服务”转型，社会组织参与公共服务供给的情况越来越普遍，但目前服务能力强的社会组织不多。以安徽省为例，目前有社会组织22356个，仅有不到28%的社会组织通过定向委托、项目资助等方式承接了政府转移的公共服务事项。社会组织承接政府职能转移的能力还有待进一步提升。因此，要完善政策措施，加大对社会组织的培育和支持力度，增强社会组织的承接能力，推动社会组织承接政府转移的公共服务事项。

三是加大社会治理专业人才的培养。总结西方发达国家的社会管理实践，不难发现，其社会管理之所以能够取得成功离不开规模宏大、结构合理和素质优良的社会工作人才队伍作为支撑①。因此，新时代推进县域社会治理，应该重视社会治理专业人才队伍建设，通过内部培训、公开招募等多种形式，不断充实和壮大社会治理人才队伍，提高县域社会治理社会化、专业化水平。

（三）建立信息化平台

互联网已成为人们日常生活中的重要构成，并已深入到社会各个领域。在推进县域社会治理过程中应充分发挥互联网的优势，创新社会治理方式，提高县域社会治理的智能化水平，推行“互联网+社会治理”，持续做好“互联网+政务服务”工作。“互联网+政府服务”是大力推进放管服行政管理体制改革的核心内容，是系统性很强的惠民工程，是建设现代政府和服务型政府的有力抓手，也是推进国家治理体系和治理能力现代化的重要举措。2016年，国务院出台了《关于加快推进“互联网+政务服务”工作的指导意见》（以下简称《意见》），充分反映了“互联网+”在政务管理服务中的治理效应和服务效能，标志着“互联网+政务服务”再次上升到国家战略，使得“互联网+政务服务”在群众心目中的画像更加清晰，随着改革政策的不断落地，通过“互联网+”提升公众的获得感也将更加丰满。但总体来说，与人民群众日益增长的公共服务需求相比，政府服务还存在质量

① 张云英，周峥艳.社会管理视野中社会工作人才队伍建设的十大瓶颈[J].社会工作，2011(7)：35－38.

效率不高、规模不足和发展不平衡等问题，迫切需要进一步优化公共服务职能，创新公共服务供给模式，有效动员社会力量，构建多层次、多方式的公共服务供给体系，提供更加方便、快捷、优质、高效的公共服务。《意见》提出构建政府、公众、企业共同参与，优势互补的政务服务格局。提出建立公众参与机制，鼓励引导群众分享办事经验，开展满意度评价，提出引入社会力量，积极利用第三方平台，开展预约查询、证照寄送，以及在线支付等服务，依法有序开放网上政务服务资源和数据，鼓励公众、企业和社会机构开发利用，提供多样化、创新性的便民服务。引导市场主体行为，引入社会力量，推广政府购买服务、政企合作等新模式，合理开放利用数据资源。

（四）运用法治化手段

社会治理离不开法治的保障。法律是全社会共同遵循的行为准则，是协调不同利益矛盾的最佳调节器，是维护人民合法权益，实现社会公平正义的有力保障。推进社会治理法治化，是加强和创新社会治理，提升社会治理科学化水平，建设中国特色社会主义社会治理体系的必然要求，更是推行依法行政和法治政府建设的迫切需要。一是要加强政府自身法治化建设，推行依法行政。要推动和完善政府工作人员学法用法制度，努力营造办事依法、遇事找法、解决问题用法、化解矛盾靠法的法治环境。积极推行政府法律顾问制度，加强行政复议工作，切实做好行政应诉。认真落实行政执法责任制，规范执法行为，坚决打击违法行政行为，纠正不当行政行为。二是要加强法治宣传教育，增强民众的法治意识和法治观念。鉴于县域群众法治观念相对薄弱，在县域社会治理中，必须切实加快法治建设，大力弘扬社会主义法制精神，加大基层群众法治观念宣传力度，提升全民法律意识和法治观念，推动民众运用法治方式合理反映诉求。

历史是过去的现实，现实是未来的历史。提升县域社会治理能力，推进县域社会治理现代化是一场只有进行时没有完成时的伟大变革。新时代新常态下，我们要以习近平新时代中国特色社会主义思想为指引，深入贯彻落实习近平总书记治国理政的新理念、新思想、新战略，以“五位一体”

总体布局和“四个全面”战略布局为统领，牢固树立和贯彻落实新发展理念，适应把握引领经济发展新常态，充分发挥政府的主导作用，着力调动社会组织、人民群众等各方面力量，狠抓执行力、强化公信力、提升发展力，提升县域社会治理水平，不断满足人民群众日益增长的美好生活需要。

用精准思维提升县域扶贫能力

——以金寨县为例

李　芮　　严　宏①

摘　要： 精准思维思想是精准扶贫的重要指针和根本方法。精准思维包括精准调查、精准分析、精准决策和精准操作。在精准扶贫过程中，金寨县以精准思维为指导，通过建档立卡、建立扶贫大数据平台、结对帮扶等措施助力贫困户按期脱贫，取得了积极成效。进一步做好县域扶贫工作，不仅要发挥基层民主对贫困户的识别作用，还要因地制宜探索脱贫方法，做好贫困户出列管理和加强扶贫队伍建设。

关键词： 精准思维　精准扶贫　县域扶贫　扶贫能力

党的十九大报告指出，我国社会主要矛盾已经转化为人民日益增长的美好生活需要和不平衡不充分的发展之间的矛盾。社会主要矛盾的转变标志着中国特色社会主义进入新时代。发展的不平衡会制约经济社会的平稳发展，缩小贫富差距、协调地区发展的任务迫在眉睫。精准扶贫是进入全面建成小康社会新阶段新时期，党和国家实现农民脱贫致富、实现全体人民共同富裕这一重大战略任务的具体要求。从中央到地方的各级党组织和政府都在积极探索实践精准扶贫的指导思想、工作机制和工作方法，精准

---

① 李芮：安徽师范大学法学院政治学专业2015级硕士研究生。严宏：博士，安徽师范大学法学院副院长，硕士生导师，安徽师范大学法治中国建设研究院研究员。

扶贫政策已经成为我国扶贫开发战略的重要组成部分。当前我国贫困现象主要发生在县域领域，县域扶贫是扶贫工作的重心，关乎整个扶贫工作的成败。用精准思维指导县域扶贫，是理论和实践的统一，有利于扶贫工作的精细化和扶贫能力的提升。本文以安徽省金寨县为例对此问题加以阐释。

一　精准思维是精准扶贫的重要指针和根本方法

“天下大事必作于细，古往今来必成于实”，2014年5月9日习近平在指导兰考县委常委班子专题民主生活会时特别强调：“要从细节处着手，养成习惯。如果对工作、对事业仅仅满足于一般化、满足于过得去，大呼隆抓，眉毛胡子一把抓，那么问题就会被掩盖。”这是中央提出关于精准思维的雏形。

精准思维强调精确准确、具体扎实、注重实效，把精准思维贯穿于想问题、做决策、办事情之中。当前，干部群众特别是基层群众反映的问题都很具体，不能以原则应对具体，要一一回应，具体解决。习近平总书记十分重视科学的思维方法和工作方法，并强调要自觉把科学的思维方法和工作方法运用到实际工作中去，“精准思维是一种非常务实的思维方式，它强调具体和准确，要求动作精准到位、在一个个具体的点上解决问题，排斥大而化之、笼而统之地抓工作。现实矛盾都是由一系列具体问题累积起来的，化解矛盾、推进工作必须养成精准思维，从一个个具体问题入手，积小胜为大胜。没有解决问题的具体办法，只会‘高屋建瓴’地提原则性的要求和空洞的口号，不仅什么问题也不能解决，而且还败坏了实事求是、求真务实的优良党风。尤其是当前各种问题和矛盾错综交织，更需要有精准思维，科学高效地解决问题”。

精准思维不仅仅是一种思维模式，还包括思维方法和工作方法两个方面，是理论与实践、思维和行为的统一。在县域扶贫工作中，“精准扶贫，不能用平均数掩盖大多数”“要建立精准扶贫工作机制，扶贫要扶到点上、扶到根上，扶贫扶到家”，习近平总书记的这些论述对扶贫开发工作的开展有很重要的指导意义，精准扶贫可以说是精准思维在实际工作中的应用，精准扶贫要求“真扶贫、扶真贫”，严厉打击形式主义作风、做表面文章、不讲实效，在县域脱贫工作中针对造成贫困的不同原因采用不同的脱贫对策，具体问题具体分析，只有精准了解每家每户的实际情况才能精准帮扶，进而精准脱贫。

精准思维作为一种科学的思维方法，要求我们在解决问题之前，必须细致、全面地了解问题、分析问题。了解问题具体出在哪里，分析造成问题的原因，才能有针对性地提出解决问题的办法，并在此指导下切实有效地把问题解决，具体来说就是精准调查、精准分析、精准决策和精准操作。精准思维作为一种科学的思维方法，体现在精准调查、精准分析、精准决策和精准操作上，把理论和实践相结合，在实践中发现问题、分析问题，结合当地的实际情况从实践中得出解决问题的办法。

首先，精准调查。“知己知彼，才能百战不殆”，精准调查是精准分析、精准决策和精准操作的基础。“要下功夫查找突出问题和主要困难，下功夫发现基层的有益探索，下功夫了解党内外对改革的各种意见和建议，下功夫了解群众的所思所想所盼”[①]。做到这四个“下功夫”才能准确、细致地调查问题，全面、具体地掌握信息，才能得出正确结论，在后续工作中游刃有余地分析问题、解决问题。对象要精准，调查的问题也要精准。在实地调查前明确调查目标，确定具有典型性的调查地点，制订调查计划，并在调查过程中留心观察，以问题为中心，精准调查。

其次，精准分析。精准分析是在精准调查的基础上进行的准确分析，把握问题的实质，为后续的精准决策提供理论依据。通常一般性结论放在哪里都适用，没有针对性。精准思维就是要求用具体代替一般，把问题的特殊性找出来，再有针对性地分析问题，找出对策。习近平总书记曾指出：“推进工作要坚持问题导向，同时要注意问题都是很具体的，要坚持具体问题具体分析、具体问题具体解决，不能以原则应对具体。全面深化改革要啃硬骨头、涉险滩，分析问题不能停留在一般概念上，‘硬骨头’有哪些，‘险滩’在哪里，都要具体分析。把需要攻坚克难的硬骨头找出来，把需要

① 李志昌.精准思维方法的科学内涵和基本要求——学习习近平总书记关于精准思维方法的论述[J].清江论坛，2015(3)：16-20.

闯的难关、需要蹚的险滩标出来，加强对跨区域跨部门重大改革事项协调，一鼓作气、势如破竹地把改革难点攻克下来。”精准分析是我党具体问题具体分析优良作风的体现，要求基层党组织和基层政府透过现象看本质，结合不同地方的实际情况，抓住矛盾根源，从根本上精准分析问题。

再次，精准决策。精准决策是在精准调查和精准分析的基础上，结合实际情况制定解决问题的具体措施办法。精准决策必须是能够切实有效、有针对性、能够真正解决问题的办法对策，而不是“假、大、空”的指导原则。决策要做到“精准把脉、精准制导”，把握关键，深度发力。不能空谈原则要求，忽视具体措施，从大政方针到具体步骤、从相关规定到实施细则、从决策制定到实际运转都必须在决策中详细体现，决策者必须结合当地的实际情况，从客观规律出发，准确预见可能遇到的问题并制定具有前瞻性的应对办法，决策思路清晰、方案具体，为后续的精准操作提供具体的路线指导。

最后，精准操作。这是精准思维落实到工作中的重中之重，如果精准操作不到位，前面的精准调查、精准分析、精准决策都会变成一纸空文，流于形式。精准操作是精准思维的具体体现。在进行实际操作之前，必须对决策本身和决策的实施对象有精准把握，准确理解决策，严格执行决策。在决策实施过程中，也要坚持精准思维，严格执行决策，不能“选择性执行决策”，要坚持以人民群众的利益为先，不能因为一己私利导致决策执行不彻底、不全面。要坚持高标准、严要求，严格按照决策制定的目标完成任务，政策执行要切实有效，执行时要关注群众反馈，及时调整政策。

十九大报告指出：决胜全面建成小康社会，开启全面建设社会主义现代化国家新征程，必须要打赢脱贫攻坚战。让贫困人口和贫困地区同全国一道进入全面小康社会是我们党的庄严承诺。要动员全党全国全社会力量，坚持精准扶贫、精准脱贫，……注重扶贫同扶志、扶智相结合，深入实施东西部扶贫协作，重点攻克深度贫困地区脱贫任务，确保到二〇二〇年我国现行标准下农村贫困人口实现脱贫，贫困县全部摘帽，解决区域性整体贫困，做到脱真贫、真脱贫。

二 金寨县精准扶贫工作成效与积极成果

金寨县地处大别山腹地，是国家级首批重点贫困县，2011年被确定为大别山片区扶贫攻坚重点县。2016年4月25日，习近平在安徽省金寨县大湾村视察时对乡亲们说:“在地方工作时，我一直抓老区建设，同老区很有感情。全面建成小康社会，一个不能少，特别是不能忘了老区。无论是革命战争年代还是改革开放新时期，老区人民为党和国家作出了巨大贡献。老区人民对党无限忠诚、无比热爱。老区精神积淀着红色基因。在今天奔小康的路上，老区人民同样展现出了强烈的奉献奋斗精神。经过数十年发展，老区建设取得了很大成绩。但是，放在全国范围内横向比较还有不小差距。党中央高度重视老少边穷地区尤其是集中连片贫困地区的扶贫工作，要通过实施精准扶贫，确保2020年实现全面建成小康社会目标是过硬的。”在中央“打赢脱贫攻坚战”的号召下，金寨县党委、县政府积极带领老区人民攻坚克难，在党和国家领导下开展扶贫开发工作。

1.“建档立卡”助力精准调查

由于造成贫困的原因各有不同，为了对症下药，必须在扶贫之前切实了解致贫的主要原因，抓住“主要矛盾”，才能又快又准地解决问题。金寨县动员基层党组织内所有党员同志、县政府公务员、各乡镇公务员、扶贫志愿者等挨家挨户走访，与群众面对面交流并做详细记录以方便“建档立卡”工作的开展。做好现阶段贫困人口建档立卡动态管理工作是贯彻落实中央、省扶贫开发建档立卡工作会议精神的重要举措，是科学准确把握贫困人口动态管理的必由之路，是创新精准扶贫工作机制的基础性工作。各乡镇人民政府要高度重视，紧抓工作落实。2014年5月，金寨县召开扶贫开发建档立卡工作会议，会议要求各乡镇要做到宣传动员、责任落实、操作程序、信访处置、扶持政策“五个到位”，在实际工作中把好关键步骤，积极稳妥地推进我县贫困人口建档立卡工作。要肩负紧迫感，把握时间节点，有序开展各阶段工作。要确保任务落实到位无偏差，政策执行到位不走样。要抽调精干力量，组织专题培训。要严格审查对象，严格执行标准，公开操作程序，按时保质完成此项工作。根据《金寨县扶贫开发建档立卡工作实施方案》（金扶〔2014〕5号）的要求，金寨贫困村建档立卡的规范程序为：行政村自愿申请、乡镇审核公示、县扶贫开发领导小组审定公告。贫困户建档立卡规范程序为：农户申请、村民组评议、村民代表大会评议、村委会核实后第一次公示、乡镇人民政府审核后第二次公示、县扶贫部门公告。

2.“大数据平台”助力精准分析

经过精准调查和建档立卡将贫困户的准确信息掌握之后，2016年5月，金寨县党委、县政府安排扶贫移民局牵头开发了金寨“扶贫大数据平台”，携手中国移动公司，聘请中兴通迅集团安徽省分公司工程师为金寨县量身设计制作了精准脱贫大数据系统，将“互联网+”引入扶贫工作，设有精准识别、精准帮扶、精准脱贫、精准监管、大数据分析五大模块，将全县8.43万建档立卡贫困户信息全部录入系统。同时全县16个部门就项目、资金监管以及统计、查询、录入端口等问题与系统工程师进行全面对接，充分吸收方方面面的意见、建议和相关数据，建成后的大数据平台内容翔实、全面、动态、可维护、可分析，还开通了干部帮扶手机App，通过大数据二维码将干部包帮贫困户进行地理位置锁定，实现干部包帮真正和贫困户无缝对接，精准施策，精准结对帮扶①。以前搜集扶贫信息，都是到村入户拿着纸笔采集，信息量大了以后，很多内容容易被忽视。现在有了这个平台，可以方便地查询和归档贫困户的精准数据，工作效率提高，人力物力成本降低。只要将扶贫对象的基本信息、动态情况录入平台，平台就会给每个贫困户生成“一份情况清单+一张二维码+一个脱贫计划+一套帮扶措施”的管理档案。截至2016年8月，该平台已录入建档立卡的贫困人口信息达29200户，共82931人。登录金寨“扶贫大数据平台”，随意点击一个贫困对象，其属于一般贫困户、五保户还是低保户，家庭因何贫困，采取了哪些扶贫措施等信息都一目了然。

通过大数据平台对贫困户进行精准分析，能够更快速地掌握扶贫对象

---

① 参见2016金寨县年度脱贫攻坚工作总结。

情况，对资源进行更精准的配对，比如分析贫困户的能力和需求，分析如何发展林业、牧业、养殖业、种植业等项目，为下一步制定扶贫措施和产业规划提供有力的依据。

3. 坚持以人民为中心,努力做到精准决策

坚持以人民为中心，坚持党的群众路线，把人民对美好生活的向往作为奋斗目标。金寨县党委为加快实现脱贫致富，强化组织领导，成立以县政协主席为组长、分管县领导为副组长、相关部门为成员的金寨县社会扶贫工作领导组，办公室设在县扶贫移民局。金寨县党委和县政府领导强调各成员单位要加强协调配合，积极动员管理服务的企业、组织或个人参与脱贫攻坚，共同做好社会扶贫各项工作。建立激励机制，定期开展社会扶贫表彰活动，每年评选一批“金寨县社会扶贫功臣”“金寨县社会扶贫优秀企业（组织）”，并推荐其参加国家和省、市有关表彰，让积极参与社会扶贫的各类主体政治上有荣誉、事业上有发展、社会上受尊重。对贡献突出的企业、社会组织和各界人士，在尊重其意愿前提下，可给予项目冠名等激励措施[①]。基层干部能否守住底线，坚守“为人民服务”的宗旨，做出精准决策，是扶贫工作能否落到实处的关键所在。在金寨县扶贫网上，财政专项扶贫资金的使用情况、扶贫“十大工程”项目进展情况都及时公示，接受各方监督。但想要脱贫致富，只靠单方面的资金供给是不够的，需要“因人制宜”带动扶贫，将原先的“输血模式”改为“造血模式”，才能实现真正意义上的脱贫，让老百姓看到幸福生活的希望。

为加快推进特色产业脱贫，县政府办印发了《金寨县特色农业产业脱贫实施方案》，明确了产业脱贫指导思想、目标任务、重点工程以及推进措施，力争让每个有劳动能力的贫困家庭至少能从事1项特色种养业，年均增收3500元以上。支持贫困户自我创业发展，整合涉农资金及鼓励贫困户通过申请“两免”贷款，引导经营主体参与帮带，鼓励新型经营主体与贫困户建立利益链接机制，积极参与产业扶贫，县级示范经营主体必须帮扶贫困户2户以上，市级示范经营主体必须帮扶贫困户5户以上，省级及以上

① 参见2016年金寨县社会扶贫工作实施方案。

示范经营主体必须帮扶贫困户8户以上，采取合作经营、劳务就业、帮扶带动等多种形式帮扶脱贫。示范扶贫基地带动脱贫：支持贫困村确定1～2处通过建设扶贫示范基地的形式，带动贫困户持续增收。财产性收益扶贫：积极推进集体土地、林地、水域等资源要素和闲置的房屋、设备等，通过一定形式入股经营主体，按股分红，增加集体经济和贫困户收益；对财政扶贫资金支持经营主体形成的资产，通过“资金变股金、农民变股东”的方式，折股量化为村集体和贫困户持有股份，使贫困户获得持续稳定收入。技术人员精准帮扶：全县技术人员每人帮扶3～5个贫困户，开展“五个一”行动，即帮助贫困户理清一个发展思路、选准一个脱贫产业、联系一条销售管道、传授一门实用技能、找到一条就业门路，变输血式扶贫为造血式扶贫，增强脱贫致富内生动力，“一对一”“点对点”地精准服务。技能培训增智脱贫，结合新型农民培训、退耕还林后帮扶培训等项目，通过集中培训、现场指导、试验示范等多种形式，大力开展农林实用技术及产业经营知识培训，力求每个有劳动能力的贫困户家庭至少有一人参加培训，增强自我发展能力。落实惠农政策扶贫，按时兑现农业支持保护补贴、农业机械购机补贴、农业政策性保险等，同时结合产业发展，组建专业化社会服务组织吸收符合条件且有意愿、能吃苦的贫困户参与劳务服务，让参与劳务的贫困户除了有劳务收入外，每人还可享受补助，增加贫困群众政策性收入。

4. 精准操作，形成扶贫合力

扶贫必须要“扶真贫、真扶贫”。各项扶贫政策的落实是老区人民走出贫困，走向美好新生活的开始。金寨县通过新农合、大病保险、城乡医疗救助、医疗补充保险，将贫困人口大病平均报销比例提高到90%左右，最大限度减轻贫困户医疗费用负担，为金寨县八万贫困人口撑起就医保护伞。2016年6月，金寨县出台《建档立卡农村贫困人口医疗补充保险试点方案》，切块四千万元，在全省率先为82789人建档立卡贫困人口购买医疗补充保险。医疗补充保险参保对象为该县辖区内所有参加新农合、医保的建档立卡农村贫困人口，保险期限为1年。2016年补充保险筹资标准为500元/人，由县财政全额承担。运作方式实行政府购买服务方式，由县采购中心负责对外公开招标具有资质、实力强、诚信度高的商业保险公司为承办机构，最终以盈利率报价最低的为中标公司。

金寨县直辖各帮扶单位、驻村工作队和帮扶干部要按照帮扶工作要求，帮扶单位每年到贫困村落实帮扶措施不少于6次，副科级以上干部每年到贫困户开展帮扶活动不少于6次，一般干部每年到贫困户开展活动不少于4次，驻村工作队每月在村开展脱贫攻坚工作不少于22天，对活动中落实的措施要及时登录大数据平台予以添加。

结成扶贫对子的企事业单位也必须做出实绩来。安徽三利丝绸集团有限公司在为贫困户开展蚕桑产业技术培训、发方蚕种补贴，对新建专用养蚕室给予每平方米50元补助、每片方格簇1元补助等基础上，安排结对贫困户到斑竹园缫丝厂劳务就业，并保证最低工资收入水平。同时，该集团还对建档立卡贫困户中17名学子每年给予助学帮扶，确保其顺利完成学业，帮扶效果明显。相信在各方面帮扶的合力之下，金寨县一定能打赢脱贫攻坚战。

三　运用精准思维推进县域扶贫能力的思考

1. 让基层民主助力精准识别

根据精准扶贫政策中精准识别这一要求，在对贫困户和贫困村进行识别时，要坚持“一看房，二看粮，三看劳动力强不强，四看家中有没有读书郎”等具体要求。在实际确定贫困户的过程中，要采取公平、公正、公开的民主协商方式，让群众投票评选出真正的贫困人口。在精准考核原则的要求下，建立起规范的监督机制。规范监督工程要求村“两委”全面推进党务、村务公开制度和民主管理制度，建立健全村务监督委员会，规范“一事一议”程序，健全和完善村级基层服务型党组织的各项规章制度，落实好“三会一课”、组织生活会等制度，充分发挥党员议事会、村民理事会的作用，切实落实贫困村广大群众的知情权、参与权、决策权和监督权，促进农村基层党组织和基层政府事务公开、公平、公正，健全自治、法治、德治相结合的乡村治理体系。但是有的地区村务监督委员会成立时间较短，还不能做到村务监督管理与精准扶贫组织体系相互促进、协同发展，应当进一步明确村务监督委员会的职责所在，准确把握村务监督委员会的性质定位，完善工作体制机制，为扶贫开发工作的顺利进行提供制度保障。把上级投放到村里的精准扶贫项目、资金等资源的分配情况向全村村民公开，对精准扶贫政策落实、扶贫项目开展、扶贫资金发放等与村民切身利益息息相关的环节进行强有力的监督，健全农村基层服务型党组织领导下的村民自治组织，发挥其在精准扶贫政策落实工作中的监督作用机制，确保精准扶贫工作公开透明，合民心，护民益。

要发挥群众的力量，把扶贫政策落地的责任主体变成扶贫政策受益者——村民，乡村基层组织要通过广播、村民会议等方式及时向村民传达上级的扶贫政策、即将到村的扶贫项目以及扶贫工作将如何展开，更要及时了解农民的利益需求，向上级反应，做好上传下达的桥梁纽带。如在扶贫工作中多次出现村民不愿配合拆迁房屋，不愿搬到临时安置房的情况。对此，金寨县T乡，通过召开村干部和村民代表联席会议（要求一户至少要出一人），通过民主协商，实现村民的自我服务、自我管理，让基层民主助力精准扶贫。通过了《农村宅基地自愿退出奖励扶持办法》，并上报到上级政府。金寨县政府经过观察T乡异地搬迁工作展开的后续情况，决定出台和《金寨县农村宅基地自愿退出奖励扶持办法》《金寨县农村宅基地节约集约和有偿使用办法》，对全县农村宅基地节约集约和有偿使用进行改革试点，精准扶贫中涉及异地搬迁和拆除旧屋的工作有序展开。

但在很多地区，群众参与决策的程度仍较低，村民认为村庄建设理所应当地应该由国家来负责，作为最终受益者却不愿意为村庄的公共事务承担义务和责任。也有学者将一些农民对于村庄内部公共事务的冷漠态度、只关心个人利益得失的性格特征定义为“等靠要”的农民性格特征[①]。特别是改革开放以来，农民的生活水平逐步提高，收入来源多样化，农村大量青壮年劳动力外流，人力、教育、医疗等公共服务资源向城市倾斜，农村的社会结构发生巨大变化，中国农村从“熟人社会”转变为“半熟人社

① 刘建平，陈文琼.“最后一公里”困境与农民动员——对资源下乡背景下基层治理困境的分析[J].中国行政管理，2016(3)：49-51.

会”，也有学者称为“后乡土社会”。村庄结构较为分散，大部分的社会行动者不在场，村庄原有的村民共同利益的纽带也随着村庄结构的分散而消失，部分农民的行为出现越来越明显的个人主义特点。

与此同时，非普惠式的资源下乡使村庄治理更多地依赖党组织领导干部的个人意志，这又进一步加强了村庄治理的无主体性。国家向农村的资源输入是农村的主要利益来源，这些资源和当地的农民、农业是相互脱离的关系[①]。在后农业税时期，没有了农业税收入的基层政府面临财政空壳问题[②]，中央和地方各级政府的财政转移支付是中西部地区县域政府唯一的财政来源，而国家向农村下发的各种资源，大多是直接拨发到基层政府部门，再通过政府基层组织输入农民手中。这些资源的发放并不是普惠式地分配给所有村庄，只能分配给一部分村庄和农民。但是这些村庄和农民之间的差异性很大，国家不可能给基层党组织设置一套固定的标准化的分配模式，只能依靠农村党组织发挥其主观能动性来客观地分析他们所面对的农民的不同需求。在这一过程中，农民自身的参与就变得少之又少，他们大多数是被动地接受国家的资源，配合农村基层党组织的领导干部，让他们了解自家的需求，或是在党组织成员调查统计各家家庭情况的时候提供一些信息咨询的帮助，并不能以“主人翁”的姿态参与到资源下乡的进程中来。加强对贫困地区人民的主体性动员，鼓励他们参与到扶贫开发的工作中来，是推进县域扶贫能力的重要做法。

2. 多种脱贫方式助力精准帮扶

推行“以工代扶”政策，由于美好乡村建设、林地开发或是新县城建设等工程在贫困地区的开展，工作岗位随之增多，这些工作岗位在招收工作人员时偏重于解决贫困户家中的可用劳动力，保障其基本家庭生活来源，帮助其脱离贫困。在金寨县，板栗是全县大多数家庭种植的树木，金寨县也因此形成了全国著名的板栗交易市场。在县党政机关的领导下，金寨县建立了以村为单位的产业链，帮助贫困户生产经营进入产业链条，促进贫

---

① 王海娟，贺雪峰. 资源下乡与分利秩序的形成[J]. 复印报刊资料（社会学），2015(5)：116-124.

② 黄正元. 社会原子化及其消解——兼析社会腐败窝案根源[J]. 河南大学学报（社会科学版），2014(1)：62-68.

困群众增产增收，提高贫困户的自我发展能力。政府保障农民种植的板栗有销路，并给予贫困户家庭一些补贴，设置公益性岗位，如“护林员”主要面向贫困户家的劳动力。此外，还有政府专业的技术人员，通过互联网，建立一个出售村民家土特产的网店，帮助他们实现自产自销，自主脱贫。

新农民是在新的历史条件下，国家和社会对农村主要活动者——农民的一种良好期盼。培育新农民是建设社会主义新农村的一项重要措施，国家要通过各种舆论引导，提供各种培训，完成对农民业务、知识、习惯的培养，努力开发农村人力资源，加快实现推行农村义务教育，为社会主义新农村建设和农村基层服务型党组织队伍的建设提供人才，让村民实现自我服务。“授之以鱼不如授之以渔”，直接分配“鸡蛋”到村民手中，不如教会村民如何自己养殖会下蛋的“母鸡”。农村基层服务型党组织应坚持“扶贫与扶智相结合”的原则，针对农民科技素质低的现状，围绕整村推进村优势产业、特色产业，开展以良种繁育、技术推广、科技培训为主的“一户一个科技明白人”培训，通过邀请农业专家现场讲座和发放科技资料及化肥等方式，推广普及农业科学技术，着力提高贫困农民的科学种养水平，造就“有文化、懂技术、会经营”的新型农民，培养造就一支懂农业、爱农村、爱农民的“三农”工作队伍。按照“培训一人、脱贫一户、转移一批、造福一方”的要求，充分依托农村实用技术培训，培养一批有技术、会经营、能致富的新型农民，实现扶贫工作由“输血型”向“造血型”①转变。但是，由于部分农村地区的教育基础设施不够完善，越来越多的农村青壮年劳动力选择出门务工而不愿留在村里，鉴于这种实际情况，如何更好地培育新型农民成为新形势下农村基层服务型党组织建设面临的一个艰难任务。农村基层服务型党组织应当充分发挥其协调各方的作用，整合教育资源，推动贫困地区的教育事业发展。金寨县在开展扶贫开发工作的同时，开展职业技术教育，帮助农村青壮年劳动力掌握脱贫致富的技术，帮助更多的贫困人民自己走出贫困，走向新生活。

① 谭贤楚.“输血”与“造血”的协同——中国农村扶贫模式的演进趋势[J].甘肃社会科学，2011(3)：226-228.

3. 脱贫户精准退出，做好精准管理

精准管理是指从贫困户识别开始，到具体精准帮扶，再到脱贫户退出的不同阶段不同时期的不同管理措施。在贫困户识别阶段，以农户收入为基本依据，综合考虑住房、教育、健康等情况，通过农户申请、民主评议、公示公告和逐级审核的方式，整户识别。对扶贫开发对象建档立卡是实施精准识别的基础和前提。《关于创新机制扎实推进农村扶贫开发工作的意见》中明确指出："建立精准扶贫工作机制。国家制定统一的扶贫对象识别办法。各省（自治区、直辖市）在已有工作基础上，坚持扶贫开发和农村最低生活保障制度有效衔接，按照县为单位、规模控制、分级负责、精准识别、动态管理的原则，对每个贫困村、贫困户建档立卡，建设全国扶贫信息网络系统。专项扶贫措施要与贫困识别结果相衔接，深入分析致贫原因，逐村逐户制定帮扶措施，集中力量予以扶持，切实做到扶真贫、真扶贫，确保在规定时间内达到稳定脱贫目标。"扶贫开发建档立卡就是要对贫困户和贫困村进行精准识别，了解贫困状况，分析致贫原因，摸清帮扶需求，明确帮扶主体，落实帮扶措施，开展考核问效，实施动态管理，检查帮扶责任人履职情况和贫困对象脱贫情况。对贫困县和连片特困地区进行监测和评估，分析掌握扶贫开发工作情况，为扶贫开发决策和考核提供依据。

全面发挥大数据平台在精准控制中的作用：准确修改贫困户信息。各帮扶干部要对所帮扶的贫困户信息进行认真的核对，尤其是贫困户姓名、家庭成员、身份证号码、致贫原因和帮扶措施，精准细化到位，原因要明确到病种，措施要体现到规模。帮扶干部信息及联系方式要确保准确无误，不能用固定电话号码替代手机号码。

及时更新导入相关数据。涉及扶贫责任、项目、资金的直属单位要进一步完善平台相关数据，按照数据统计时限，及时更新上传相关表格，做到平台数据与日常工作无缝衔接。确定专人管护，各乡镇、帮扶单位都要确定一名工作人员负责大数据平台管护工作，具体包括平台使用操作培训、日常工作联络、帮扶干部信息维护、帮扶干部账号管理、帮扶活动记录等。

把对贫困户精准管理纳入扶贫工作考评。建立精准扶贫大数据平台是脱贫攻坚的重大举措，既是对贫困人口的精确瞄准，也是助推脱贫措施的利器，各乡镇和县直各单位要充分认识使用、利用好数据平台工作的重大意义。县扶贫开发工作领导组将依托数据平台对乡镇、单位的扶贫工作进行考核、监督，结果纳入扶贫工作考评的重要内容，对平台使用好、扶贫措施实、脱贫效果真的单位和乡镇，在年度考评中予以加分，对帮扶工作成绩突出的干部予以通报表彰。

精准管理不只是针对贫困户管理，同时要兼顾扶贫专项资金使用的管理、扶贫过程中权力使用的管理，防止贪污腐败和基层的“小官大贪”现象。“权力导致腐败，绝对的权力导致绝对的腐败”。完善的监督机制是农村基层党组织和基层政府权力正确行使的有力保障。权力不受约束必然会导致权力滥用，进而滋生腐败。监督机制不完善，监管缺位是农村基层干部走上腐败之路的重要因素。在农村地区，虽然农民群众对自己权利义务的了解相比以前有了很大进步，但是传统的“官本位”思想仍然存在，农民群众把基层党和政府的领导干部看作自己的“父母官”，没有使用自身的合法监督权力。很多农村基层党组织腐败案件都是权力运行失范所致，基层党和政府的“一把手”利用人民赋予的权力干涉重大项目工程招标，从中获取经济利益，或是在经手惠农补贴、粮种直补、救济款项发放的时候中饱私囊。农村基层党组织和基层政府干部监督和被监督的意识薄弱，部分领导干部甚至对监督机制有抵触情绪，认为是组织对自己不信任才来监督；部分党员干部认为只有纪委监察部门才有权监督，排斥同事、村民对自己的监督，甚至产生打击报复行为，最终导致上级不敢监督下级，怕人心浮动，下级不敢监督上级，怕打击报复，同事之间不敢相互监督，怕得罪同僚的监督困境。

我国现在很多农村仍是“半熟人社会”，农村基层党组织的领导干部大多数都是从群众中走出来的，很多群众碍于人情面子，对于那些不涉及自身利益的事情大多不愿意监督。

从提出全面从严治党以来，各级党组织都在加强对党员干部的反腐倡廉教育，要求其以腐败的典型案例为反面教材，严格要求自己，廉洁自律。党中央把全面从严治党列入新时代中国特色社会主义的基本方略，把党的政治建设摆在首位，以“零容忍”态度惩治腐败，不断增强党自我净化、自我完善、自我革新、自我提高的能力。在扶贫项目、扶贫专项资金进入农村的过程中，农村基层政府必须把参与重大建设项目招标、土地征用、房屋拆迁、项目资金使用等关键岗位的党员干部作为重点监督和教育的对象，时时刻刻敲响反腐警钟，防患于未然，提高他们拒腐防变的能力。定期对农村基层党和政府的干部成员进行民主评议，针对每个人的评议结果进行谈话。加强纪委监察部门的工作力度，充分调动公检法部门的力量，形成监督合力，重点打击农村基层党组织党员干部贪污惠农资金，低价处置集体资产等腐败行为，加强对基层党组织成员的约束力。做到对腐败的“零容忍”①，除了相关部门要加大监管力度之外，还要实行纪律监督、群众监督、舆论监督等，开放举报渠道，发挥农民群众检举腐败行为的积极性，全方位的群众监督是反腐倡廉监督体系中不可缺少的重要组成部分，要在全社会形成人人自觉抵制腐败现象、举报腐败行为的好风气。治理腐败的关键就是要把权力关进制度的笼子里，农村基层党组织的权力运行必须做到公平、公正、公开。除此之外，还要建立审计监督制度，加强对农村基层党组织的财务审查力度，及时跟进国家惠农资金的发放、使用，强化监督，并把审计结果纳入党组织成员的工作考核系统，对其行为形成约束，把腐败问题扼杀在萌芽时期。

4. 转变县域治理方式，建立扶贫带头队伍

在脱贫攻坚的关键时期，上级领导高度重视扶贫措施最后的落实工作，并选派“第一书记”进驻贫困地区帮助开展扶贫工作，严格把控扶贫资金的使用。十九大报告中指出：深入贯彻以人民为中心的发展思想，一大批惠民举措落地实施，人民获得感显著增强。脱贫攻坚战取得决定性进展，六千多万贫困人口稳定脱贫，贫困发生率从百分之十点二下降到百分之四以下。这就要求扶贫“第一书记”必须要坚持以人民为中心，把扶贫政策落实到位。精准扶贫主要分为扶贫专项资金下拨和扶贫项目进村两个部分，在充分尊重群众意愿的基础上，针对贫困户、贫困村的不同特点与

① 刘宗洪.“零容忍”视角下的反腐倡廉建设[J].中共中央党校学报，2009(4)：32-35.

需求，分类规划到村到户项目，确定扶持方式，做到有的放矢、精准施策。以乡镇为项目实施主体，并承担资金规范、有效使用的具体责任。推行“项目任务清单、资金整合清单、资金整合效益清单”的管理机制，上下联动，各司其职，实现项目、资金、绩效的有机统一，确保统筹整合使用财政涉农资金，支持脱贫攻坚工作取得实效。加强对扶贫项目进村的规范化管理，严禁村干部利用手中职权，以权谋私，明令禁止村干部及其家人承包扶贫项目，对扶贫专项资金的使用实行制度化管理，做好资金审批、资金发放、资金使用的记录，最大限度发挥扶贫资金的使用效益，确保资金管得住、用得好，促进精准扶贫、精准脱贫。

在我们国家的治理体系中，农村地区的基层党组织处于最基层、也是最关键的位置上，农村基层党组织的治理能力及其建设状况，制约着县域治理能力和扶贫能力的提升。当前，我国农村地区利益关系复杂，各种社会问题和社会矛盾突出，社会主义新农村建设和社会管理的任务异常艰巨。在这种背景下，农村基层党组织和基层政府治理能力的提升对于统筹全局，调动各方积极性，化解社会矛盾，保持农村地区的和谐与稳定有着十分重要的意义。

在精准扶贫政策背景下，农村的社会发展面临新问题，对县域治理提出了一系列新的挑战。从治理主体来看，农村基层党组织和基层政府的领导干部对进行社会管理的思想认识不到位，管理经验也有所欠缺。从治理客体来看，社会主义新农村建设以来，村民自治逐步走向正规，村民利益也开始走向多元化、多样化，社会矛盾逐步积累，农村地区社会事务的管理较之以往有明显复杂化的趋势。从治理方法和治理手段来看，单一的行政命令方式已经不能满足当前农村社会治理的要求，必须要加强双向的互动交流。农村基层党组织作为基层治理体系的核心必须要转变治理理念、认清治理形势、理清治理任务、创新治理方式来应对农村社会建设的新要求。

著名学者渠敬东指出，改革开放30多年来，我国已经建立起自上而下的科层制行政管理体系，从中央政府到地方政府、从上级政府到下级政府，采取直接的行政命令，下达任务指标，实行量化考核①。渠敬东提出“技术治理”，全面强化政府要依法行政，秉持符合规范，公平、公正的原则，加强行政问责，把激励机制和惩罚机制相结合，农村基层党组织成员干部在各项工作上的行为失职都可能导致其职位不保。在精准扶贫背景下，农村基层党组织要加强对分配给农户的农补、粮补、医保等资金的使用监管，提高农村公共服务的质量，努力建设农村基层服务型党组织。在专项化的项目资金使用上建立一套完善的、规范化的项目申报体系、审查体系，加强制度规范管理。

① 渠敬东，周飞舟，应星．从总体支配到技术治理——基于中国30年改革经验的社会学分析[J]．中国社会科学，2009(6)：104-127.